# La Fourbure

## comprendre, guérir, prévenir

À tous ceux qui m'ont mis (à nouveau) sur la voie du cheval.
À Rajette et Amaghon : « Si j'avais su … ».
Et, avec des sentiments confus, à tous les chevaux euthanasiés pour la recherche scientifique.

# La Fourbure

## comprendre, guérir, prévenir

REMCO SIKKEL

© La fourbure - comprendre, guérir, prévenir, troisième édition, 2023, Remco Sikkel
ISBN 978-94-93034-03-7 (relié)
ISBN 978-94-93034-14-3 (broché)

Traduction : Anouk Silvestrini et Catherine Taks
Titre original : Hoefbevangenheid : begrijpen, genezen, voorkomen
Crédits photo : voir page 218

Tous droits réservés. Aucune partie de ce livre, que ce soit du texte ou des images, ne saurait être utilisée à des fins autres qu'un usage personnel. Toute reproduction, modification ou stockage dans un système de consultation ou retransmission, quels qu'en soient la forme ou le moyen – électronique, mécanique ou autre – pour des raisons autres qu'une utilisation personnelle, est strictement interdit sans la permission écrite expresse de l'auteur.

Du même auteur :
- La fourbure en questions : plus de 200 réponses (ISBN 978-94-93034-07-5)
- PPID décrypté : le guide indispensable (ISBN 978-94-93034-15-0)

fourbure.fr

fb.me/fourbure

Ce livre n'a pas pour intention de se substituer à l'avis médical des vétérinaires, des professionnels des soins aux sabots ou de tout autre spécialiste des soins de santé équine. Il permet juste d'avoir une vue d'ensemble sur les théories, diagnostics et méthodes de traitement existants à ce jour concernant la fourbure. Le lecteur devra toujours consulter un vétérinaire pour toute question liée à la santé de son cheval et en particulier lorsque surviennent des signes cliniques nécessitant un diagnostic ou une attention médicale. En aucun cas l'auteur, l'éditeur, les photographes ou le traducteur ne pourront être tenus pour responsables d'un quelconque dommage qui aurait pu être causé par l'application des informations contenues dans ce livre.

Dans ce livre, nous utiliserons, sauf mention explicite, le terme professionnel des soins aux sabots en référence à la fois aux pareurs/podologues équins et maréchaux-ferrants. Lorsque l'on utilise dans ce livre « il » ou « lui », il peut tout aussi bien s'agir de « elle » ou « iel ».

# TABLE DES MATIÈRES

## CHAPITRES

### INTRODUCTION

**Le sabot**   16
**La fourbure**   16
  Traitement des symptômes   16
  Maladie systémique   17
  Conditions de vie contre nature   17
  Quelques chiffres   19
  Domestication et fourbure   19

### ANATOMIE ET HISTOLOGIE DU SABOT

**Définitions et propriétés**   22
  Os du pied   22
  Derme   24
  Cartilages ungulaires   25
  Coussinet digital   28
  Boîte cornée   28
  Nerfs   31
  Système vasculaire du pied   31

### DESCRIPTION

**Trois phases de la fourbure**   34
  Phase de développement   34
  Phase aiguë   34
  Phase chronique   35

**Signes cliniques**   36
  Phase aiguë   36
  Phase chronique   43

### THÉORIES ET CAUSES

**Théories**   54
  Théorie vasculaire   54
  Théorie enzymatique   55
  Théorie inflammatoire   59
  Théorie métabolique et hormonale   60
  Théorie traumatique   64
**Causes**   66
  Problèmes digestifs   66
  Problèmes circulatoires   72
  Substances toxiques   73
  Problèmes hormonaux   77
  Problèmes liés au glucose   92
  Stress   93
  Hyperlipidémie   94
  Maladies transmises par les tiques   94
  Anomalies génétiques   95

### DIAGNOSTIC

**Diagnostic général**   98
  Passé du cheval   98
  Détermination des signes cliniques   99
  Examen physique   99

| | | | |
|---|---|---|---|
| **Imagerie médicale** | 100 | Acupuncture, acupressure, shiatsu | 145 |
| Radiographie | 100 | Massage | 145 |
| Veinographie | 101 | Huiles essentielles | 146 |
| Thermographie | 102 | Phytothérapie | 147 |
| **Diagnostic différentiel** | 103 | **Compléments alimentaires, hormones et autres remèdes** | 148 |
| Analyse de sang | 103 | Compléments alimentaires | 148 |
| Anesthésie locale | 104 | Hormones | 153 |
| | | Remèdes curatifs | 154 |
| | | Remèdes préventifs | 160 |
| | | **Euthanasie** | 161 |
| | | **Prévention** | 163 |
| | | Chevaux à risque | 163 |
| | | Mesures préventives | 163 |
| | | Risque de rechute | 164 |
| | | Journal de bord | 164 |

## TRAITEMENT ET PRÉVENTION

| | |
|---|---|
| **Traitement** | 108 |
| **Premiers secours** | 109 |
| **Parer un sabot fourbu** | 114 |
| **Traitement des complications** | 120 |
| Abcès | 120 |
| Perforation de la sole | 122 |
| Maladie de la ligne blanche | 123 |
| Infection | 124 |
| Infection de la fourchette | 124 |
| Septicémie | 124 |
| **Détoxification** | 125 |
| **Gestion de poids** | 125 |
| Comment faire perdre du poids a votre cheval | 126 |
| **Protection des sabots** | 128 |
| Ferrure thérapeutique | 128 |
| Hipposandales | 131 |
| Plâtrer les sabots | 136 |
| **Mouvement et exercice** | 137 |
| **Chirurgie** | 139 |
| Ténotomie et desmotomie | 139 |
| Résection de la paroi | 139 |
| Résection de la couronne | 140 |
| Transplantation de cellules souche | 140 |
| Saignée | 141 |
| Asticothérapie | 142 |
| Hirudothérapie | 143 |
| **Thérapies complémentaires et alternatives** | 144 |

## CONDITIONS DE VIE

| | |
|---|---|
| **Un processus plutôt qu'une finalité** | 166 |
| **Nutrition et gestion du pâturage** | 168 |
| Digestion | 168 |
| Régime artificiel et mode d'alimentation trop éloignés du naturel | 170 |
| Améliorations possibles | 171 |
| Réduire l'apport en glucides non-structuraux | 180 |
| **Hébergement** | 188 |
| **Interaction sociale** | 191 |

## ÂNES

| | |
|---|---|
| **Différences physiologiques** | 194 |
| **Différences physiopathologiques** | 195 |
| **Comportement** | 199 |
| **Sabots** | 201 |
| **Nutrition** | 203 |
| **Médicaments** | 203 |

## SOURCES D'INFORMATION

| | |
|---|---|
| Livres | 209 |
| Articles | 211 |
| Sites web | 218 |
| Photographes | 218 |

## APPENDICES

| | |
|---|---|
| Nomenclature botanique | 221 |
| Check-list | 233 |
| Glossaire | 241 |
| Index | 249 |

## CADRES DE TEXTE

| | |
|---|---|
| Séparation de la ligne blanche et sélection naturelle | 18 |
| Les chevaux Kaimanawa | 20 |
| Mécanisme du pied | 26 |
| Avalure | 30 |
| L'échelle de Obel | 36 |
| La fourbure subclinique et la fourbure de grade peu élevé | 37 |
| Hydrates de carbone | 57 |
| SRIS | 59 |
| Syndrome métabolique équin = résistance à l'insuline ? | 63 |
| Les GNS et leur rôle dans l'apparition d'une fourbure | 71 |
| Évaluation du chignon (cresty neck score – CNS) | 79 |
| Évaluation de l'état corporel (EEC) | 80 |
| Hypertrichose ou hirsutisme ? | 86 |
| Ostéoporose et PPID | 86 |
| Polyurie en polydipsie | 87 |
| SME ou PPID ? | 90 |
| Le PPID, un effet de mode ? | 90 |
| Empathie et renforcement positif | 107 |
| Thérapie par le froid | 110 |
| Faire tremper le foin | 111 |
| Semelles de secours | 112 |
| Abcès ou fourbure ? | 122 |
| Déterminer le poids d'un cheval | 127 |
| Contact de la fourchette avec le sol et croissance du sabot | 130 |
| Les différents sels de magnésium | 150 |

| | | | |
|---|---|---|---|
| Problèmes gastro-intestinaux, AINS non-sélectifs et aspirine | 156 | Réensemencer vos pâturages | 176 |
| Les différentes coupes de foin | 174 | Tondre son pré | 181 |
| Foin de graminées égrainé | 174 | Des poneys qui apprennent vite | 183 |
| Analyse des taux de GNS dans les aliments et le fourrage | 175 | Taux de GNS par type d'herbe | 185 |
| | | Potassium | 187 |
| | | Évaluation de l'état corporel (EEC) pour les ânes | 196 |

# PHOTOS

## INTRODUCTION

| | |
|---|---|
| Le cheval primitif Eohippus | 16 |
| Traitement des symptômes par la pose d'une semelle en caoutchouc | 17 |
| Conditions de vie contre nature | 17 |
| Séparation de la ligne blanche | 18 |
| Saignée dans l'Antiquité | 19 |
| La fourbure est une maladie liée au mode de vie | 19 |
| Sabot d'un cheval Kaimanawa | 20 |

## ANATOMIE ET HISTOLOGIE DU SABOT

| | |
|---|---|
| Os du pied | 22 |
| Radiographie d'un sabot sain | 22 |
| Moulage en plâtre de la coupe sagittale d'un sabot | 23 |
| Le sabot vu de dessous | 23 |
| Articulation du pied | 24 |
| Tendon fléchisseur profond du doigt | 24 |
| Derme solaire | 25 |
| Lamelles dermiques | 25 |
| Cartilage ungulaire | 25 |
| Représentation schématique du mécanisme du pied | 27 |

| | |
|---|---|
| Coussinet digital sain et solide | 28 |
| Tubules et lamelles épidermiques | 28 |
| Lamelles épidermiques | 29 |
| Lamelles primaires et secondaires | 29 |
| Membrane basale | 29 |
| Périople | 31 |
| Système vasculaire du pied | 31 |
| Représentation schématique d'une anastomose | 32 |

## DESCRIPTION

| | |
|---|---|
| Rupture lamellaire | 35 |
| Localisation des artères | 38 |
| Test du pli de peau | 38 |
| Thermomètre laser | 39 |
| Température de 30 °C au niveau du sabot dans le cas d'une fourbure en phase aiguë | 39 |
| Ligne blanche élargie | 40 |
| Abcès de la couronne | 40 |
| Attitude caractéristique d'un cheval atteint de fourbure | 41 |
| Cheval sous lui des quatre membres | 41 |
| Cheval en grande souffrance | 42 |
| Coin nécrotique | 43 |
| Coin nécrotique (coupe transversale) | 43 |

| | |
|---|---|
| Sang et exsudat inflammatoire s'écoulant du coin nécrotique | 44 |
| Séparation de la couronne | 44 |
| Prolapsus de la couronne | 44 |
| Déformation en pointe de ski | 45 |
| Os du pied déminéralisé | 45 |
| Perforation de la sole | 46 |
| Hématomes en forme de croissant | 46 |
| Abcès de la sole | 47 |
| Sabot en forme de cloche | 47 |
| Anneaux de croissance inégaux au niveau de la paroi | 47 |
| Anneaux de fourbure | 48 |
| Sabot à pince bombée | 48 |
| Evasement de la paroi, qui est fendue et effritée | 48 |
| Sabots en forme de babouche | 49 |
| Bec de canard | 49 |
| Désabotage | 49 |
| Rotation de l'os du pied | 50 |
| Pointe de ski cassée | 51 |
| Os du pied déminéralisé | 51 |
| Abcès de la sole | 51 |

## THÉORIES ET CAUSES

| | |
|---|---|
| Jiaogulan | 63 |
| Une forme de surcharge qui a heureusement disparu depuis longtemps | 65 |
| Le cheval est un brouteur-cueilleur | 67 |
| Fructane comme antigel | 68 |
| Balle de foin moisi | 74 |
| Balle de préfané moisi | 74 |
| CNS de 4 | 79 |
| EEC de 5 | 81 |
| Harvey Williams Cushing | 83 |
| Glande pituitaire élargi | 84 |
| Hypertrichose | 85 |
| Fourreau gonflé | 85 |
| IRM montrant une hypertrophie de la glande pituitaire | 89 |
| Gattilier | 89 |
| Fourbure d'hiver | 91 |
| Les chevaux de course sont soumis à des stress intenses et prolongés | 93 |
| Tique du mouton | 94 |
| Poulain de race Belge atteint d'épidermolyse bulleuse jonctionnelle létale | 95 |

## DIAGNOSTIC

| | |
|---|---|
| Examen de la sole avec une pince à sonder | 99 |
| Radiographie montrant un affaissement de l'os du pied | 100 |
| Radiographie montrant un affaissement de l'os du pied et une déformation en forme de pointe de ski | 101 |
| Veinographie montrant l'absence de sang dans les veines situées à l'avant de l'os du pied | 101 |
| Veinographie montrant une déformation de l'os du pied en forme de pointe de ski | 101 |
| Quatre sabots à une température de 33 °C dans le cas d'une fourbure en phase aiguë | 102 |
| Image thermographique montrant des zones à 29 °C au niveau de la sole, sous l'os du pied | 102 |
| Quatre sabots à une température de 28 °C dans le cas d'une fourbure en phase subaiguë | 103 |
| Anesthésie locale | 104 |

## TRAITEMENT ET PRÉVENTION

| | |
|---|---|
| Mesurer l'encolure | 109 |
| Thérapie par le froid | 110 |
| Faire tremper le foin | 111 |
| Semelles de secours faites à partie de sandales de marche | 113 |
| Le processus de guérison naturelle est enclenché | 118 |
| Vue détaillée d'un anneau de fourbure | 119 |
| Exemple de support artisanal | 119 |
| Abcès de la couronne | 120 |
| Image thermographique d'un abcès de la couronne | 121 |
| Perforation de la sole | 123 |
| Maladie de la ligne blanche | 123 |
| Maladie de la ligne blanche dans un sabot ferré | 123 |
| Infection de la fourchette | 124 |
| Il n'est ni normal ni salutaire pour un cheval d'être en surpoids | 126 |
| Fer inversé | 128 |
| Fer 'Rock 'n Roll' | 129 |
| Fer en cœur avec mécanisme à vis | 129 |
| Hipposandales | 132 |
| Sabots plâtrés | 136 |
| Faire marcher le cheval en main | 137 |
| Exercice forcé dans un marcheur | 138 |
| Résection d'une partie de la paroi | 140 |
| Prolapsus de la couronne causé par une résection de la couronne | 140 |
| Nouvelle croissance de la paroi après transplantation de cellules souche | 141 |
| Asticothérapie | 142 |
| Hirudothérapie | 143 |
| Acupuncture | 145 |
| Massage | 146 |
| L'ortie | 147 |
| Saule-amandier | 147 |
| Cure miracle ? | 149 |
| Actée à grappes noires | 150 |
| Une profonde rainure horizontale sur la paroi du sabot indique une intoxication au sélénium | 152 |
| La graine de lin est une source d'Oméga-3 | 152 |
| La pulpe de betterave contient de la méthionine | 153 |
| Le soufre est un antioxydant | 159 |
| Le risque de fourbure est plus élevé après la mise bas | 163 |

## CONDITIONS DE VIE

| | |
|---|---|
| Un pas dans la bonne direction | 167 |
| Fétuque des prés | 169 |
| Le pissenlit contient des taux élevés de GNS | 169 |
| Alimentation non-naturelle à base de concentrés | 171 |
| Foin moisi | 171 |
| Abreuvoir rouillé et manque d'eau fraîche | 172 |
| Contamination de l'eau de surface | 173 |
| Foin grossier | 173 |
| Ensilage à l'ancienne | 177 |
| Préfané | 177 |
| Pierre à lécher | 178 |
| Caisse à foin avec système de grille pour ralentir la prise de nourriture | 179 |
| Cheval obèse qui devrait perdre du poids | 179 |
| Coussin à foin | 179 |
| Muselière de pâturage | 180 |
| Brouter inventivement | 182 |
| Herbe endommagée par la sécheresse | 183 |
| Une parcelle boisée comme alternative pour abriter le cheval | 184 |
| Ray-grass d'Italie | 185 |
| Brome | 185 |
| Fétuque des prés | 185 |
| Désherbant écologique | 186 |
| Fétuque rouge | 187 |

| | |
|---|---|
| Le repos au box peut contribuer à l'apparition d'une fourbure | 189 |
| Promenade dans un paddock paradise | 190 |
| Exemple d'un paddock paradise | 191 |
| Qui se sent mieux, guérit plus vite | 192 |
| Les chevaux sont très attachés aux relations sociales | 192 |

## ÂNES

| | |
|---|---|
| Mulet | 194 |
| Âne avec une EEC de 5 | 195 |
| Déformation de l'os du pied à un stade avancé | 197 |
| Fourbure traumatique | 198 |
| Aidez un âne à trouver son équilibre | 199 |
| Immobiliser un âne correctement | 200 |
| Les ânes sont des animaux sociables | 200 |
| Anneaux de fourbure | 201 |
| Maladie de la ligne blanche | 201 |
| Grave manque d'entretien des pieds | 202 |

# PRÉFACE

La fourbure. Presque tous les propriétaires de chevaux y sont confrontés au moins une fois dans leur vie. Et vous, propriétaire, qui tenez ce livre entre vos mains, avez dû être (probablement) démuni face à ce problème, avec votre cheval, poney ou âne qui ne pouvait plus faire un pas. Malgré toute la bonne volonté du monde, vous ne saviez pas comment faire pour l'aider.

Le lien entre la fourbure et les conditions de vie non-naturelles du cheval domestiqué est évident. Malheureusement, cette relation de cause à effet est trop souvent négligée par les propriétaires de chevaux, les vétérinaires et les maréchaux-ferrants. Trop souvent donc, on préfère se concentrer uniquement sur les conséquences de cette pathologie. Les traitements les plus pratiqués sont alors la ferrure orthopédique, le repos au box ou encore l'emploi de médicaments analgésiques et anticoagulants.

L'intention de ce livre est d'éclairer d'une plus large perspective ce qui se passe dans le corps du cheval et son environnement avant et pendant la fourbure. C'est pourquoi le premier chapitre replace le cheval dans le contexte de son évolution au cours de l'Histoire. L'anatomie du sabot est ensuite présentée dans le deuxième chapitre. Les troisième et quatrième chapitres décrivent la maladie et les théories courantes au sujet de ce qui la provoque. Les chapitres cinq et six traitent plus largement de son diagnostic, de son traitement et de sa prévention. Le septième chapitre ferme la boucle en analysant à la loupe les conditions de vie du cheval. Vu que les ânes nécessitent parfois une autre approche, le huitième et dernier chapitre de ce livre leur est consacré.

Ce livre propose des solutions pratiques et des mesures de prévention simples. L'accent est mis sur le rôle fondamental que vous détenez, en qualité de propriétaire. En bref, après avoir lu « La fourbure : comprendre, guérir, prévenir » vous saurez comment aider votre protégé à guérir et à rester en bonne santé.

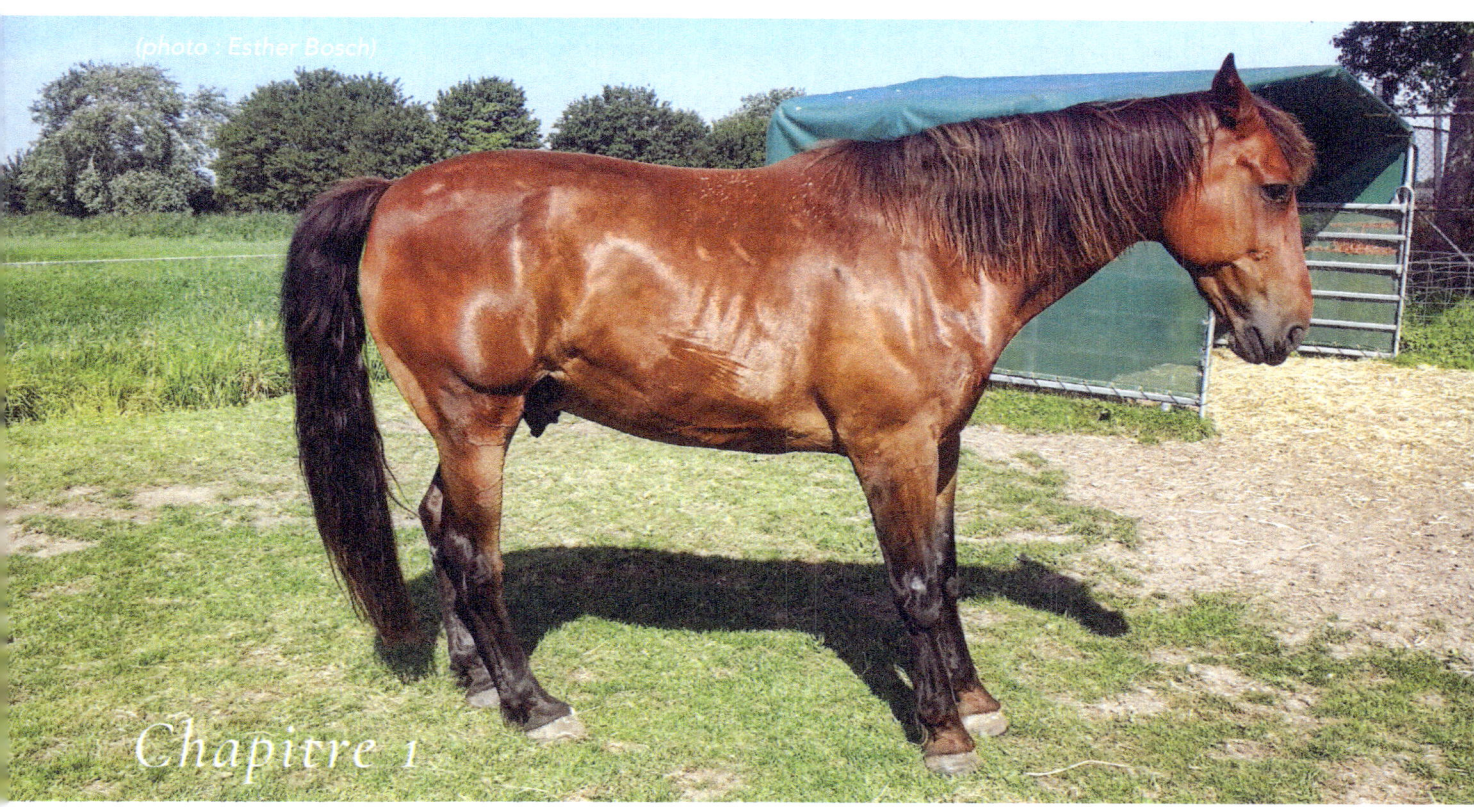
(photo : Esther Bosch)

*Chapitre 1*

# INTRODUCTION

> Avant de nous plonger dans tous ses aspects, nous allons d'abord déterminer dans ce chapitre ce qu'est la fourbure exactement. A cette fin, non seulement nous remonterons dans le temps, mais nous examinerons également certaines données statistiques. Enfin, nous prêterons attention au lien incontestable entre la domestication et la fourbure.

# LE SABOT

Il y a environ 54 millions d'années, vivait un animal de la taille d'un renard. Cet animal, appelé Eohippus, possédait cinq doigts à chaque pied, mais ne s'appuyait que sur quatre doigts de ses membres antérieurs et trois de ses membres postérieurs pour marcher. Au fil de l'évolution de ce qui deviendra le cheval moderne, l'Eohippus laissa la place au Mesohippus, qui n'avait plus que trois doigts à chaque antérieur, puis au Merychippus, qui vécut sur la Terre il y a entre 10 et 20 millions d'années et dont le doigt du milieu était plus long que les deux autres. Chez son successeur, le Pliohippus, ne subsisteront de ces deux doigts latéraux que deux os métacarpiens rudimentaires. Enfin, il y a un million d'années, l'Equus Caballus, notre cheval moderne, succéda au Pliohippus et depuis, la totalité du poids du cheval est supportée par un doigt unique pour chaque jambe : le sabot.

Le cheval primitif Eohippus
(reconstruction et photo :
Musée d'histoire naturelle, Berlin)

# LA FOURBURE

Dans chaque sabot se trouve un os. Cet os correspond à la dernière phalange de nos orteils. L'os du pied est maintenu contre la paroi du sabot grâce à une ingénieuse structure de lamelles dermiques et de lamelles épidermiques qui peut être comparée à un système Velcro extraordinairement solide. Lorsque cette structure est endommagée, il est alors question de fourbure.

## TRAITEMENT DES SYMPTÔMES

La fourbure est une pathologie complexe, dont beaucoup d'aspects restent encore inconnus ou mal compris. Les études scientifiques sont souvent contradictoires. Vétérinaires, professionnels des soins aux sabots et nutritionnistes sont très souvent en désaccord quant aux causes de la fourbure et à la meilleure manière de la traiter.

Cette maladie étant difficile à cerner, on finit souvent par se focaliser sur le traitement des symptômes, plutôt que de soigner les causes du mal et les prévenir. Ainsi, beaucoup de chevaux doivent encore subir des traitements par anticoagulants, analgésiques ou ferrage thérapeutique.

Traitement des symptômes par la pose d'une semelle en caoutchouc

## MALADIE SYSTÉMIQUE

Bien que son nom puisse le laisser supposer et que les signes cliniques les plus visibles et les plus graves apparaissent à ce niveau, la fourbure n'est pas une maladie du pied. Elle est la manifestation de problèmes situés dans une ou plusieurs parties du corps du cheval. Ainsi, les intestins, le système vasculaire et les glandes endocrines sont souvent impliqués dans l'apparition d'une fourbure.

Les maladies qui affectent tout le corps sont appelées des maladies systémiques. Elles ne sont pas le résultat d'une cause unique, mais de facteurs multiples qui s'influencent les uns les autres. Il existe souvent une pathologie sous-jacente, un dysfonctionnement, une carence ou un excédent qui va faire que la maladie se manifestera plus tôt, plus fréquemment ou plus sévèrement. C'est donc mal comprendre la nature de cette affection que d'étiqueter la fourbure comme une maladie du pied du cheval.

## CONDITIONS DE VIE CONTRE NATURE

Dans l'ensemble, ce sont les conditions de vie non-naturelles auxquelles le cheval est soumis qui contribuent au développement d'une fourbure. Elles créent un terrain propice à l'apparition de cette maladie. Une alimentation, un hébergement et une activité contre nature sont ici les grands coupables.

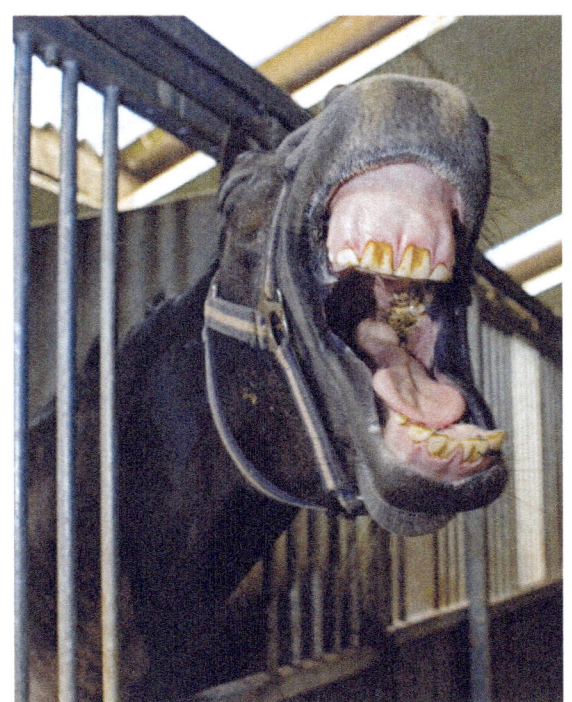

Conditions de vie contre nature
*(photo : Justyna Furmanczyk)*

## SÉPARATION DE LA LIGNE BLANCHE ET SÉLECTION NATURELLE

Le désengrènement de la connexion lamellaire est appelé séparation de la ligne blanche. La rupture de cette connexion va engendrer un affaissement de l'os du pied à l'intérieur de la boîte cornée.

En cas de séparation de la ligne blanche ou d'affaissement de l'os du pied (appelé également « sinker » en anglais), tout mouvement devient douloureux, difficile, voire impossible. C'est une situation très désagréable pour un animal de proie.

En termes d'évolution, on pourrait soutenir le fait que des chevaux moins prédisposés au développement d'une fourbure auraient de meilleures chances de survie et donc de se reproduire.

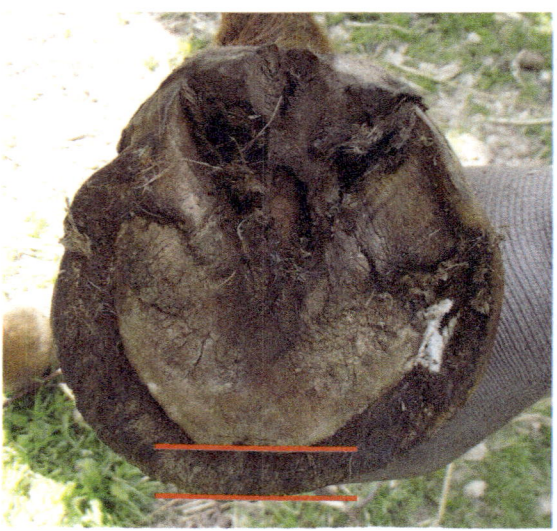 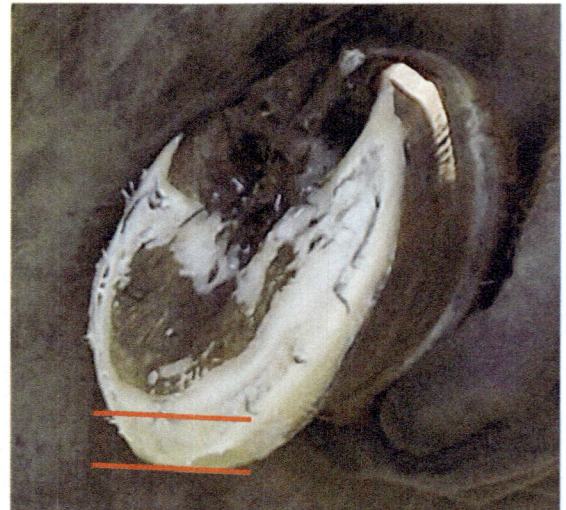

Séparation de la ligne blanche

### Sélection naturelle

La quasi inexistence de sélection naturelle découlant des programmes d'élevage, ainsi que l'absence d'ennemis naturels jouent également un rôle (voir encadré « Séparation de la ligne blanche et évolution », page 18). Ce dernier point est peut-être le seul facteur à ne pas changer. Tous les autres aspects restent à améliorer.

La fourbure aiguë y est décrite par le vétérinaire grec Apsyrtus comme la maladie de l'orge. Le traitement consistait en un changement de régime alimentaire, de l'exercice et des saignées. Aujourd'hui, les deux premiers remèdes sont toujours d'actualité. La saignée a été utilisée jusqu'en 1940 mais depuis, elle n'est plus considérée comme acceptable. On retrouve toutefois, de nos jours, un certain regain d'intérêt pour cette pratique.

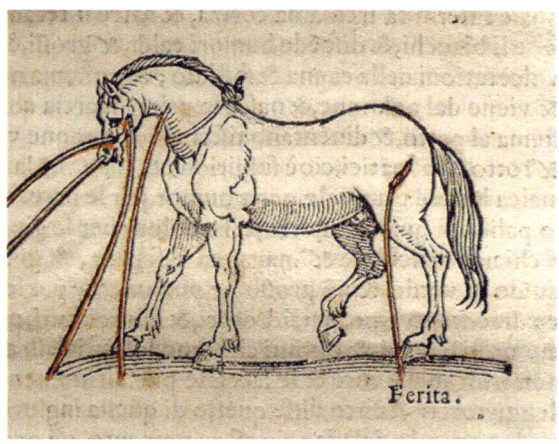

Saignée dans l'Antiquité

Au Vème siècle ap. J.-C., l'écrivain romain Végèce, également éleveur de chevaux, suggérait dans son guide de médecine vétérinaire de castrer les étalons quand tous les autres traitements s'avéraient inefficaces.

## QUELQUES CHIFFRES

- La fourbure est la deuxième cause d'euthanasie chez les chevaux, après la colique.
- D'après les données récoltées auprès de compagnies d'assurance, un cas sur vingt est lié à une fourbure.
- Environ 15% des problèmes de boiterie sont liés à une fourbure.
- Une enquête effectuée en 2004 montre que, selon les vétérinaires, la fourbure devrait être la première affection sur la liste de celles pour lesquelles on devrait accorder plus de moyens pour faire de la recherche.
- En 2010, une étude à grande échelle a montré que les juments étaient plus susceptibles de développer une fourbure que les étalons ou les hongres.

## DOMESTICATION ET FOURBURE

Les chevaux sauvages et autres équidés non domestiqués sont beaucoup moins souvent touchés par la fourbure. Cela semble démontrer une relation directe entre la domestication des chevaux et cette maladie.

Les conditions de vie des chevaux domestiqués en termes d'alimentation, de mouvement, d'environnement, d'interaction sociale et de sélection naturelle sont tellement moins bonnes que celles des chevaux sauvages, qu'il n'est pas surprenant que la fourbure soit une affection typique de nos chevaux, voire une maladie liée au mode de vie. Dans le texte encadré sur les chevaux Kaimanawa (page 20), vous pourrez lire un exemple du fait que la main de l'homme n'est pas toujours heureuse, même quand les chevaux vivent à l'état sauvage.

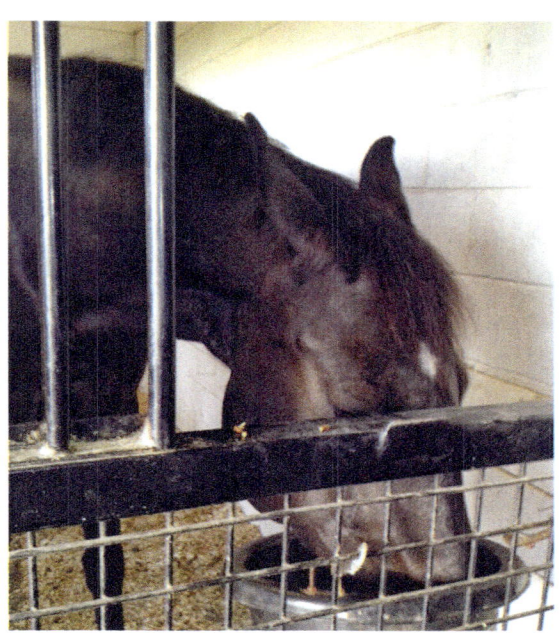

La fourbure est une maladie liée au mode de vie

## LES CHEVAUX KAIMANAWA

Une étude menée sur cinquante-six chevaux sauvages Kaimanawa en Nouvelle-Zélande a mis en évidence de nombreux signes de fourbure. Dix-huit d'entre eux avaient des anneaux de fourbure typiques au niveau de la paroi, six présentaient une déformation de l'os du pied à au moins l'un des pieds (pointe de ski) et deux chevaux souffraient d'une rotation de l'os du pied de plus de deux degrés. Une séparation de la ligne blanche était constatée chez la moitié des chevaux du groupe.

Explications possibles :

- Les chevaux vivent sur un sol très mou.
- Les conditions climatiques favorisent une concentration élevée de glucides dans l'herbe et une forte présence de trèfle. Le trèfle contribue à augmenter l'apport en azote et sa fixation. Il agit comme un engrais naturel. De plus, il contient beaucoup de fructane. Nous reviendrons plus tard sur les glucides, l'azote et le fructane.
- La sélection naturelle est très faible, vu que les troupeaux sont rassemblés chaque année afin de sélectionner les chevaux pour la vente et l'abattoir. Les chevaux destinés à la vente sont en général les meilleurs et donc ceux qui ont les meilleurs sabots. Ils ne se reproduiront plus au sein du troupeau, ce qui signifie que leurs bons pieds et leur prédisposition réduite à développer une fourbure ne seront pas transmis à leurs descendants.
- Les Kaimanawa sont issus du croisement de poneys Welsh et Exmoor importés par des immigrants, deux races qui sont elles-mêmes génétiquement prédisposées à la fourbure.

Ces explications pourraient vous pousser à conclure que la domestication n'est pas, en soi, la cause principale de fourbure. Toutefois, le fait d'avoir contrarié la sélection naturelle et d'avoir laissé la race se développer à partir de deux souches seulement, sont tous deux des facteurs liés à l'intervention de l'homme.

Sabot d'un cheval Kaimanawa
*(photos : Brian Hampson)*

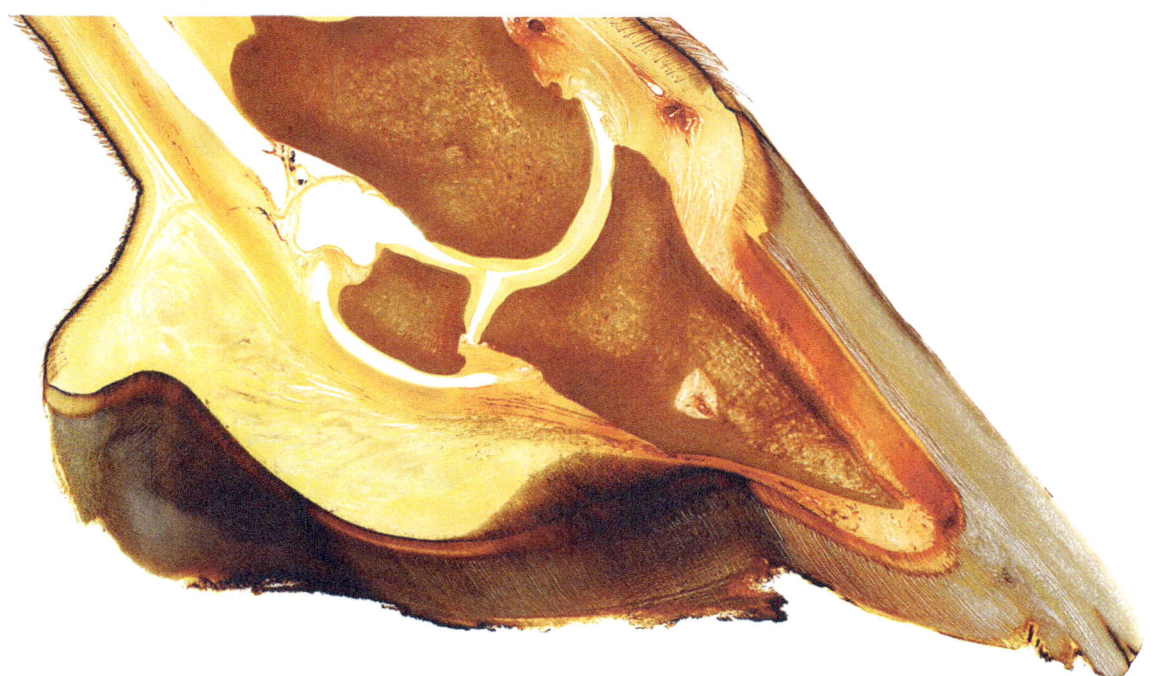

*(plastinat : Christoph von Horst)*

## Chapitre 2
# ANATOMIE ET HISTOLOGIE DU SABOT

En tant qu'animal de proie, le cheval est fortement dépendant de la qualité de ses sabots. À l'état sauvage, un cheval qui ne peut se déplacer correctement à cause de pieds en mauvais état ne survivra pas longtemps. L'évolution a fait des sabots des chevaux une véritable merveille biomécanique et il est nécessaire de connaître certaines caractéristiques de leur structure (anatomie) et de leurs tissus (histologie) pour comprendre la fourbure.

Il existe tant de magnifiques livres et d'excellents DVD d'anatomie et d'histologie qui abordent le sabot dans ses moindres détails que, dans ce chapitre, nous nous limiterons aux définitions et aux caractéristiques des éléments qui ont un lien avec la fourbure. Nous reviendrons plus loin et en détail sur leur fonction et leur rôle dans le développement de la maladie.

Ce chapitre contient peut-être trop d'informations à assimiler en une fois. Utilisez-le alors comme référence lorsque vous aborderez les différentes parties décrites plus loin. Étudiez également attentivement les illustrations proposées sur la page suivante.

## DÉFINITIONS ET PROPRIÉTÉS

En observant le sabot de l'intérieur vers l'extérieur, nous y trouvons :
- L'os du pied
- Le derme
- Les cartilages ungulaires
- Le coussinet digital
- La boîte cornée.

A l'intérieur de la boîte cornée, nous trouvons encore un vaste réseau de nerfs, de vaisseaux sanguins et de capillaires.

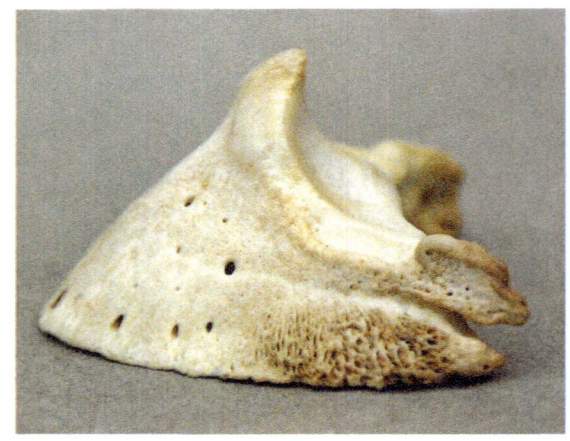

Os du pied
*(photo : Heleen Davies)*

### OS DU PIED

L'os du pied (troisième phalange, P3) est situé à l'extrémité de la jambe du cheval, à l'intérieur de la boîte cornée qui entoure le pied. Il est comparable à la dernière phalange de nos doigts ou de nos orteils. Comme tous les autres os, il est composé d'un tissu vivant et actif.

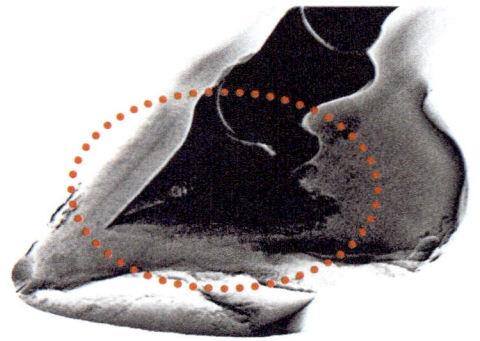

Radiographie d'un sabot sain
*La partie entourée correspond à l'os du pied*
*(photo : Alfons Geerts)*

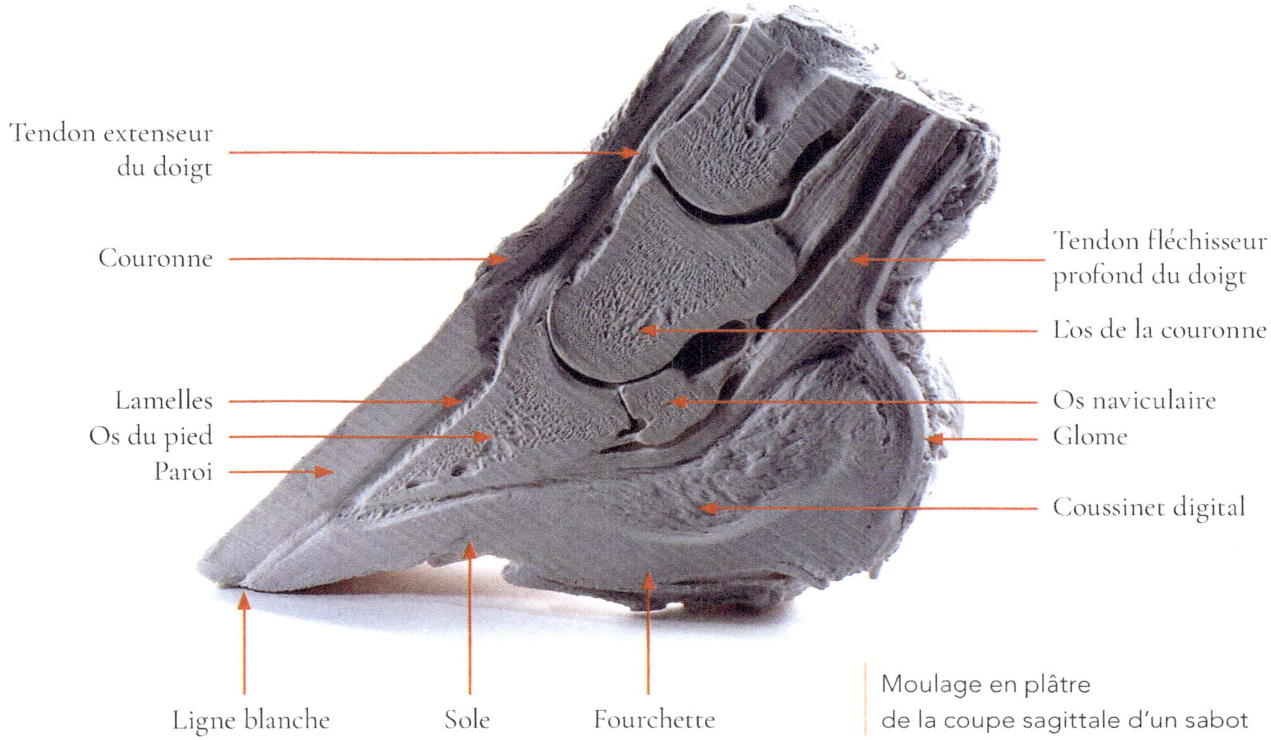

ANATOMIE ET HISTOLOGIE DU SABOT | 23

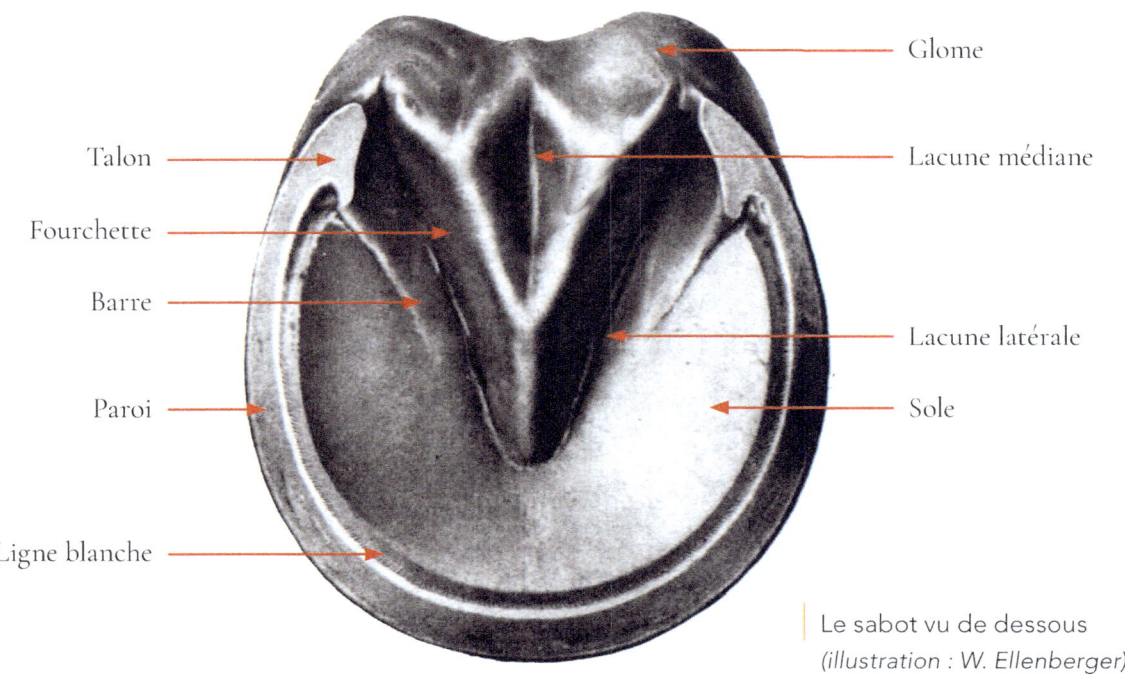

Moulage en plâtre de la coupe sagittale d'un sabot
(moulage et photo : Christoph von Horst)

Le sabot vu de dessous
(illustration : W. Ellenberger)

## Articulation du pied

Avec l'os de la couronne et l'os naviculaire, l'os du pied forme l'articulation du pied.

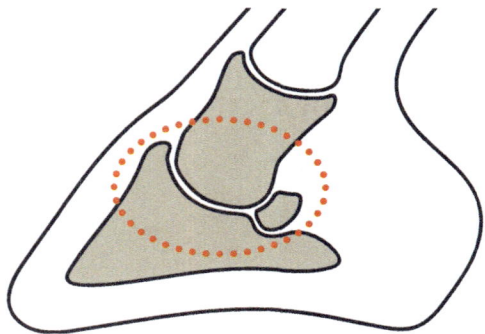

Articulation du pied

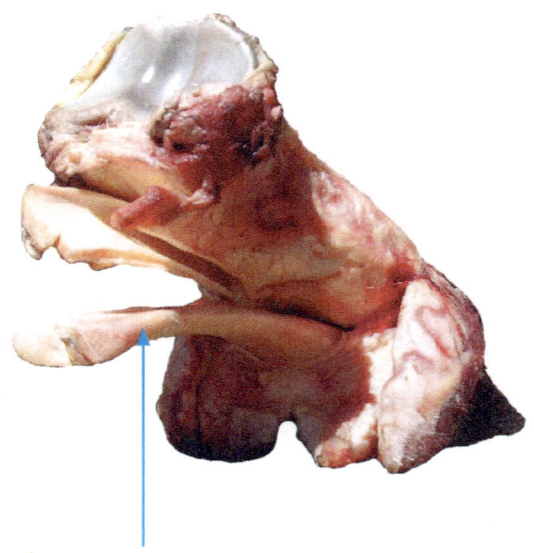

Tendon fléchisseur profond du doigt
*(photo : Cheryl Henderson)*

## Tendon fléchisseur profond du doigt

Les tendons relient les muscles aux os. Le tendon fléchisseur profond du doigt longe la face postérieure de la jambe et vient s'attacher sous l'os du pied. Le muscle auquel il est relié est le muscle fléchisseur profond du doigt. Ce muscle et ce tendon assurent ensemble la mobilité du sabot vers l'arrière. En outre, ils génèrent naturellement une force qui amortit la pression du corps vers le sol.

La ligne blanche (dont nous reparlerons plus loin dans ce chapitre), ainsi que le tendon extenseur du doigt exercent, quant à eux, une force contraire à celle du fléchisseur profond.

## Tendon extenseur du doigt

Le tendon extenseur du doigt, qui longe la face antérieure de la jambe, rattache le muscle extenseur du doigt à l'avant de l'os du pied. Ce muscle et ce tendon permettent la mobilité du sabot vers l'avant.

# DERME

Le derme se trouve tout autour de l'os du pied. C'est un tissu tendineux, richement vascularisé et innervé. En fonction de sa localisation, on parlera de derme solaire, périoplique, de la paroi, coronaire, de la fourchette, des glomes ou des barres. Ces différents types de derme produisent différents types de corne. Par exemple, le derme de la fourchette produit la corne de la fourchette et le derme solaire produit la corne de la sole.

## Derme lamellaire

Le derme lamellaire se situe entre l'os du pied et la paroi du sabot.

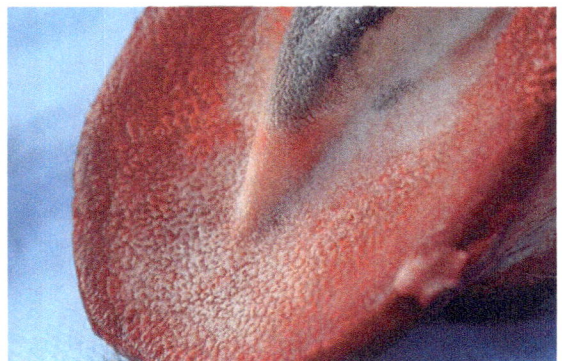

Derme solaire
(photo : Tanja Boeve)

## Lamelles dermiques

Le derme lamellaire produit des lamelles primaires. A ces lamelles primaires, se rattachent des lamelles dermiques secondaires.

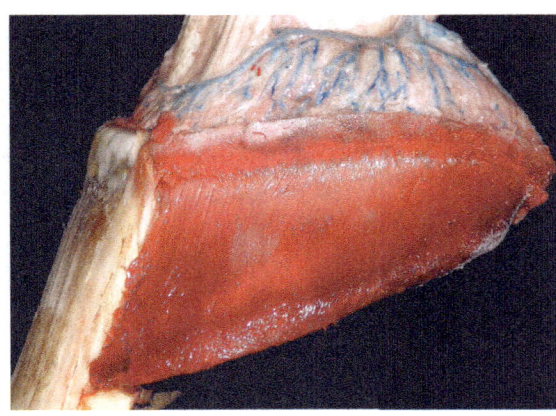

Lamelles dermiques
(photo : Hasan Jerbi)

## Papilles dermiques

Excepté le derme lamellaire, tous les autres segments du derme sont recouverts de papilles dermiques, sortes de petites villosités. Elles produisent les nouvelles cellules cornées et nourrissent les tissus du sabot.

# CARTILAGES UNGULAIRES

Deux cartilages ungulaires se trouvent à l'arrière et dans la continuité de l'os du pied. Ce dernier forme la base de la structure antérieure du sabot, alors que les cartilages ungulaires forment la structure postérieure.

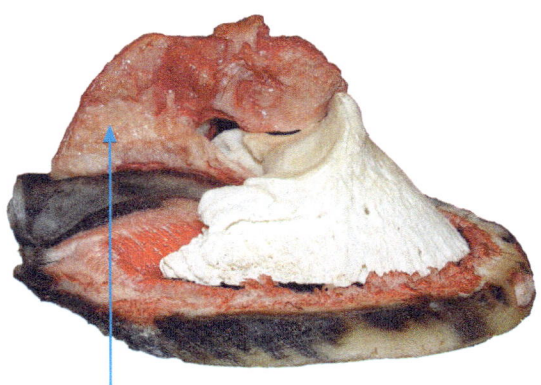

Cartilage ungulaire
(photo : Cheryl Henderson)

Du fait de leur élasticité, les cartilages du sabot font office d'amortisseurs et donnent de la flexibilité au pied. Cette dernière est importante pour le mécanisme du pied (voir encadré « Mécanisme du pied », page 26).

Les cartilages ungulaires sont recouverts de derme lamellaire, avec ses lamelles dermiques primaires et secondaires. A l'intérieur de la boîte cornée, toute la partie interne du pied est également recouverte de derme lamellaire.

## MÉCANISME DU PIED

Ce que l'on appelle mécanisme du pied est l'alternance d'un évasement et d'un rétrécissement de la boîte cornée. L'évasement se produit au moment de l'appui du pied sur le sol et le rétrécissement au moment où le pied quitte le sol. Dans le contexte de la fourbure, la circulation sanguine et l'absorption des chocs sont des éléments particulièrement importants, inhérents au mécanisme du pied.

- La circulation sanguine
  Le mécanisme de déformation de la boîte cornée agit comme un système de pompe qui soutient la fonction cardiaque et permet une bonne irrigation sanguine du pied. Un pied bien irrigué reçoit un apport suffisant de sang oxygéné, chargé de substances nutritives et d'hormones, et évacue bien le sang pauvre en oxygène et les déchets.

- L'absorption des chocs
  La force d'inertie de la masse de sang contenue dans le sabot contribue à l'absorption des chocs. Lorsque le pied se pose sur le sol, le choc est en partie amorti par le volume de sang présent dans le sabot. En outre, les valvules des veines situées au niveau de la couronne et des talons contribuent également à la fonction amortissante de la masse sanguine. On peut comparer cela au principe des amortisseurs hydrauliques. De plus, l'os du pied étant poreux, il peut également contenir beaucoup de sang. Ceci s'ajoute à la masse totale de sang et augmente la capacité d'amortissement du pied.

En s'élargissant, la boîte cornée dissipe déjà le choc du poser du sabot sur le sol. Pour aider le cheval souffrant d'une fourbure à se déplacer aussi bien que possible, il faut chercher à optimiser le mécanisme de ses pieds.

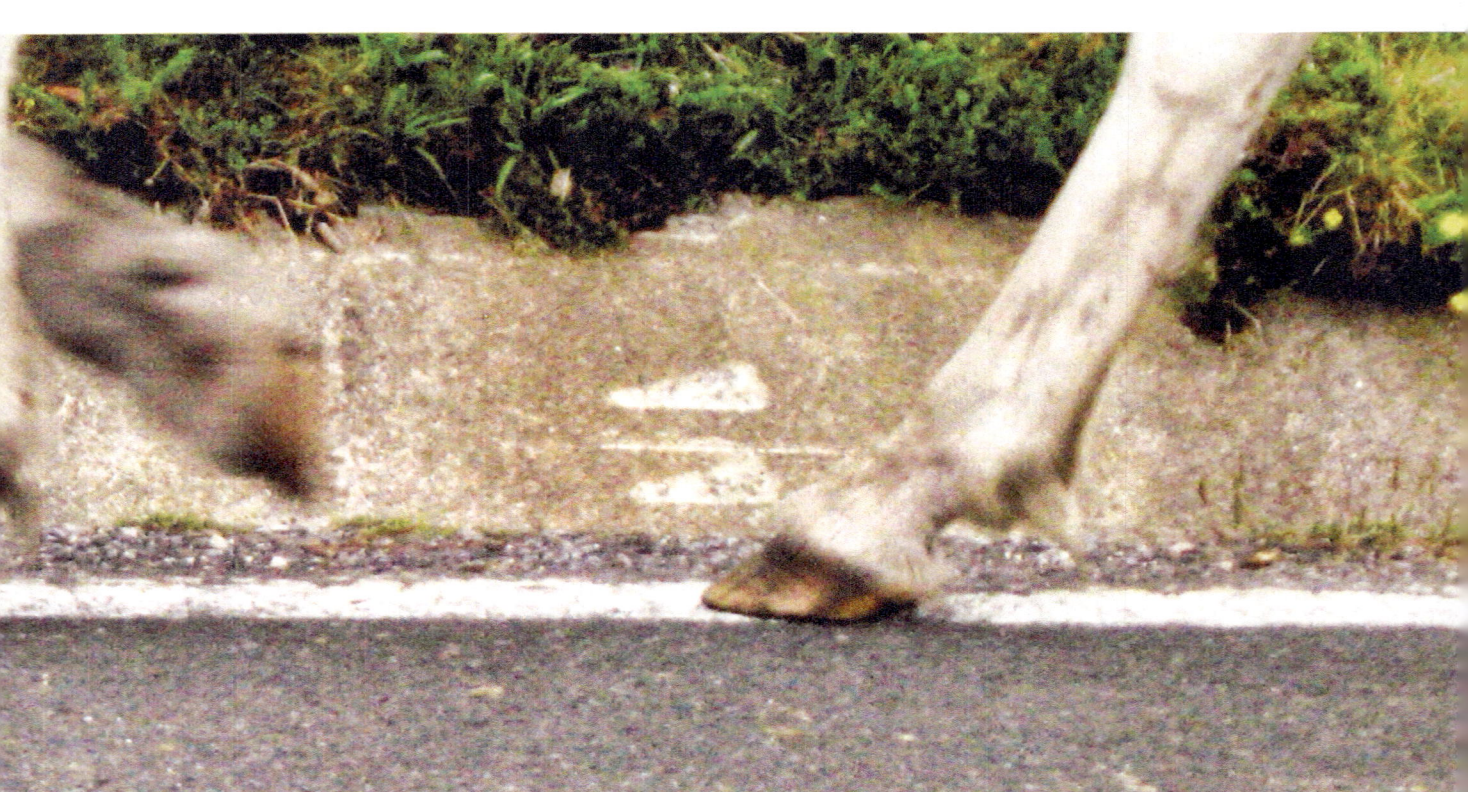

Représentation schématique du mécanisme du pied

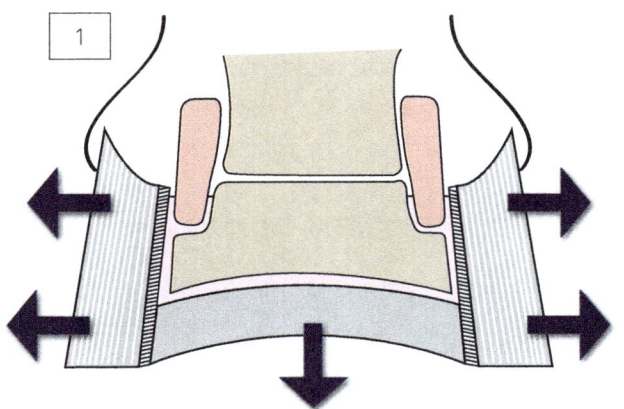

Le sabot s'évase lorsqu'il touche le sol et qu'il reçoit la pression du poids du cheval.

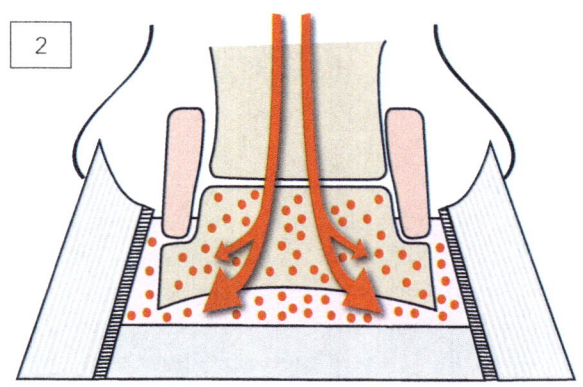

Cet évasement crée un vide qui va aspirer le sang oxygéné des artères de la jambe vers le pied. Le système vasculaire du pied, le derme et les cavités de l'os du pied se remplissent alors de sang.

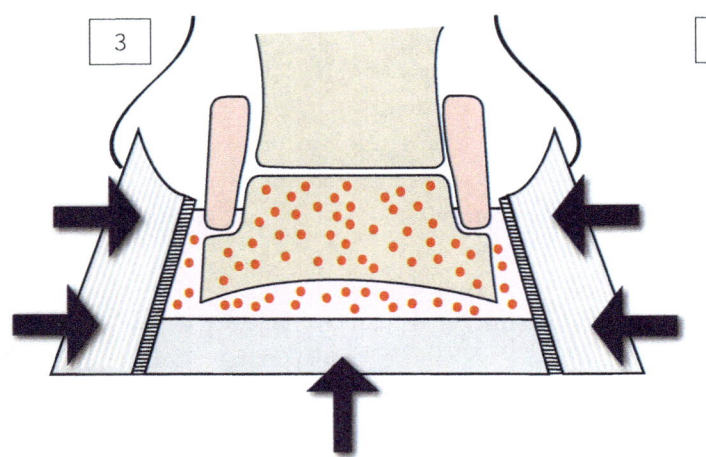

La capsule du sabot se rétrécit à nouveau au moment où le pied est graduellement libéré de sa charge pour quitter finalement le sol.

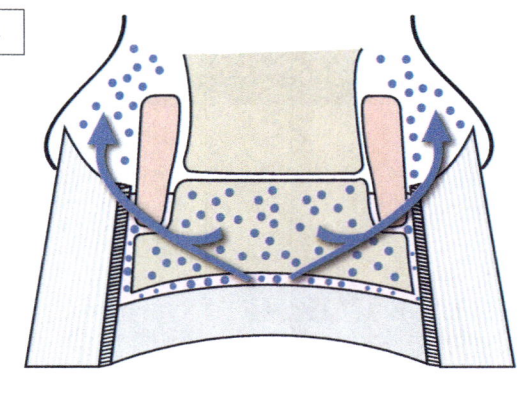

Lorsque le sabot se rétrécit complètement, le sang pauvre en oxygène est propulsé hors de la capsule du sabot et est emmené par les veines de la jambe.

## COUSSINET DIGITAL

Le coussinet digital est un tissu élastique et bulbeux de forme trapézoïdale qui agit comme un amortisseur intercalé entre la sole et la fourchette au-dessous, et les tendons, les os et les articulations au-dessus. Il est composé de collagène, de fibrocartilage, de graisse et de glandes. La plupart des propriocepteurs du sabot se trouvent dans le coussinet digital. Les propriocepteurs sont des organes sensoriels qui déterminent la localisation des parties du corps. Ils sont très importants pour la locomotion, l'équilibre et la conscience du corps.

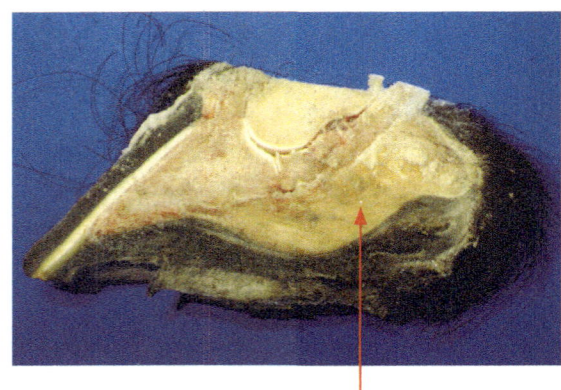

Coussinet digital sain et solide
(photo : Ilona Kooistra)

## BOÎTE CORNÉE

La boîte cornée est composée des éléments suivants :
- La paroi du sabot
- Les barres
- La sole
- La fourchette
- Les glomes
- La ligne blanche
- Le périople.

### Paroi du sabot

La paroi du sabot se forme par division cellulaire au niveau de la couronne et dans une partie des lamelles dermiques. La face externe de la paroi est constituée de tubules et de corne intertubulaire. La kératine intertubulaire donne sa solidité à la paroi.

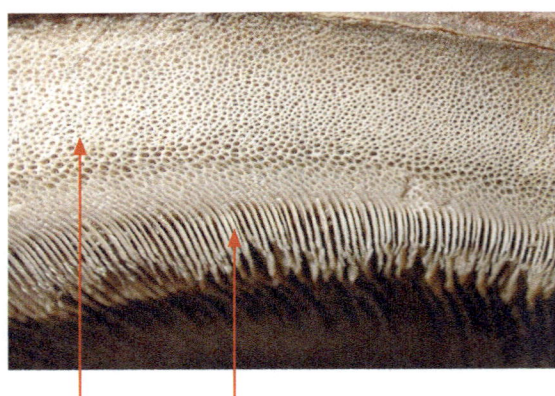

Tubules et lamelles épidermiques
(photo : Marion Ryan)

Les anneaux de croissance que l'on voit parfois sur la paroi peuvent être causés par les changements de saison ou de nourriture, la prise de médicaments, la fièvre, des infections ou une fourbure. Dans ce dernier cas, on les appelle des anneaux de fourbure.

### Lamelles épidermiques

Sur la face interne de la paroi du sabot se forment 550 à 600 lamelles épidermiques primaires (constituant le kéraphylle). Tout comme les lamelles dermiques, chaque lamelle épidermique primaire est recouverte de 150 à 200 lamelles secondaires. Les lamelles épidermiques primaires et secondaires s'engrènent dans les lamelles dermiques primaires et secondaires. Grâce à ces lamelles secondaires – inexistantes chez les bovins – une surface d'engrenage beaucoup plus grande est créée entre les lamelles épidermiques et les lamelles dermiques. La surface totale des lamelles primaires et secondaires de la paroi d'un sabot d'un selle francais est estimée à environ 0,8 mètre carré.

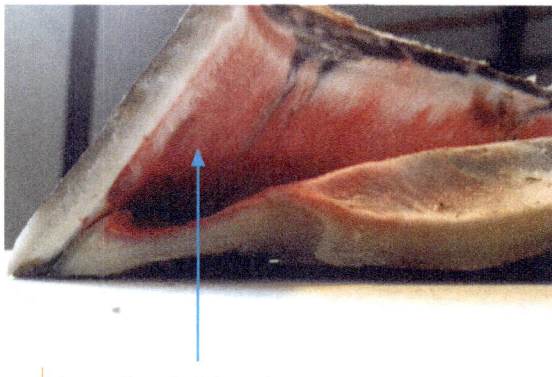

Lamelles épidermiques
(photo : Klaas Feuth)

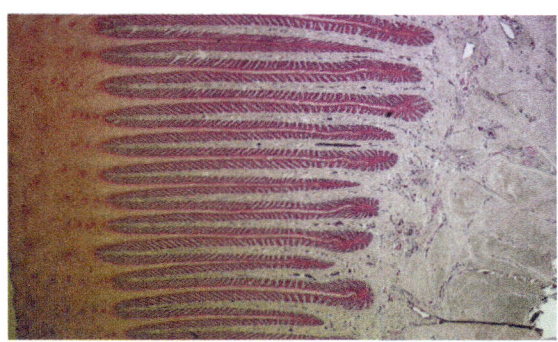

Lamelles primaires et secondaires
(photo : Brian Hampson)

### Membrane basale

La membrane basale se trouve entre les lamelles dermiques et épidermiques secondaires. C'est un tissu conjonctif, comme on en trouve dans la peau humaine. La membrane basale est considérée comme l'élément de liaison le plus important au sein de la structure du sabot.

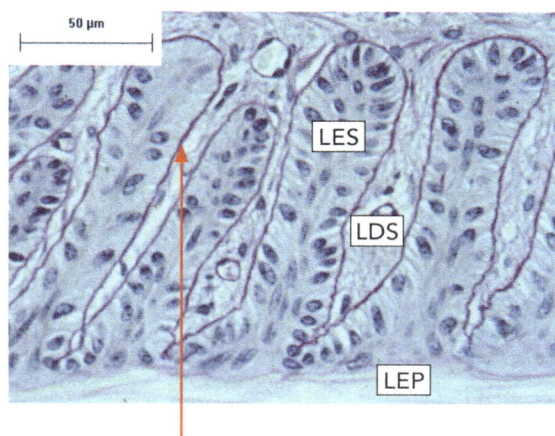

Membrane basale
LES= lamelle épidermique secondaire
LEP= lamelle épidermique primaire
LDS= lamelle dermique secondaire
(photo : Chris Pollitt)

En plus d'assurer une forte connexion entre les lamelles, la membrane basale a également une fonction de régulation de la température et joue un rôle dans l'échange de nutriments.

### Hémidesmosomes

Les hémidesmosomes sont des structures de jonction présentes au niveau de la membrane cellulaire, permettant aux cellules cornées d'adhérer à la membrane basale.

### Barres

Les barres sont formées par la partie arrière de la paroi qui, au niveau des talons, s'infléchit vers l'intérieur et se poursuit parallèlement aux lacunes latérales de la fourchette.

### Sole

La corne de la sole est produite par le derme solaire. Elle est très élastique et protège l'os du pied.

> ### AVALURE
>
> La croissance de la paroi du sabot est un processus miraculeux. Cette paroi pousse tout au long de la vie du cheval sans que sa connexion avec l'os du pied n'en soit altérée.
>
> La paroi glisse en descendant le long de l'os du pied. Il existe deux théories complémentaires à propos de ce processus :
>
> - La théorie du Dr. Chris Pollitt se concentre sur la liaison entre la paroi et l'os du pied. Selon cette théorie, les hémidesmosomes et fibres protéiques présentes sont dégradés sous l'influence de pro-enzymes. Cette destruction contrôlée (et la reconstruction qui s'en suit) fait en sorte que la connexion reste solide pendant que la paroi continue de croître.
> - La théorie du Dr. Robert Bowker, quant à elle, est basée sur les kératinocytes, cellules cornées qui composent les lamelles épidermiques. Durant leur processus de croissance, ces cellules produisent une protéine fibreuse appelée kératine. Un kératinocyte se sature en kératine et au moment où la cellule meurt, elle constitue, avec celles qui l'entourent, la paroi du sabot. Au moment où les cellules meurent au niveau des lamelles épidermiques secondaires, elles se déconnectent des lamelles épidermiques primaires. Ce détachement continu associé parallèlement à la production de kératinocytes permet à la paroi du sabot de croître
>
> Pour que la paroi se renouvelle entièrement, il faut compter entre huit et quinze mois. Le talon se régénère beaucoup plus vite car le sabot y est plus court.

## Fourchette

La fourchette permet d'adhérer au sol, participe au système d'amortissement du pied et joue un rôle essentiel dans le fonctionnement du pied en tant que pompe circulatoire (voir encadré « Mécanisme du pied », page 26). De part et d'autre de la fourchette se trouvent les lacunes latérales de la fourchette.

## Glomes

Les glomes sont situés à la jonction entre les talons et le paturon. Ils contribuent également à l'absorption des chocs.

## Ligne blanche

Lorsque la paroi arrive au niveau de la sole, il n'y a plus de lamelles dermiques auxquelles les lamelles épidermiques peuvent s'attacher.

La connexion entre les lamelles épidermiques de la paroi et la sole est assurée par un type de corne souple, produite par les papilles terminales prolongeant les lamelles dermiques. Cette liaison est appelée la ligne blanche.

Sous le sabot, la ligne blanche est visible sous la forme d'une ligne jaunâtre entre la paroi et le bord extérieur de la sole. Cette partie vulnérable du sabot est cinq fois moins résistante que la paroi du sabot elle-même. La ligne blanche agit comme une charnière entre la paroi et la sole pour faciliter le mécanisme du pied.

## Périople

Le périople est un épiderme souple et non pigmenté qui empêche le sabot de se dessécher. Le bourrelet périoplique, comme on l'appelle également, se trouve au niveau du bourrelet coronaire.

| Périople

## NERFS

Le sabot possède des nerfs sensitifs et moteurs. Les nerfs sensitifs permettent la perception de la douleur, la sensation du toucher et la détermination de la position du corps dans l'espace (la proprioception mentionnée précédemment).

# SYSTÈME VASCULAIRE DU PIED

Le sabot est pourvu d'un système vasculaire très important, composé d'artères, de veines, de capillaires et d'anastomoses. Tous ces éléments passent autour et à travers l'os du pied. Ils permettent la circulation du sang oxygéné, le transport de nutriments, d'éléments chimiques naturels comme les hormones et l'évacuation du dioxyde de carbone et autres déchets.

| Système vasculaire du pied
*Les capillaires ont été retirés, excepté sur le côté*
*(préparation : Christoph von Horst)*

## Anastomoses artérioveineuses

Les anastomoses artérioveineuses (ou shunts artérioveineux) sont des connexions directes entre les artères et les veines. Elles fonctionnent comme des raccourcis dans le système vasculaire du sabot. Elles sont généralement fermées, mais s'ouvrent dès qu'il est nécessaire de faire baisser la température. Lorsqu'elles sont fonctionnelles (ouvertes), ces anastomoses privent le sabot d'une partie de son approvisionnement en sang et, jusqu'à un certain point, peuvent même l'interrompre. Les anastomoses peuvent donc également influencer la pression sanguine à l'intérieur du sabot. Ce mécanisme s'appelle dérivation vasculaire (shunt).

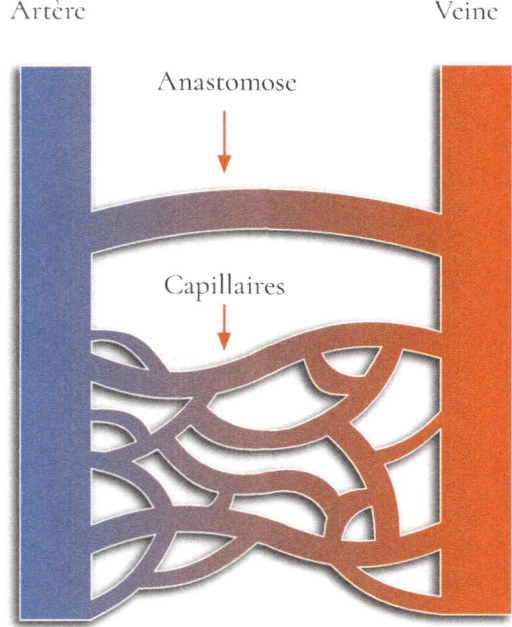

Représentation schématique d'une anastomose

## Chapitre 3
# DESCRIPTION

La fourbure peut être grossièrement divisée en trois phases. Chaque phase a ses propres signes cliniques, qui peuvent être immédiatement visibles, ou pas. Plus vite on diagnostiquera la nature et la gravité de la maladie ainsi que ses causes sous-jacentes, plus le cheval aura de chances de s'en remettre.

Ce chapitre décrit les différentes phases de la fourbure. Les signes cliniques de la phase aiguë et chronique y sont abordés dans le détail. Enfin, si votre cheval souffre de fourbure, vous verrez quelles options vous-même, votre vétérinaire et votre professionnel des soins aux sabots pourrez suivre selon le diagnostic établi et le stade de développement de la maladie.

# TROIS PHASES DE LA FOURBURE

Si l'on simplifie les choses, la fourbure est une détérioration du tissu qui relie la boîte cornée à l'os du pied. Ce dommage n'est pas soudain ; c'est un processus évolutif que l'on peut diviser en trois phases distinctes :
- La phase de développement
- La phase aiguë
- La phase chronique.

La phase aiguë peut encore être subdivisée en phases subaiguë et aiguë. La phase chronique peut être, elle aussi, encore subdivisée en phase subchronique, chronique active et chronique stable. Toutefois, nous n'allons pas détailler ici tous les stades de cette dernière phase.

## PHASE DE DÉVELOPPEMENT

Une fourbure peut se déclencher dès le moment où un déséquilibre sous-jacent et déjà présent depuis un certain temps va devenir trop lourd à supporter pour l'organisme du cheval, comme par exemple des troubles des systèmes digestif, respiratoire ou hormonal.

Un évènement soudain peut aussi amorcer une fourbure. L'exemple classique est celui du cheval qui arrive à pénétrer dans la réserve de nourriture et se sert directement dans le coffre à grains.

Il existe toute une variété de causes à priori sous-jacentes, qui peuvent agir seules ou de façon combinée. En réalité, le terme « sous-jacent » ne traduit pas l'impact réel que ces causes ont sur le développement de la fourbure et sur les chances d'en guérir. Ainsi, nous les appellerons dorénavant causes primaires.

Plus vite on diagnostiquera et traitera ces causes primaires, plus les chances de guérison seront grandes et plus le risque de passer en phase aiguë sera diminué.

La phase de développement peut durer de 12 à 48 heures. C'est pendant ce laps de temps que les lamelles vont commencer à se désengrener. Dans certains cas, il suffit de douze heures seulement.

Les manifestations histologiques, telles que la destruction des cellules de la membrane basale (ce point sera détaillé plus loin) se produisent déjà six heures après le déclenchement de la fourbure.

Le problème réside dans le fait que les chevaux ne montrent aucun signe clinique de fourbure durant cette phase, ainsi elle passe inaperçue. Lorsque les premiers signes de la maladie apparaissent, la phase suivante a déjà commencé.

## PHASE AIGUË

La phase aiguë peut donc apparaître déjà douze heures après le déclenchement de la phase de développement. Elle se caractérise par la manifestation des premiers signes cliniques visibles ou mesurables. Ces signes apparaissent en général au niveau des pieds antérieurs, ce qui ne signifie pas pour autant que les postérieurs ne sont pas affectés.

Ce qui a réellement déclenché la maladie est plus éloigné dans le temps et est donc devenu plus difficile à identifier.

En fait, il est déjà trop tard pour éviter les dégâts qui, en réalité, ont déjà commencé durant la phase de développement. Cela montre combien la prévention est importante. Malheureusement, la première fois que les propriétaires de chevaux sont confrontés à une fourbure, la maladie les prend par surprise.

La phase aiguë peut durer de 24 à 72 heures. Elle se termine abruptement lorsque la connexion entre les lamelles est totalement rompue et que l'os du pied commence à se détacher de la boîte cornée. A ce moment-là, la phase chronique a commencé.

### Phase subaiguë

Certains chevaux ne passent jamais en phase chronique. À la place, ils passent en phase subaiguë. La gravité des signes cliniques diminue et la connexion entre les lamelles reste en grande partie intacte. Un cheval peut rester toute sa vie en phase subaiguë.

## PHASE CHRONIQUE

A partir du moment où il y a rupture de connexion entre la boîte cornée et l'os du pied, et que les lamelles sont déconnectées, le cheval est entré dans la phase chronique de la maladie. Les signes cliniques qui apparaissent au niveau des sabots peuvent être vus à l'œil nu.

Le cheval doit supporter une douleur constante et se met à boiter. La douleur et la boiterie peuvent varier de légère à insoutenable. Le degré de boiterie est évalué à l'aide de l'échelle de Obel (voir encadré, page 36).

Lorsque cette phase se prolonge, des changements de structure et de conformation apparaissent au niveau de l'os du pied. Dans certains cas extrêmes, l'os du pied perce la sole. On parle alors de perforation de la sole. Le cheval peut même perdre la totalité de la boîte cornée entourant le pied, on parle alors de désabotage.

A ce stade de la maladie, les causes primaires sont souvent devenues chroniques. De nombreuses années de surpoids, un PPID (voir « PPID », page 83) ou une inflammation chronique des reins (néphrite) en sont de bons exemples.

La phase chronique, comme son nom l'indique, peut durer indéfiniment.

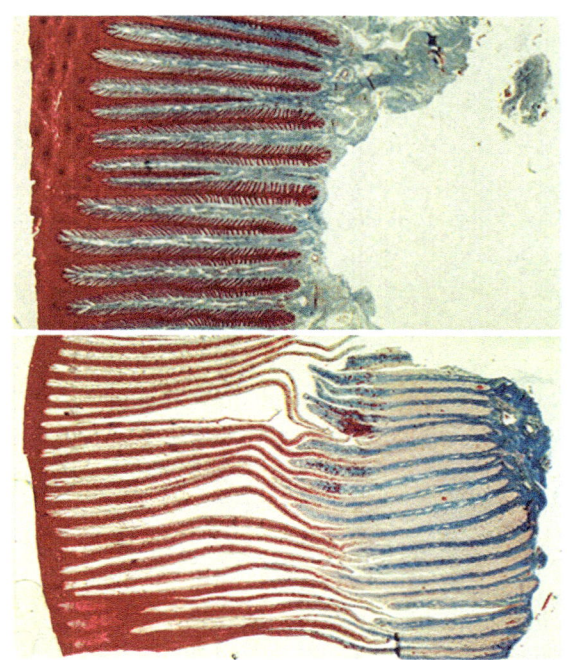

Rupture lamellaire
*rouge=lamelles épidermiques*
*bleu=lamelles dermiques*
*(photo : Chris Pollitt)*

> **L'ÉCHELLE DE OBEL**
>
> En 1948, Niles Obel a établi une classification de la boiterie causée par une fourbure : l'échelle de Obel.
> - Grade 0 : Tout mouvement s'effectue sans problème.
> - Grade 1 : Le cheval reporte son poids d'un pied sur l'autre ou piétine. Au trot, poser du pied anticipé ou foulée raccourcie.
> - Grade 2 : Démarche précautionneuse et raide au pas. Il donne ses pieds sans difficulté.
> - Grade 3 : Le cheval répugne à se déplacer et résiste lorsque l'on veut lui prendre un pied.
> - Grade 4 : Le cheval refuse de bouger.

# SIGNES CLINIQUES

Les signes cliniques sont les manifestations de la maladie qui peuvent être observées par le propriétaire, le vétérinaire ou le professionnel des soins aux sabots. Ils peuvent se voir (par exemple taches noires sur la sole), se sentir (pulsations à l'arrière du paturon), se compter (accélération de la fréquence respiratoire) ou se mesurer (température du sabot). On peut parfois avoir recours aux radiographies ou à une pince à sonder.

La nature et la gravité des signes cliniques sont autant d'indications sur l'état du cheval. L'amélioration ou l'aggravation de ces signes doit donc être surveillée attentivement.

En ce qui concerne la plupart des signes cliniques décrits ci-après, il faut que vous soyez capable d'établir que ce que vous observez diffère de l'état habituel de votre cheval lorsqu'il est en bonne santé. Pour savoir, par exemple, si le pouls est plus rapide que d'habitude, vous devez connaître le pouls normal de votre animal.

Commencez donc par observer votre cheval en bonne santé pour vous familiariser avec les valeurs qui, pour lui, sont normales. Si vous lisez ceci alors que votre cheval est déjà fourbu, prenez à titre de comparaison les chevaux en bonne santé qui se trouvent autour de vous.

## PHASE AIGUË

Les signes cliniques de la phase aiguë peuvent se classer comme suit :
- Caractéristiques physiologiques
- État des sabots
- Attitude et posture du cheval
- Mouvements du cheval
- Comportement du cheval
- Caractéristiques visibles uniquement sur des radiographies.

## LA FOURBURE SUBCLINIQUE ET LA FOURBURE DE GRADE PEU ÉLEVÉ

Un état subclinique n'a aucun signe clinique reconnaissable ou perceptible. Assez curieusement toutefois, nous trouvons le terme « fourbure subclinique » avec une description des manifestations visibles et diagnostiquables de la fourbure telles qu'une ligne blanche élargie, des évasements de la paroi (flares) et des anneaux de fourbure. Ce sont simplement des signes cliniques qui indiquent des dommages à la connexion lamellaire.

La fourbure subclinique réelle est la situation où des changements histologiques dans le sabot se produisent déjà, tels que la mort des cellules dans la membrane basale, mais ceux-ci ne peuvent pas encore être cliniquement déterminés. Par définition, nous parlons de la phase de développement de la fourbure. En fait, la phase suivante (la phase aiguë) commence par les premiers signes cliniques visibles ou mesurables.

Les chevaux atteints du SME (Syndrome Métabolique Équin) peuvent présenter une fourbure subclinique en tant qu'état saisonnier. Dans les mois où les taux de sucre dans l'herbe montent, la résistance à l'insuline associée au SME augmente. En conséquence, des changements histologiques se produisent dans le sabot. Les lamelles dermiques et épidermiques commencent en partie à se détacher, sans que la connexion lamellaire soit complètement rompue. Cela reste largement intact. Le passage de la phase de développement à la phase aiguë n'a pas lieu. Dès que l'herbe contiendra à nouveau moins de sucre ou si le propriétaire veille à ce que son cheval mange « en toute sécurité », le cheval guérira. Dans certains cas, le propriétaire ne remarquera même pas que son cheval a échappé à un épisode de fourbure aiguë. Un changement non-saisonnier des conditions de vie peut également avoir cet effet. Un cheval résistant à l'insuline qui bouge beaucoup, faisant ainsi en sorte que les conséquences négatives ne se produisent pas, peut entrer en phase de développement si, par exemple, il est déplacé vers un lieu où l'hébergement ne permet pas assez de mouvement.

Dans la littérature anglaise, nous trouvons aussi le terme « low grade laminitis ». Cela pourrait être traduit par une fourbure de grade peu élevé. La description comprend l'apparition d'une inflammation des lamelles dermiques et / ou du derme solaire. Cette inflammation est un signe clinique qui indique que la maladie est maintenant dans la phase aiguë. La fourbure de grade peu élevé a donc une définition légèrement plus large que la fourbure subclinique.

La boiterie est aussi utilisée comme critère pour distinguer la fourbure clinique de la fourbure subclinique (respectivement lorsqu'elle se produit ou non). La délimitation serait entre Obel 0 – où tout mouvement s'effectue sans problème – et Obel 1 – où les premiers signes de boiterie deviennent visibles. Cette distinction est discutable. Il y a des chevaux avec une ligne blanche considérablement élargie qui bougent apparemment sans aucun problème. La distinction entre « sensible » et « boiteux » est encore moins évidente. De nombreux chevaux qui sont toujours sensibles sur des surfaces dures peuvent ainsi être qualifiés de « fourbu de grade peu élevé ». Cependant, ils ont souvent une connexion lamellaire endommagée, des parois évasées et éventuellement des lamelles dermiques et le derme solaire enflammés. Rien ici n'est de grade peu élevé. Ces chevaux sont fourbus. Point.

Les deux désignations décrivent le stade initial de la fourbure, bien qu'il existe déjà une terminologie efficace pour cela (phase de développement, phase aiguë). Pourtant, il ne faut pas rejeter ces termes. Leur utilité réside dans le caractère d'avertissement. Les mots « subclinique » et « de grade peu élevé » doivent tirer la sonnette d'alarme. Vous ne voudriez pas que la maladie devienne « clinique » ou « de grade élevé ».

Quel que soit le terme que vous utilisez, il y a place à des améliorations si vous reconnaissez les sabots de votre cheval dans ce que vous avez lu ci-dessus. Cherchez l'amélioration en termes de nourriture, d'hébergement, de mouvement et / ou de parage. Ne vous contentez pas de sabots presque parfaits. Assurez-vous que votre cheval a des sabots en parfaite santé.

## Caractéristiques physiologiques

- Pouls tapant et plus rapide (80 - 120 battements par minute). Le pouls (digité) est pris au niveau des artères présentes dans le « sillon » entre le tendon fléchisseur profond du doigt et le ligament suspenseur. On peut également sentir le pouls juste en dessous, sur le boulet, là où l'artère passe sur le ligament collatéral des os sésamoïdes proximaux. Sur les antérieurs, l'artère est plus large et plus facilement palpable à l'intérieur de la jambe. Sur les postérieurs, on la sent mieux à l'extérieur. Souvenez-vous de cela quand vous comparez le pouls entre les antérieurs et les postérieurs.
Votre index et majeur mis ensemble sont les plus sensibles. Posez-les à plat sur l'artère et attendez quelques secondes. Parfois le pouls peut aussi être palpé au niveau de la couronne. Vérifiez le pouls sur les quatre membres. Ne paniquez pas si le pouls est légèrement plus rapide. Cela peut se produire, entre autres, après un travail sur un sol dur, si le cheval est excité ou souffre d'un abcès du pied. Toute rétention de liquide dans la jambe (œdème) peut rendre le pouls plus difficile à sentir.
L'apparition d'un pouls marqué coïncide plus ou moins avec le début d'un dommage a la connexion lamellaire.
- Tremblement des muscles et tension musculaire accrue.
- Transpiration.
- Signes de déshydratation. En pinçant un pli de peau on peut avoir une indication du degré de déshydratation. En relâchant la peau, le pli devrait disparaître en deux secondes. Ce test n'est pas infaillible. Votre vétérinaire peut déterminer précisément le niveau de déshydratation avec un test sanguin.

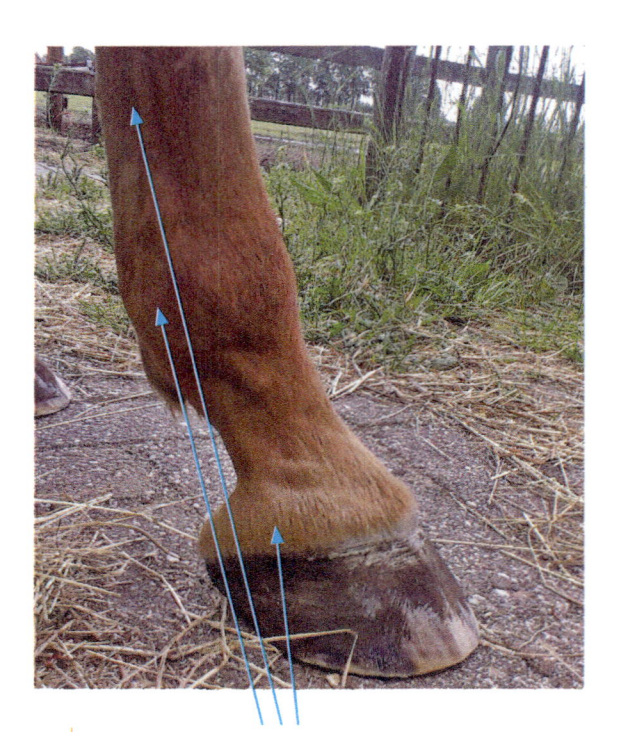

| Localisation des artères

| Test du pli de peau

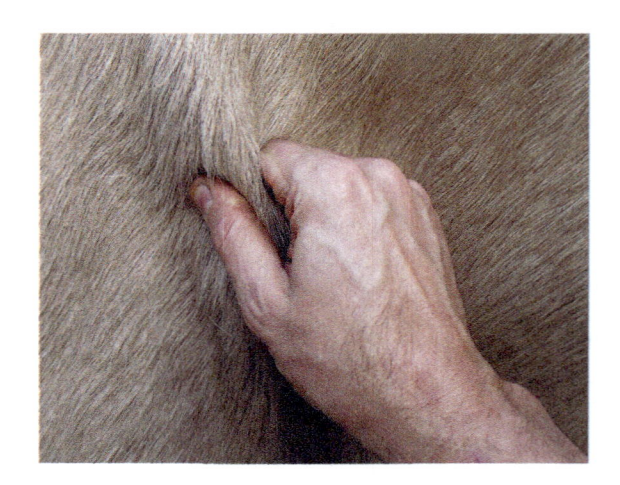

- Pupilles dilatées.
- Hypervascularisation de la muqueuse des yeux.
- Naseaux dilatés.

- Oreilles raidies et tournées vers l'arrière.
- Fréquence respiratoire plus élevée (80 - 100 respirations par minute). La respiration peut être également irrégulière et saccadée. Rappelez-vous que l'âge, une température ambiante élevée, le stress et la gestation peuvent augmenter la fréquence respiratoire.
- Augmentation de la température corporelle à 40 - 41 °C.

## ÉTAT DES SABOTS

- Augmentation de la température du sabot. Cela peut être dû à une inflammation des lamelles ou à une augmentation du flux sanguin dans le sabot. La température du sabot peut être mesurée à l'aide d'un thermomètre infrarouge à pointe laser. Notez qu'une température ambiante élevée donne des résultats moins précis.

Thermomètre laser

- Une image thermographique infrarouge peut montrer la présence d'un abcès du pied ou d'une fourbure. Pour faire la différence, il faudra requérir les services d'un spécialiste compétent et perspicace.

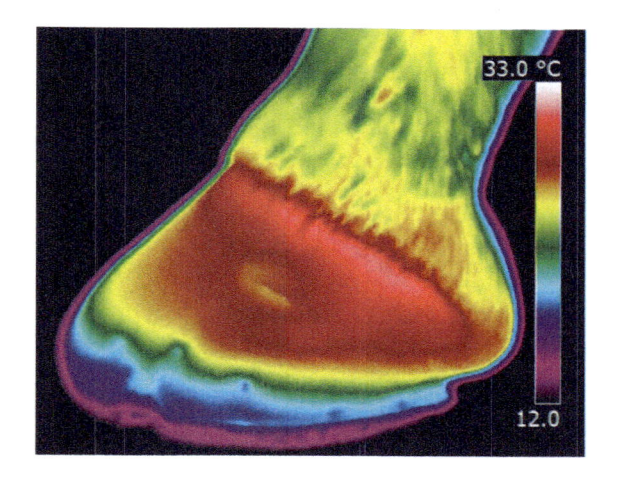

Température de 30 °C au niveau du sabot dans le cas d'une fourbure en phase aiguë
*Le tissu sous-jacent montre une température relativement basse (photo : Helen Morrell)*

- Au cours de la journée, la température d'un sabot fourbu peut varier. Une image thermographique peut donc fausser la réalité si elle est prise à un moment où la température du sabot est relativement basse.
- Un pied qui reste à une température de plus de 30° C pendant plus de 24 heures indique clairement une fourbure.
- Ligne blanche élargie.
On constate parfois que la ligne blanche est légèrement élargie. L'engrènement des lamelles s'est déjà détérioré, mais la séparation n'est pas totale.

Ligne blanche élargie

- Présence d'un ou plusieurs abcès au niveau de la couronne. Le tissu nécrosé, qui ne peut pas être éliminé par le corps de façon normale à cause d'une circulation sanguine altérée, s'accumule et cause ces abcès.

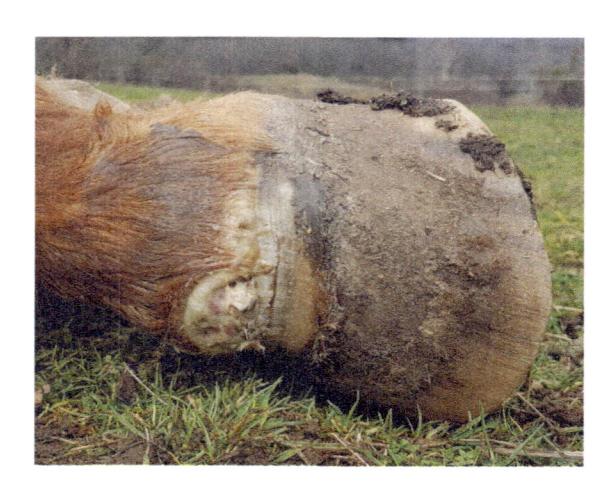

Abcès de la couronne

> La plupart des signes cliniques sont principalement, voire uniquement visibles sur les antérieurs. Cela ne signifie pas pour autant que les postérieurs ne sont pas touchés. A l'arrêt et au pas, le cheval porte environ 65% de son poids sur l'avant-main. En conséquence, il ressentira la douleur de façon plus aiguë au niveau des antérieurs. Comme il se propulse à l'aide de son arrière-main, cela engendre un meilleur fonctionnement du mécanisme du pied, spécialement au galop, et donc des sabots postérieurs en meilleure santé.

## Attitude et posture du cheval

- Refus de se déplacer
- Reporte le poids du corps sur l'arrière-main (campé du devant et sous lui du derrière). La paroi du sabot exerce un effet de levier sur la pointe du sabot, la pince. En cas de fourbure, c'est douloureux pour le cheval, car les lamelles sont enflammées et très sensibles. Il évite alors de s'appuyer sur l'avant de ses sabots et donc reporte son poids sur ses postérieurs et sur ses talons. Quand la fourbure est plus sévère ou que le cheval est sur un sol dur, il reporte totalement son poids sur l'arrière. Quand les quatre pieds sont atteints, il n'est plus possible pour le cheval de reporter son poids sur l'arrière autrement il tomberait. Il tentera alors d'épargner ses sabots en rassemblant ses quatre pieds sous son ventre.

Attitude caractéristique
d'un cheval atteint de fourbure
*(photo : Advanced equine therapies)*

Cheval sous lui des quatre membres
*(photo : Rose Kingery-Potter)*

- Balancement de droite à gauche. Parfois le cheval soulèvera ses pieds en alternance. Cela favorise le mécanisme du pied et permet un moment de soulagement pour un pied à la fois. Ce mouvement rythmique est aussi considéré comme un dérivatif ou une sorte de transe. Les humains aussi peuvent faire cela lorsqu'ils souffrent beaucoup. La fréquence à laquelle le cheval soulève ses pieds en alternance est aussi un indicateur du degré de souffrance.
- Dans de rares cas, seuls les postérieurs sont touchés. Le cheval fera alors porter tout le poids de son corps sur les antérieurs en les mettant aussi loin que possible sous lui, tandis qu'il tend son encolure vers l'avant pour rester en équilibre.
- Refus de se lever. Un cheval qui refuse de se lever souffre souvent de fourbure au niveau des quatre pieds.
- Retour à une posture normale. Parfois, le cheval est tellement saturé par la douleur qu'il arrête de se porter sur l'arrière, de se balancer et se remet d'aplomb sur ses jambes. Dans le cas où la maladie arrive à ce stade, d'autres signes vous montreront très clairement que votre cheval n'est pas guéri.

## Mouvements du cheval

- Les mouvements du cheval sont raides et se font avec peine.
- A chaque pas, le cheval place ses pieds aussi loin que possible devant lui pour que le poids de son corps soit reporté le moins possible sur l'avant de ses sabots.
- Le cheval évite de tourner. Lorsqu'il tourne, il reporte plus de poids sur la jambe interne, augmentant encore la pression sur un pied déjà douloureux. De plus, les tissus à l'intérieur du sabot subissent une torsion lorsque le cheval pivote.

- Le cheval effectue des petits pas bizarres avec les antérieurs, tout en levant exagérément les postérieurs. Cela signifie que les quatre pieds sont atteints. En marchant ainsi, le cheval essaie de garder son poids sur ses talons et d'éviter de prendre un appui en pince.
- Évidemment, lorsque le cheval doit marcher sur une surface dure, il sera encore plus inconfortable.

### COMPORTEMENT DU CHEVAL
Un cheval en souffrance aura souvent un ou plusieurs des comportements suivants :
- Irritable
- Anxieux
- Renfermé/apathique
- Abattu
- Soupire ou gémit.

Cheval en grande souffrance

### CARACTÉRISTIQUES VISIBLES UNIQUEMENT SUR DES RADIOGRAPHIES
- Séparation de la ligne blanche
- Au début, on voit juste une augmentation de la distance entre l'os du pied et la paroi du sabot, bien que les deux restent parallèles.
- Une rotation de l'os du pied, qui apparaît dans les cas de fourbure chronique (voir plus loin), peut s'accompagner d'un affaissement de cet os à l'intérieur de la boîte cornée. Il est parfois difficile de déterminer l'amplitude de ces deux phénomènes avec une radiographie uniquement.
- Saignements
- Gonflement des lamelles
- Oedème
- Des lignes blanches sur les radios indiquent la présence de gaz dans l'espace entre les lamelles épidermiques qui étaient engrenées auparavant avec les lamelles dermiques. Ce gaz est de l'azote extrait du sang par le vide résultant du désengrènement.
- Léger remodelage de l'os, en particulier une excroissance osseuse au niveau de l'os du pied
- Parfois déminéralisation de l'os du pied
- Début d'ostéomyélite (inflammation de l'os du pied).

# PHASE CHRONIQUE

Dans la phase chronique on peut observer un, plusieurs, voire tous les signes cliniques présents dans la phase aiguë. Les signes cliniques de la phase chronique peuvent se classer comme suit :
- Détérioration de l'anatomie normale du sabot
- Attitude et posture du cheval
- Mouvements du cheval
- Caractéristiques visibles uniquement sur des radiographies.

### Détérioration de l'anatomie normale du sabot
Cette détérioration est visible au niveau de :
- La position de l'os du pied par rapport à la paroi
- La forme et l'état de l'os du pied
- La forme et l'état de la sole
- La paroi.

### Position de l'os du pied par rapport à la paroi

> ▸ On peut prendre en considération la position qu'a l'os du pied par rapport à la paroi du sabot ou vice-versa. C'est à cause de cela que les termes de « rotation » ou « bascule » de l'os du pied font souvent l'objet d'un débat. Le fond du problème réside dans la modification de l'angle que forme l'os par rapport à la paroi du sabot. Dans ce livre, nous utiliserons le terme rotation (de l'os du pied) pour plus de commodité, même si celui de séparation partielle de la paroi du sabot serait sans doute plus juste.

L'espace qui va se créer entre la paroi du sabot et l'os du pied, du fait de la rotation de ce dernier, se remplit d'une prolifération de kératinocytes, de sang coagulé et de corne morte. À sa lisière, une infection peut survenir et des fluides (exsudat) s'échapper. Sa forme triangulaire, sa localisation et son effet mécanique nous feront appeler cet amas de matières un coin nécrotique (ou coin lamellaire).

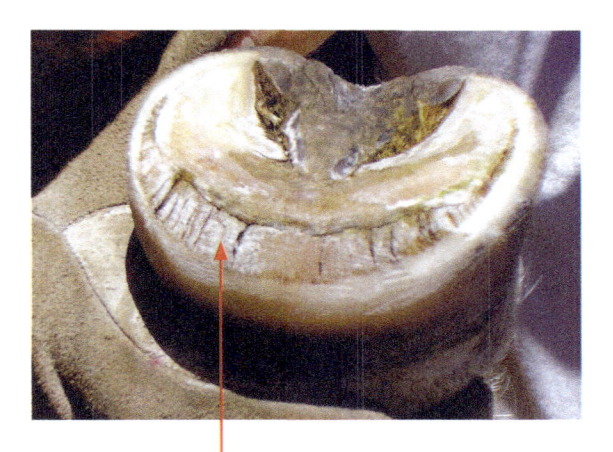

Coin nécrotique
*(photo : Cynthia Cooper)*

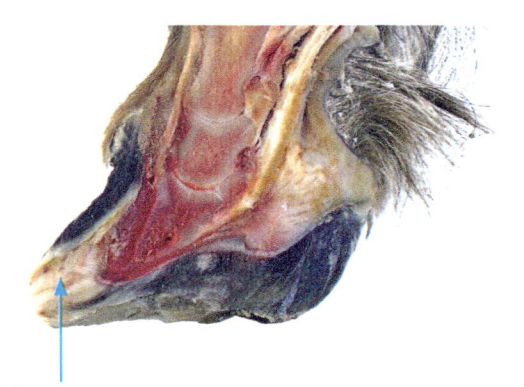

Coin nécrotique (coupe transversale)

Sang et exsudat inflammatoire s'écoulant du coin nécrotique

Séparation de la couronne
*(photo : Nicolette Kosterman)*

- Le désengrènement des lamelles provoque une rotation de l'os du pied à l'intérieur du sabot. La connexion entre les lamelles est devenue si fragile qu'elle ne peut plus contrer la tension exercée par le tendon fléchisseur profond du doigt.
- On constate alors une sorte de déformation au niveau de la couronne. La graisse et le tissu conjonctif qui sont juste sous la peau sont tirés vers le bas par la rotation de l'os. On peut sentir le bord supérieur de la paroi du sabot sous la peau.
- Cela ne se remarquera, au début, que sur la partie antérieure du sabot. Plus la fourbure s'aggravera, plus cette déformation deviendra visible au niveau des quartiers et des talons.
- Dans les cas plus sévères, la peau se détache. Ce phénomène s'appelle séparation de la couronne. Un exsudat jaunâtre peut s'écouler.
- Dans les cas encore plus graves, le derme coronaire commence à sortir. Cela s'appelle prolapsus de la couronne.

Prolapsus de la couronne
*(photo : Kim Hillegas)*

- L'os du pied peut également se détacher complètement de la boîte cornée et effectuer une descente distale. Comme indiqué précédemment, cet affaissement de l'os (appelé également « sinker » en anglais) est le résultat d'un désengrènement total de la connexion lamellaire tout autour de lui et pas seulement sur la pointe.

- Quand l'os du pied commence à descendre vers la sole, on peut remarquer que le bourrelet coronaire s'enfonce à l'intérieur du sabot. Il semble alors vide.
- Dans la phase chronique stable, l'os du pied se stabilisera après avoir basculé. La paroi du sabot et la sole recommenceront à pousser.

**FORME ET ÉTAT DE L'OS DU PIED**

L'os est un tissu vivant et actif. S'il subit une pression, des changements vont se produire.

- La pointe de l'os du pied peut se déformer sous la pression et prendre une forme semblable à une pointe de ski. Cette pointe de ski peut parfois se casser.

Déformation en pointe de ski
*(photo : Claudia Garner)*

- Elle peut aussi disparaître une fois que le pied a guéri, car la pression qui l'a fait apparaître aura disparu. La nouvelle pousse d'une paroi correctement alignée exercera les pressions équilibrées nécessaires pour forcer l'os à retrouver sa forme initiale. Encore une fois, le tissu osseux est dynamique et s'adapte aux pressions qu'il subit. Ce processus prend du temps, autant de temps qu'il a fallu pour recourber la pointe de l'os du pied. Il faut bien évidemment que toutes les conditions soient réunies pour que cela puisse se produire.
- Dans les cas plus graves, tout l'os du pied peut se déformer.
- Il arrive que les rebords de l'os du pied se brisent sous la pression.
- L'os peut aussi se déminéraliser à cause d'une circulation sanguine diminuée. Le cheval puise du magnésium et du calcium, réduisant ainsi sa densité et augmentant les risques de voir apparaître les complications décrites ci-dessous.
- Apparition d'une ostéomyélite ou ostéite : une inflammation de l'os (moëlle), située habituellement au niveau de l'os du pied. Les principales complications de l'ostéomyélite au niveau de l'os du pied sont une déformation de l'os et une inflammation de l'articulation de l'os du pied lorsque l'inflammation s'étend.

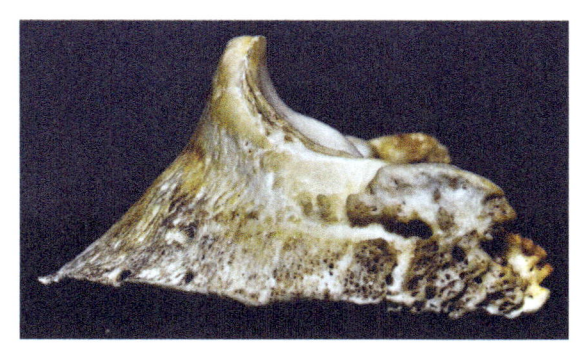

Os du pied déminéralisé
*(photo : Claudia Garner)*

**FORME ET ÉTAT DE LA SOLE**
- Lacunes latérales de la fourchette profondes.
- La sole est compressée et devient donc plus fine et plus sensible.

- Apparition de taches noires.
- Tissu nécrosé résultant de la compression de la sole et de la lésion du derme solaire et de ses vaisseaux sanguins. En effet, les vaisseaux sanguins approvisionnant la sole ne passent pas à travers l'os du pied, mais autour de lui. Ainsi, un os de pied en rotation ou en descente distale comprime ces vaisseaux contre la sole et empêche une bonne irrigation sanguine de cette dernière.
- Sole plate ou même bombée sur la moitié antérieure du sabot résultant de la pression causée par la rotation de l'os du pied qui s'enfonce vers le sol. Cela peut déjà être visible après quelques jours et s'appelle prolapsus de la sole.
- Des lignes noires ou des fissures peuvent apparaître en travers de la sole qui se bombe. Cela indique que l'os du pied est sur le point de la traverser. Lorsque cela se produit, on parle alors de perforation de la sole.
- Parallèlement il peut également survenir :
  - Des abcès
  - Des hématomes rouges ou bleus en forme de croissant
  - Des poches de sang
  - Une septicémie (empoisonnement du sang)
  - Une infection de la fourchette de type mycosique, avec ou sans odeur pénétrante. Ce type d'infection affecte la dernière protection que la sole offre à l'os du pied.
- Tous ces signes, à l'exception de la septicémie, se verront mieux sur une sole nettoyée, voire grattée soigneusement avec une rainette.

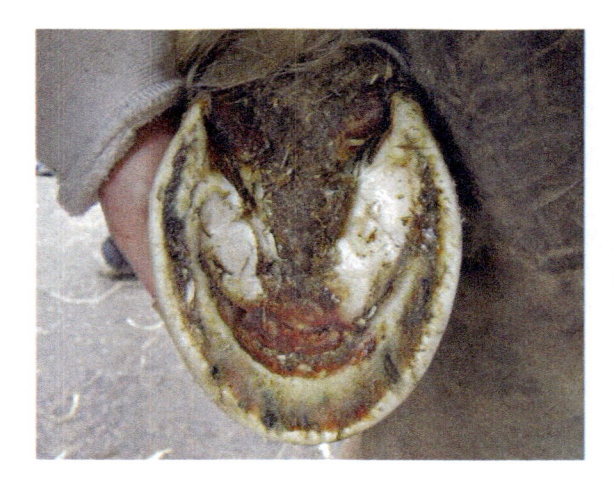

| Perforation de la sole
*(photo : Caroline Wang-Andresen)*

| Hématomes en forme de croissant

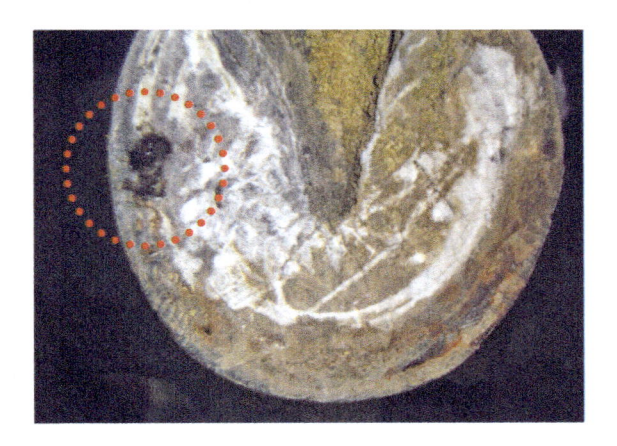

Abcès de la sole
*(photo : Jamie Berning)*

#### Paroi du sabot

- A ce stade, la paroi a souvent une apparence bizarre. La diminution de l'afflux sanguin cause une diminution de l'apport en acides aminés qui contiennent du soufre. Cela ralentit la pousse de la corne au niveau de la pince, alors que la croissance continue de manière normale au niveau des talons. On a alors un sabot en forme de cloche et aux talons hauts.

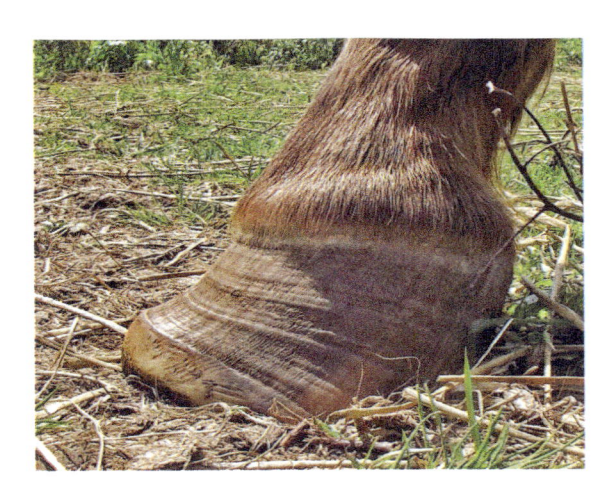

Sabot en forme de cloche

- Les anneaux de croissance ne sont plus parallèles à la couronne, comme c'est le cas sur un pied sain. Comme la corne croît plus lentement en pince, les anneaux sont plus rapprochés à cet endroit. Les anneaux sont également beaucoup plus marqués. C'est le résultat des forces de traction présentes à l'intérieur du sabot, causées par l'affaissement de l'os du pied.

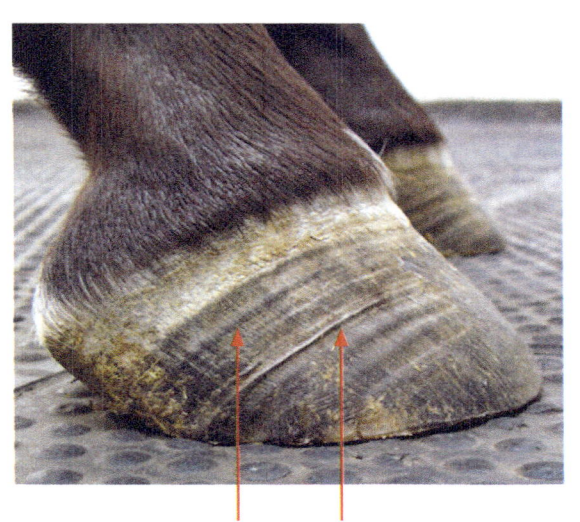

Anneaux de croissance inégaux au niveau de la paroi
*(photo : The Liphook equine hospital)*

- Cette descente distale de l'os du pied tire les papilles dermiques de la couronne vers le bas, alors que elles continuent de produire les lamelles épidermiques. Il en résulte un anneau de croissance profond visible sur la paroi du sabot. On l'appelle un anneau de fourbure.

Anneaux de fourbure

- Dans les cas sévères, le sabot se déforme et devient bombé en pince car la corne pousse en s'éloignant de l'os du pied. Ce type de pousse se reconnaît par une très large ligne blanche au niveau de la pince. Les sabots bombés sont plus communs en cas d'affaissement de l'os du pied que dans les cas de rotation.

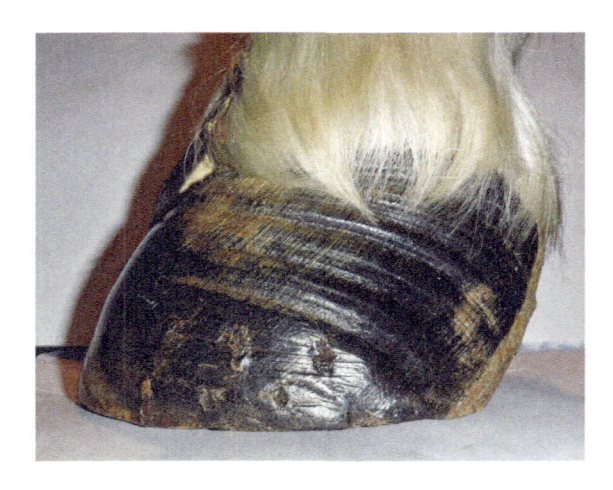

- L'étirement de la ligne blanche provoqué par la séparation (partielle) de la paroi et de l'os du pied peut engendrer des complications supplémentaires, comme la maladie de la ligne blanche (voir « Traitement des complications », page 120).
- Des évasements (ou « flares » en anglais) peuvent se produire. Ce sont des déformations de la paroi du sabot qui s'écarte de sa ligne normale. La cause des évasements réside dans le fait que la connexion lamellaire n'est plus suffisamment capable d'absorber les forces mécaniques qui agissent sur la paroi. En particulier, mais pas exclusivement, dans les cas d'évasements, la paroi peut se fendre et s'effriter.

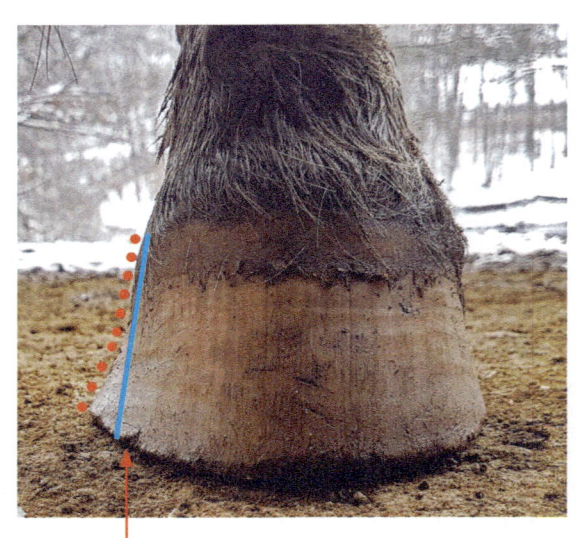

Sabot à pince bombée
*(photo : Lucy Priory)*

Evasement de la paroi, qui est fendue et effritée

- Lorsque le sabot n'est pas paré à temps et de façon correcte, la connexion lamellaire est sollicitée lors de la marche, quand le pied bascule sur la pince pour effectuer le pas suivant, et cela crée un sabot en forme de babouche ou de bec de canard.

- Dans les scénarios les plus graves, la sole et toute la paroi se détachent, ce qui provoque la chute de la totalité de la boîte cornée. Le cheval désabote.

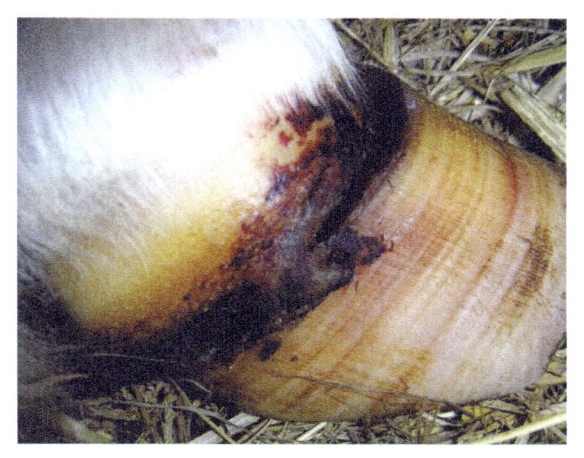

Sabots en forme de babouche
*(photo : Cynthia Cooper)*

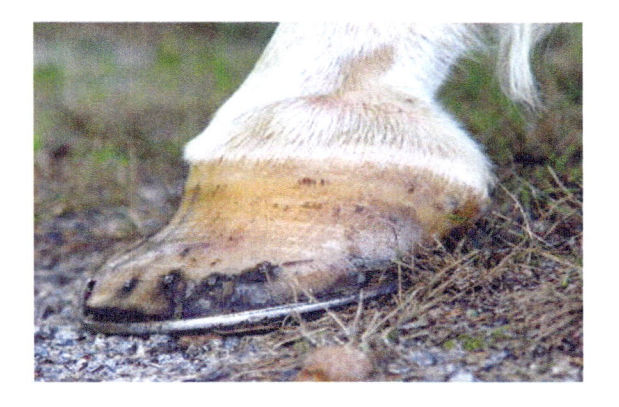

Désabotage
*(photo : Mike van Dijk)*

Bec de canard
*(photo : Gretschen Fathauer)*

## ATTITUDE ET POSTURE DU CHEVAL

Comme dans la phase aiguë, les chevaux en phase chronique adoptent une position typique pour réduire la pression exercée par la pointe de l'os du pied sur la sole.

Dans le cas d'un affaissement de l'os au niveau des quatre pieds, le cheval essaie de placer ses membres atteints aussi verticalement que possible sous son corps pour soulager à la fois la pince et les talons devenus extrêmement sensibles du fait du changement des pressions à l'intérieur du sabot.

## Mouvements du cheval

Les modifications des allures caractéristiques de la phase aiguë sont souvent toujours présentes au cours de la phase chronique. Du fait de l'altération de la position de l'os du pied et de la sensibilité de la pince, se déplacer devient encore plus difficile. Le cheval marche exagérément sur ses talons, sans dérouler correctement le pied, évitant ainsi de prendre appui sur la sole et la pince. Lors de la phase de ramener, la pince va alors heurter plus brutalement le sol, ce qui risque d'endommager encore plus les lamelles de la partie antérieure du sabot.

## Caractéristiques visibles uniquement sur des radiographies

Les radiographies permettent d'évaluer le degré de séparation de la ligne blanche et de rotation de l'os du pied. Elles apportent des informations complémentaires dans les cas de fourbure chronique, en particulier sur la gravité de la maladie et le moment où elle a commencé. À partir de ces informations, le professionnel des soins aux sabots, le vétérinaire et le propriétaire peuvent décider du traitement le plus adéquat.

En général, les vétérinaires et les professionnels des soins aux sabots appliquent la règle empirique suivante :
- Une rotation inférieure à 5,5 degrés permet d'avoir bon espoir
- Une rotation supérieure à 11,5 degrés ne laisse rien présager de bon.

Notez qu'il existe de nombreuses exceptions à cette règle et qu'elle dépend du traitement choisi. Un cheval avec une rotation de l'os du pied de 5 degrés, auquel on applique une ferrure thérapeutique et un lourd traitement antidouleur, sans effectuer aucun changement au niveau de son activité physique, de son alimentation ou de son mode d'hébergement aura de bien moins bonnes perspectives de guérison qu'un cheval avec une rotation de l'os du pied deux fois plus importante mais qui bénéficiera du traitement décrit dans ce livre. La croissance d'une paroi saine et bien engrenée ramènera l'os du pied à sa position normale, quel que soit son degré de rotation. Naturellement, cela ne peut se produire qu'à condition d'appliquer un traitement correct dans des circonstances adéquates.

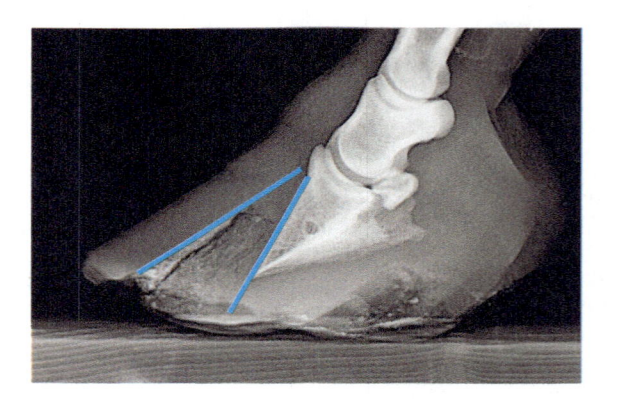

Rotation de l'os du pied
*(photo : Myhre equine clinic)*

Au cours du processus de guérison, les radiographies peuvent donner des informations sur les progrès accomplis.

Sur les radiographies, on peut visualiser une ou plusieurs des caractéristiques suivantes :
- La séparation de la ligne blanche sous forme de lignes noires.
- Le degré de rotation de l'os du pied.
- Dans le cas où la pointe de l'os du pied exerce déjà une pression contre la sole, les deux tissus peuvent partiellement se nécroser, ce qui est visible sur les radios.

- L'état et la forme de l'os du pied :
  - En pointe de ski
  - Fractures éventuelles
  - Déminéralisation de l'os du pied, y compris décalcification (ostéoporose) et disparition de tissu osseux par carence en calcium (ostéolyse).

- Saignements, gonflements, œdème et présence de poches d'azote peuvent également être visibles à ce stade.
- On peut également voir des poches de gaz ou de pus dues à une ostéomyélite ou à des abcès.
- À un stade ultérieur, des signes d'inflammation (réaction du corps à la lésion d'un tissu) et d'infection (causée par des champignons et des bactéries) peuvent être confirmés par radiographie.

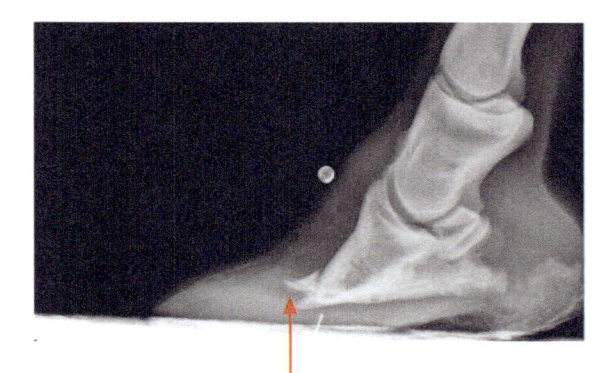

Pointe de ski cassée
*(photo : Elizabeth Fish)*

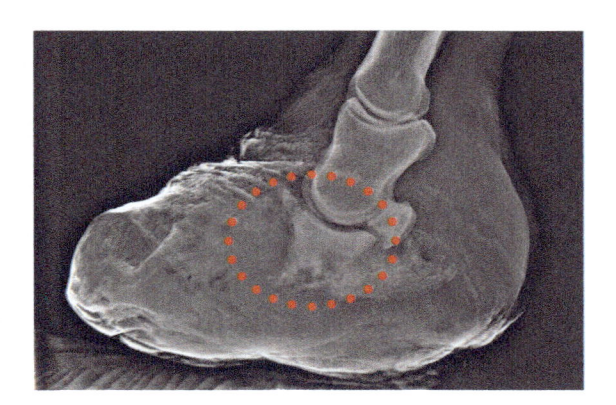

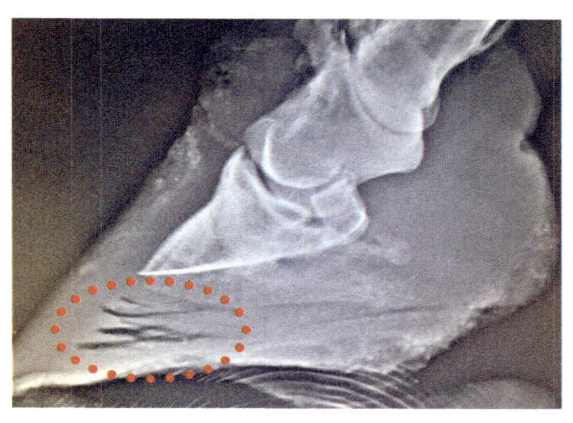

Abcès de la sole

Os du pied déminéralisé

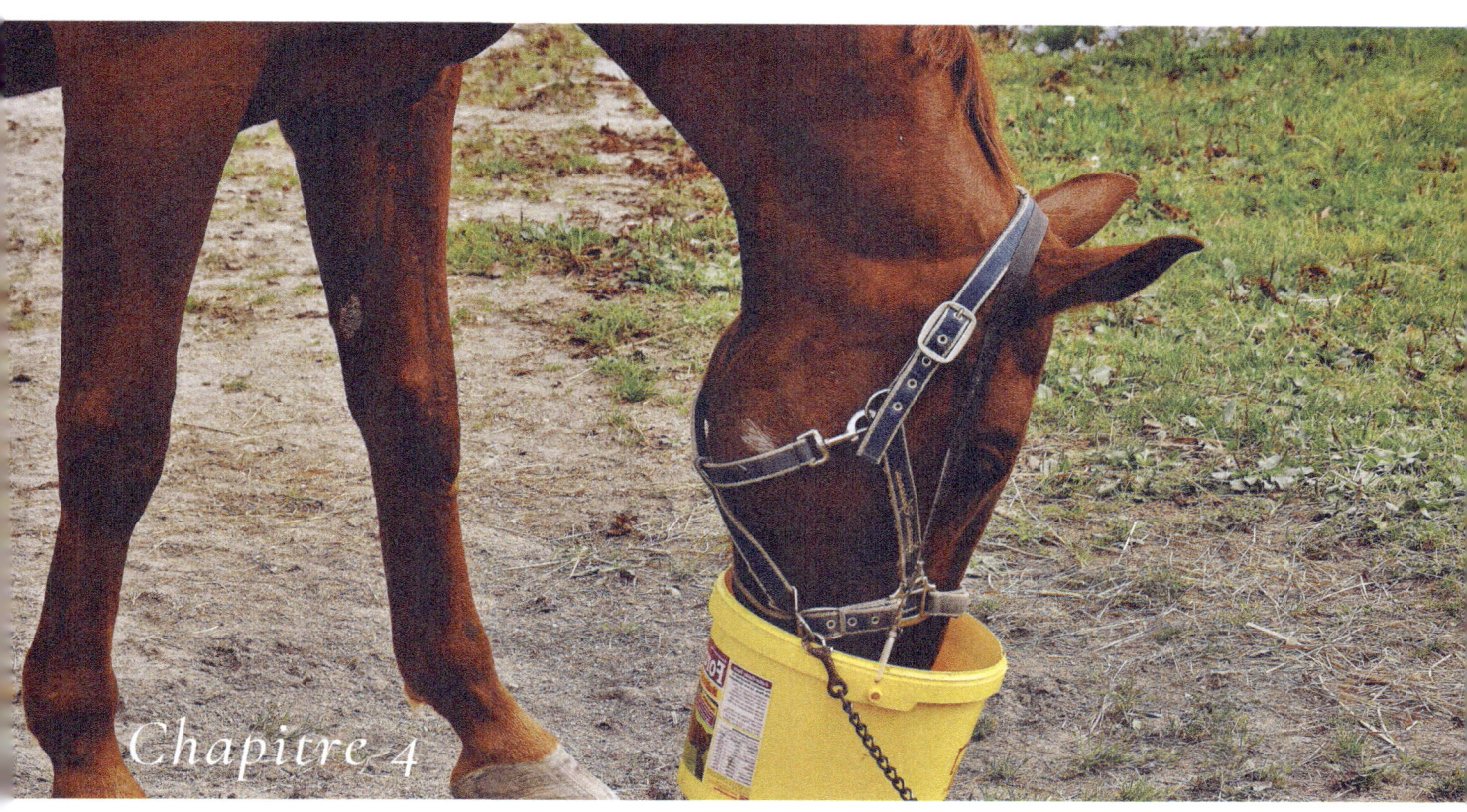

## Chapitre 4
# THÉORIES ET CAUSES

Le Dr. Chris Pollitt est un éminent chercheur et un véritable pionnier dans le domaine de la fourbure. On lui doit cette remarque, pas très optimiste, à propos des études faites sur cette maladie : « La moitié des connaissances scientifiques actuelles sur la fourbure est incorrecte, mais quelle moitié ? »

Il n'y a encore pas si longtemps, tous les cas de fourbure étaient considérés principalement comme un problème circulatoire. Heureusement, nous en savons plus aujourd'hui. Actuellement, il existe au moins cinq théories différentes sur les causes susceptibles de déclencher cette maladie.

# THÉORIES

Les cinq théories font remonter les sources de la fourbure à des dysfonctionnements aux niveaux suivants :
- Vaisseaux sanguins et circulation
- Enzymes
- Inflammation
- Métabolisme et hormones
- Traumatisme/surcharge.

Ces théories ne s'excluent pas entre elles. Au contraire, elles se recoupent. Souvent, elles clarifient une phase ou un aspect particulier de la fourbure. Elles sont toutes de nature (patho)physiologique. Cela signifie qu'elles prennent en considération les propriétés des cellules, des tissus et des organes pour déterminer si leur état est pathologique ou non.

Ce chapitre explore les causes possibles de la fourbure. Mais sa véritable « origine » est sous-jacente. Elle se dissimule dans le style de vie non-naturel que nous imposons au cheval lorsqu'il vit avec nous. Nous reviendrons sur ce sujet plus loin dans cet ouvrage.

## THÉORIE VASCULAIRE

Selon cette théorie, l'organisme du cheval n'arrive pas à maintenir une circulation sanguine normale à l'intérieur du sabot. Durant la phase de développement de la maladie, le flux sanguin irriguant le sabot est trop réduit.

Plusieurs facteurs peuvent être à l'origine de cette hypoperfusion du pied :
- Vasoconstriction
- Capillaires endommagés
- Déviation prolongée du flux sanguin censé arriver au sabot à cause de l'ouverture des anastomoses artérioveineuses (voir page 32)
- Pression sanguine élevée dans le sabot empêchant une circulation normale
- Microthromboses (caillots de sang).

Ces facteurs, entre autres, engendrent un manque d'oxygène et de nutriments pouvant mener à la destruction des lamelles.

### Oedème

Une augmentation de la pression à l'intérieur de capillaires resserrés et éventuellement endommagés provoque une sortie de fluides de ces capillaires. Ces fluides s'accumulent dans les tissus environnants. Au niveau du sabot, cela crée un œdème qui se situera au niveau des lamelles. Comme ces dernières sont prises en étau entre la paroi du sabot et l'os du pied, elles ne peuvent être repoussées nulle part. L'œdème comprime alors les vaisseaux, ce qui bloque encore plus la circulation sanguine.

Une hypoperfusion sanguine du pied se constate par une diminution de la température du sabot au cours de la phase de développement, ce qui contraste avec l'augmentation de la température au cours de la phase aiguë.

Les chevaux ne montrent que peu, voire pas de signes de douleur, car les sabots sont engourdis par la mauvaise circulation sanguine. Ce n'est qu'une fois la circulation rétablie que la douleur se fait sentir graduellement.

### Lésions de reperfusion

Lorsque la circulation sanguine est restaurée, des lésions de reperfusion peuvent apparaître. Ce dommage aux tissus du pied est causé par le retour du sang (ce qui se traduit par une augmentation de la température dans le sabot). L'apport renouvelé en oxygène et en nutriments provoque une réponse inflammatoire et ce qu'on appelle un stress oxydatif. La présence de trop de molécules d'oxygène engendre une destruction des cellules.

### Objections

- Les chercheurs n'ont jamais constaté de microthromboses et d'œdème au cours de la phase de développement. On a observé des microthromboses seulement dans les cas de fourbure de grade 3 (échelle de Obel).
- À ce stade, on ne trouve pas non plus de tissu lamellaire nécrosé.
- Comme plusieurs études se contredisent, un lien causal indiscutable entre des problèmes de coagulation et la fourbure reste à prouver.

La diminution du flux sanguin pose un problème certain, mais elle doit être considérée comme une conséquence plutôt que comme une cause. Ce n'est donc qu'un des aspects de la maladie.

D'autres recherches montrent clairement une augmentation du flux sanguin juste avant le déclenchement d'une fourbure. Il semblerait que, d'abord, on ait une augmentation du flux sanguin, ensuite une diminution de celui-ci avec les conséquences décrites plus haut. Donc ces données de recherche concordent avec la théorie vasculaire, plutôt qu'elles ne l'infirment.

### Traitement utilisé

Le traitement de la fourbure basé sur la théorie vasculaire se concentre sur :

- La stimulation de la circulation sanguine
- L'administration de médicaments anticoagulants, hypotenseurs et vasodilatateurs
- La réduction maximale de la charge que doit porter le cheval.

## THÉORIE ENZYMATIQUE

La destruction et la reconstruction des cellules sous l'influence des enzymes est un processus courant dans l'organisme. Quand ce processus est perturbé, de nombreuses maladies peuvent survenir. Le cancer, l'ostéoarthrite et la fibrose en sont de bons exemples, tout comme la fourbure.

La théorie enzymatique se concentre sur la membrane basale, à savoir le tissu conjonctif situé entre les lamelles dermiques et les lamelles épidermiques.

Comme mentionné précédemment, la connexion lamellaire est sujette à une destruction et reconstruction constantes. Ceci permet à la paroi du sabot, constituée de cellules cornées mortes, de pousser vers le bas en glissant par-dessus l'os du pied, tout en y restant solidement attachée.

### MÉTALLOPROTÉASES MATRICIELLES

Cette destruction contrôlée du tissu de connexion se fait grâce à l'influence d'un groupe d'enzymes qui détruisent les protéines : les métalloprotéases matricielles (ou MMP, de l'anglais « Matrix MetalloProtease »). En fait, ces MMP sont des pro-enzymes. Ce sont des protéines qui restent inactives jusqu'au moment où elles arrivent là où leur action est nécessaire. Après avoir été activées, elles sont régulées par ce qu'on appelle des TIMP (de l'anglais « Tissue Inhibitors of MetalloProtease »).

On ne connaît pas encore très bien le rôle des MMP et des autres enzymes dans la destruction de la membrane basale. Pendant longtemps, l'attention des chercheurs s'est focalisée sur les pro-enzymes MMP-9 et les MMP-2, mais la science a récemment changé de point de vue. L'amélioration des méthodes de recherche et la reconnaissance des failles existantes dans les études précédentes ont contribué à cette remise en cause.

### HYPERINSULINÉMIE

Dans les cas de fourbures consécutives à une élévation du taux d'insuline (ou hyperinsulinémie, expliquée plus tard sous « Deux phases de la résistance à l'insuline », page 62), seule une augmentation des MMP-9 est constatée. Et il ne s'agit que de la forme inactive appelée pro-MMP-9. En outre, cette augmentation est insignifiante durant la phase de développement.

C'est pourquoi l'on considère aujourd'hui que le rôle des MMP-9 dans le développement d'une fourbure est négligeable.

### SURCONSOMMATION DE GLUCIDES NON-STRUCTURAUX

Dans les cas de fourbures causées par une surdose de glucides non-structuraux (GNS), on observe une augmentation de MMP-2. Toutefois, celle-ci ne débute qu'au moment où la dégradation de la membrane basale commence ou lorsque cette dégradation est déjà en cours. Là encore, le rôle la pro-enzyme MMP-2 dans le développement d'une fourbure peut être considéré comme négligeable.

On ne sait toujours pas ce qui cause une surproduction de MMP-2, même si l'on soupçonne fortement que les toxines émanant de la bactérie Streptococcus lutetiensis (connue jusqu'à présent sous le nom de Streptococcus bovis II/1) pourraient déclencher cette surproduction. Cette bactérie est présente en grand nombre dans l'intestin après, par exemple, l'ingestion de grandes quantités de céréales. Voir page 66, sous « Problèmes digestifs » pour plus de détails à ce sujet.

D'autres études montrent que l'augmentation des taux de MMP est le résultat de réactions inflammatoires et ne représente donc pas une cause primaire.

Bien que la pro-enzyme MMP-2 ne soit pas directement impliquée dans le déclenchement de la destruction de la membrane basale, on ne peut pas écarter le fait qu'elle constitue un facteur d'accélération du processus. Pour cette

> **HYDRATES DE CARBONE**
>
> On peut distinguer plusieurs types d'hydrates de carbone que l'on appelle aussi sucres, glucides ou saccharides :
>
> - Les monosaccharides tels que le glucose (dextrose) et le fructose (sucre des fruits)
> - Les disaccharides tels que le sucrose (sucre de betterave)
> - Les fructanes tels que l'inuline, le levan et l'oligofructose aussi appelé fructo-oligosaccharide
> - Les polysaccharides tels que l'amidon et les fibres alimentaires comme la cellulose, l'hémicellulose et la lignine.
>
> N.B. : la lignine n'est pas considérée comme un hydrate de carbone. Elle appartient à la famille des polymères complexes aromatiques (ou non-hydrates de carbone). Pour faciliter les choses, les fibres alimentaires dont nous parlerons dans cet ouvrage seront rassemblées sous le terme glucides.
>
> En outre, les glucides peuvent être regroupés comme suit :
>
> - Glucides solubles à l'éthanol (GSEt) : monosaccharides et disaccharides
> - Glucides solubles à l'eau (GSE) : GSEt et fructane
> - Glucides non-structuraux (GNS) : GSE et amidon
> - Glucides structuraux (GS) : fibres alimentaires.
>
> On retrouve les GNS dans les cellules et la sève des plantes.
>
> N.B. : certains types de fructanes sont considérés comme des GSEt du fait de leur structure chimique relativement simple. Dans cet ouvrage, pour rester simple, tous les fructanes sont inclus dans le groupe des GSE.

raison, la recherche doit continuer et le traitement devrait viser à prévenir l'activation de certaines pro-enzymes.

Le rôle que pourraient jouer d'autres MMP fournit également des raisons suffisantes de continuer à la fois les recherches sur ces enzymes et le traitement préconisé à ce jour.

## ADAMTS-4

L'ADAMTS-4, dont la propriété est de détruire le cartilage, est une enzyme intéressante. Une protéine présente au niveau des lamelles est dégradée par cette enzyme. Une trop grande quantité d'ADAMTS-4 pourrait provoquer un affaiblissement des lamelles et donc de la connexion lamellaire elle-même. Ainsi, l'attention portée précédemment aux pro-enzymes MMP-2 ou MMP-9 s'oriente maintenant vers l'ADAMTS-4.

### Membrane basale

Même si l'on ne pense pas que la membrane basale soit le foyer d'origine de la fourbure, cela ne change rien au fait que ses cellules – les hémidesmosomes – et les lamelles épidermiques se détériorent. Elles changent de forme et commencent à glisser les unes sur les autres. La quantité d'hémidesmosomes diminue et la connexion lamellaire se désagrège progressivement. Cette détérioration a été observée par les chercheurs dans les douze heures suivant le déclenchement d'une fourbure et ce, bien avant que des signes cliniques puissent être observés.

> ▸ La dégradation de la membrane basale n'a pas seulement lieu dans le sabot. La peau et les châtaignes sont également touchées. Toutefois, les conséquences en sont bien moins désastreuses, car ces tissus n'ont pas la même importance structurelle qu'au niveau du sabot.

### Système vasculaire du pied

Les capillaires qui amènent le sang dans cette zone sont eux-aussi endommagés. Le sang est instantanément transféré, via les anastomoses artérioveineuses, des artères aux veines, court-circuitant ainsi le flux qui va vers le sabot lui-même (shunt).

Les capillaires endommagés, ainsi que le court-circuitage de l'approvisionnement en sang du sabot sont les raisons pour lesquelles les vétérinaires prescrivent souvent des médicaments vasodilatateurs et anticoagulants.

Ces derniers, qui sont souvent improprement appelés fluidifiants du sang, réduisent, en réalité, la vitesse de coagulation. Une plaie superficielle saignera donc plus longtemps. Cette dénomination incorrecte peut faire croire que ces médicaments rendent le sang plus fluide, mais ce n'est pas le cas. En outre, le problème ne réside pas dans la fluidité du sang, ni dans la largeur des capillaires. Enfin, à cause du shunt, les médicaments administrés n'atteignent qu'à peine, voire pas du tout, le sabot lui-même.

### Traitement utilisé

Le traitement qui s'appuie sur cette théorie vise à réduire l'activité enzymatique. En effet, selon les chercheurs, il se produit, durant la phase de développement de la maladie, une vasodilatation qui entraîne un apport en TIMP et en activateurs de MMP plus élevé que la normale. Il faut donc réduire le flux sanguin pour diminuer cet apport.

La circulation sanguine peut être restreinte par le biais du froid (voir encadré « Thérapie par le froid », page 110). Le fait d'abaisser la pression sanguine, en utilisant par exemple des médicaments antihypertenseurs ou en donnant des acides gras Oméga-3, permet également de réduire légèrement l'apport en TIMP et en activateurs de MMP.

Administrer des inhibiteurs d'enzymes pour réduire l'activité des MMP (tels que MMP-2 et MMP-4) pourrait être efficace, mais il est important de prendre aussi en considération les effets secondaires potentiellement négatifs de ces médicaments.

Il faut souligner que ce raisonnement est en contradiction totale avec la théorie vasculaire (et la théorie traumatique, qui sera abordée plus loin) qui part du principe que le pied est hypo-perfusé et qui cherche justement à stimuler la circulation sanguine.

## THÉORIE INFLAMMATOIRE

On s'est longtemps préoccupé principalement de l'inflammation des lamelles. Dans le contexte de la fourbure, l'infection des lamelles est stérile, bactéries et virus n'y jouent aucun rôle. L'inflammation, si elle est bien présente, n'est toutefois plus considérée comme une cause, mais plutôt comme un signe clinique ou une complication de la maladie.

### Oedème

L'exsudat inflammatoire crée un œdème qui brise la structure lamellaire. Si cela peut se produire c'est que les tissus sont déjà affaiblis par une augmentation de l'activité enzymatique (comme nous l'avons décrit plus haut). Ici, la théorie inflammatoire et la théorie enzymatique se recoupent partiellement.

### Plaquettes sanguines

Les plaquettes sanguines sont un second aspect de l'inflammation associée au déclenchement d'une fourbure. Quand les plaquettes sont activées par une inflammation, elles se regroupent et forment des caillots (microthromboses). Ces caillots peuvent boucher les capillaires au niveau du pied. De plus, les plaquettes sanguines sécrètent de la sérotonine, un neurotransmetteur, qui agit comme un vasoconstricteur.

> **Neurotransmetteur**
> Composant chimique qui assure la transmission des messages d'un neurone à l'autre.

### Globules blancs

La diapédèse est une phase du processus inflammatoire, au cours de laquelle les globules blancs (leucocytes) présents dans la circulation sanguine infiltrent une zone touchée. Dans la phase aiguë, les globules blancs infiltrent les lamelles dermiques. L'infiltration est une caractéristique du syndrome de réponse inflammatoire systémique (ou SRIS), qui est un état inflammatoire généralisé.

Lors d'une surdose de GNS, beaucoup de globules blancs s'infiltrent dans les tissus. Ceci a été prouvé en particulier dans les cas de surdose d'amidon ou d'oligofructose.

Les globules blancs activés sécrètent ce qu'on appelle des médiateurs de l'inflammation. L'un d'entre eux est la cytokine, une protéine capable d'augmenter l'activité des MMP.

> **SRIS**
>
> SRIS est l'abréviation de Syndrome de Réponse Inflammatoire Systémique. C'est une réaction inflammatoire généralisée. La fourbure d'origine inflammatoire peut être considérée comme une manifestation locale d'un SRIS. On trouve des médiateurs de l'inflammation entre autres dans le foie, les poumons et les reins, au cours de la phase aiguë d'une fourbure.

Il se peut que les endotoxines sécrétées par une surdose de GNS soient responsables de l'activation des globules blancs. Ce sujet sera abordé plus en détail plus loin dans ce chapitre. Les endotoxines sont présentes dans les parois cellulaires des bactéries à Gram négatif.

> **ENDOTOXINE**
> Toxine présente dans la membrane extérieure de certaines bactéries à Gram négatif, et qui est sécrétée au moment de la mort de ces bactéries.
>
> **BACTÉRIE À GRAM NÉGATIF**
> Bactérie qui présente une membrane extérieure supplémentaire autour de la paroi cellulaire. Quand ce type de bactérie meurt, des endotoxines sont relâchées.

Certains scientifiques suspectent ces médiateurs de l'inflammation de contribuer à endommager la membrane basale et donc la connexion lamellaire. D'autres considèrent au contraire la production de ces médiateurs de l'inflammation comme étant une réponse à la destruction de la membrane basale et non comme une cause.

### SUPEROXYDE

Les globules blancs produisent aussi du superoxyde. C'est un radical libre avec une forte capacité d'oxydation sur les cellules (voir aussi « Lésions de reperfusion », page 55). Normalement, le superoxyde est neutralisé par l'enzyme superoxyde dismutase (SOD) avant qu'il ne cause de trop grands dommages. Malheureusement, cette enzyme n'est pas présente dans le tissu lamellaire.

> **RADICAL LIBRE**
> Dérivé moléculaire nocif issu du métabolisme normal, d'un processus inflammatoire, de la prise de médicaments, des résidus de pesticides dans les aliments, d'un exercice trop intense, du stress, de l'obésité et de l'adiposité.

### TRAITEMENT UTILISÉ

Le traitement de la fourbure s'appuyant sur la théorie inflammatoire cherche à combattre l'inflammation avec des médicaments anti-inflammatoires. Les vétérinaires qui connaissent l'action des plaquettes sanguines peuvent également prescrire des médicaments vasodilatateurs, ainsi que des antagonistes de la sérotonine. Les vétérinaires qui pensent que les anticoagulants ont un effet fluidifiant sur le sang les ajouteront sans doute aussi. Les médicaments antiplaquettaires utilisés dans ce but pourraient avoir un effet positif.

## THÉORIE MÉTABOLIQUE ET HORMONALE

L'insuline joue un rôle très important dans le métabolisme. Malheureusement, la sensibilité de l'organisme à cette hormone peut être perturbée. On appelle cela la résistance à l'insuline (ou insulinorésistance).

### Résistance à l'insuline

L'hormone insuline est produite par le pancréas, un organe de la cavité abdominale qui débouche dans la première section de l'intestin grêle. La régulation du taux de sucre (glycémie) dans le sang dépend en majeure partie de l'insuline. C'est la seule hormone qui peut le faire baisser.

> **Hormone**
> Substance sécrétée par une glande endocrine, libérée dans la circulation sanguine, qui permet de transmettre des messages chimiques dans l'organisme.

### Hydrates de carbone

La nourriture contient des sucres que l'on qualifie de lents ou de rapides, en fonction du temps que le corps met à les digérer. Les monosaccharides, disaccharides et les fructanes, dits glucides solubles à l'eau (GSE, voir encadré « Hydrates de carbone », page 57) sont des exemples de sucres rapides. Une chaîne de molécules de glucides forme un sucre plus long à digérer.

Les sucres rapides entrent rapidement dans la circulation sanguine, provoquant une hausse de la glycémie. Le pancréas réagit en sécrétant immédiatement de l'insuline dans le sang. Les parois des cellules musculaires, adipeuses et du tissu conjonctif possèdent des récepteurs qui réagissent à l'insuline. Cette dernière va « dire » aux cellules d'absorber et de brûler du sucre. L'excès éventuel de sucre est stocké sous forme de graisse ou de glycogène dans le foie ou les muscles.

Dans le cas d'une résistance à l'insuline le métabolisme du glucose au niveau des lamelles dermiques change. Cela engendre le risque qu'une fourbure apparaisse par dégradation des hémidesmosomes. Nous verrons cela plus en détail à la page 92, sous « Problèmes liés au glucose ». Les récepteurs de l'insuline deviennent insensibles à l'insuline, ce qui a plusieurs conséquences. Une plus grande quantité de glucose est stockée sous forme de graisse. La glycémie reste élevée pendant trop longtemps, ce qui finit – à force de se répéter – par engendrer une lésion, une constriction ou une obstruction des capillaires. Cela augmente le risque de fourbure, comme décrit dans la section sur la théorie vasculaire. Que les chevaux soient susceptibles de développer une résistance à l'insuline tient au fait qu'ils sont faits pour vivre sur la base d'un régime pauvre en sucres. Un apport élevé en fer, provenant par exemple d'une nappe phréatique trop ferrugineuse, est également considéré comme une cause contribuant à une résistance à l'insuline.

### PPID, corticostéroïdes et SME

Dans les cas de PPID (que l'on appelait autrefois le syndrome de Cushing équin), ainsi que pour les chevaux qui ont subi un (long) traitement aux corticostéroïdes à durée d'action prolongée, la résistance à l'insuline peut être une complication qui déclenche une fourbure. Dans les cas de syndrome métabolique équin (SME), la résistance à l'insuline est même le dysfonctionnement le plus important. Ces deux syndromes seront repris en détail plus loin dans ce chapitre.

### DEUX PHASES DE LA RÉSISTANCE À L'INSULINE

La résistance à l'insuline se développe en deux étapes. La première est caractérisée par une anomalie de la tolérance au glucose. Durant cette phase, qu'on appelle aussi hyper-insulinémie ou pré-diabète, le pancréas sécrétera de plus en plus d'insuline pour stimuler les cellules musculaires afin qu'elles fassent leur travail. Le taux de glucose reste sous contrôle, mais la quantité d'insuline présente dans le sang devient beaucoup trop grande.

### CERCLE VICIEUX

Avec un régime trop riche en sucres rapides, même un pancréas hyperproductif n'arrivera pas à tenir la cadence. Il se produit alors des pics temporaires de glucose que l'on appelle hyperglycémie. En raison du taux élevé d'insuline, trop de sucre est transformé en graisse et la glycémie va alors chuter en-dessous de la limite. Cela se traduira chez le cheval par une sensation de faim et son organisme va « réclamer » une nouvelle ration de sucres rapides. Un cercle vicieux s'installe.

Dans la seconde phase de la résistance à l'insuline, qui est bien moins courante que la première, le pancréas n'arrive plus à produire suffisamment d'insuline. La glycémie s'élève, mais les cellules ne sont quasiment plus capables d'absorber du sucre. Le cheval a constamment faim, alors qu'il reçoit assez de nourriture.

### RÉSISTANCE À L'INSULINE ET SYSTÈME VASCULAIRE

L'insuline régule également la dilatation et la constriction des vaisseaux sanguins. Dans les cas de résistance à l'insuline vasculaire, les effets vasodilatateurs de l'insuline sont perturbés. Ceci peut mener à une vasoconstriction, augmentant ainsi la pression sanguine et diminuant le flux sanguin. L'assimilation des sucres en sera diminuée d'autant ce qui, encore une fois, conduira à une glycémie élevée et à une résistance à l'insuline.

### ENDOTHÉLINE-1

L'endothéline-1 (ET-1) est une hormone peptidique produite par l'endothélium vasculaire, couche de cellules qui tapisse l'intérieur des vaisseaux sanguins. Ce neuropeptide a un effet vasoconstricteur puissant. L'endothélium produit aussi de le monoxyde d'azote (ou oxyde nitrique), qui a une action vasodilatatrice. L'ET-1 et le monoxyde d'azote sont deux antagonistes. Cela signifie qu'ils ont des actions opposées à la même fonction. Dans le cas présent, la régulation du diamètre des vaisseaux sanguins.

L'insuline stimule à la fois la production d'ET-1 et celle du monoxyde d'azote. Normalement, la production est équilibrée, mais dans les cas de résistance à l'insuline, cet équilibre est perturbé. La production de monoxyde d'azote baisse, alors que le taux d'ET-1 reste stable, le faisant devenir dominant.

### VASOCONSTRICTION

Les veines présentes dans le sabot sont plus sensibles aux effets constricteurs que les artères, et tout particulièrement à ceux de l'ET-1. Une augmentation des taux d'ET-1 provoque donc une constriction veineuse plus importante que celle des artères, créant un goulet d'étranglement. Le sang entre ainsi plus facilement dans le sabot qu'il n'en ressort, causant une stagnation du flux sanguin. Un excès d'ET-1 pourrait donc engendrer une diminution de l'apport en oxygène dans les tissus du sabot, avec tous les effets décrits précédemment dans cet ouvrage, à la section exposant la théorie vasculaire.

> **SYNDROME MÉTABOLIQUE ÉQUIN = RÉSISTANCE À L'INSULINE ?**
>
> Le SME est un ensemble de dysfonctionnements : résistance à l'insuline, problèmes de poids, tension artérielle élevée et taux de lipides sanguins anormaux. La relation entre obésité et résistance à l'insuline est totalement réciproque. L'obésité engendre une résistance à l'insuline et cette dernière engendre de l'obésité. Vu que la résistance à l'insuline est le problème principal, le SME se dit aussi syndrome de résistance à l'insuline. La distinction entre SME et résistance à l'insuline est donc surtout théorique.

Le traitement consisterait à administrer des médicaments inhibant l'effet de l'ET-1 ou stimulant la production de monoxyde d'azote. Les herbes médicinales apportent de bons résultats, particulièrement l'utilisation de jiaogulan (ou « herbe de l'immortalité »), qui augmente le taux de monoxyde d'azote dans le sang.

Jiaogulan
*(photo : Petr Voboril)*

### Endothélium
La détérioration de l'endothélium, couche de cellules qui tapissent l'intérieur des vaisseaux sanguins, est un autre problème causé par une trop forte concentration d'insuline. L'endothélium des capillaires est fragilisé.

La lésion des capillaires a déjà été abordée antérieurement, dans le cadre de la théorie vasculaire. Sur ces deux derniers points, la théorie vasculaire et la théorie métabolique et hormonale se recoupent.

### Résistance à l'insuline et inflammation
L'apparition d'une inflammation (chronique) est aussi partiellement attribuée à une résistance à l'insuline. Dans ce cas, la théorie métabolique et hormonale et la théorie inflammatoire se recoupent.

### Traitement utilisé
Le traitement de la fourbure causée par une résistance à l'insuline est axé sur la perte de poids et l'absorption contrôlée, voire réduite, de GNS. Dans les cas de PPID ou de SME, le traitement vise à contrôler autant que possible ces causes primaires.

## THÉORIE TRAUMATIQUE

Une fourbure traumatique peut survenir par suite de contraintes de charge ou de chocs forts, répétés et sur une durée prolongée du pied sur un sol dur. Les tissus sont endommagés car ils ne sont pas à même de supporter une charge excessive. Les capillaires sont endommagés ou écrasés, provoquant une réduction de la circulation sanguine. Dans ce cas, la théorie traumatique et la théorie vasculaire se recoupent.

Des hématomes sur la sole et une inflammation de l'os du pied (ostéomyélite) peuvent être associés à ce type de fourbure. Ici, il y a recoupement avec la théorie inflammatoire, notamment la partie concernant les plaquettes sanguines.

En général, une fourbure traumatique résulte d'une combinaison d'un ou plusieurs des facteurs suivants :
- Pratique du saut, de l'endurance ou de l'attelage
- Poser du pied en pince provoqué par une douleur chronique au niveau des talons
- Parage et/ou ferrage incorrects
- Soles et parois du sabot fines
- Une paroi trop longue sur laquelle s'exerce alors une force de levier, étirant la connexion lamellaire
- Transport sur une longue distance
- Hébergement en box pendant la nuit empêchant le cheval de bouger pendant plus de huit heures.

### Chevaux à risque

Les chevaux à risque sont :
- Ceux qui travaillent modérément et à qui l'on demande soudain un gros effort. Par exemple les chevaux qui sont en box toute la semaine et qu'on sort le dimanche pour une longue promenade sur des terrains durs.
- Les poneys Shetland, car ils prennent rapidement du poids, sont souvent insuffisamment travaillés et n'usent pas assez leurs sabots.
- Les chevaux en surpoids en général. Tout le poids du cheval étant soutenu par la boîte cornée, chaque kilo en trop augmente le risque de fourbure traumatique.
- Les chevaux de trait lourd, car ils ont souvent des soles plates et fines.

> ▸ Cette cause spécifique de fourbure se rencontre surtout chez les ânes. Leur tolérance à la douleur élevé et le fait qu'ils soient plus sensibles aux problèmes de sabots font que les lésions traumatiques sont moins facilement décelées.

> ▸ Les résultats de trois études diffèrent considérablement. Mais en moyenne, il s'avère qu'un cheval dont l'un des membres est immobilisé (plâtre ou broches) a plus de 11% de risque de développer une fourbure traumatique au niveau d'un autre de ses membres.

## Pour éviter la douleur

Quand le cheval reporte son poids sur une ou plusieurs jambes, cela peut aussi traduire une tentative de se soustraire à la douleur d'une autre partie du corps, comme par exemple une douleur provoquée par un nerf coincé, une fracture ou l'infection bactérienne d'une articulation.

La jambe qui doit supporter plus de poids subit une traction constante du tendon fléchisseur profond du doigt et, en conséquence, un bras de levier sur les lamelles situées au niveau de la pince du sabot. Ceci peut endommager la connexion lamellaire.

Dans certains cas, le pied surchargé, devenu fourbu, devient tellement douloureux que le cheval reporte son poids sur la jambe qui le faisait souffrir initialement pour trouver un soulagement. Ceci peut faire croire, à tort, que la jambe qui avait un problème au départ va mieux.

## Traitement utilisé

Le traitement s'appuyant sur cette théorie vise à réduire la surcharge. Si un autre problème est présent ailleurs dans le corps, on s'attachera à soigner ledit problème et on traitera la douleur.

Le confinement au box est souvent de mise, mais il ne fait qu'empirer la fourbure. Si le cheval peut bouger librement, la circulation sera au moins stimulée dans les jambes saines.

Evidemment, dans certaines situations, le repos au box est inévitable pour soigner le problème initial. Demandez à votre vétérinaire s'il y a moyen de réduire au maximum cette période d'immobilisation.

Une forme de surcharge qui a heureusement disparu depuis longtemps

# CAUSES

Maintenant que nous connaissons les différentes théories, nous allons nous pencher sur les causes spécifiques. À l'origine de la fourbure, on trouve souvent plusieurs facteurs, même si l'un d'entre eux peut être considéré comme le principal coupable. Toutefois, se contenter d'éliminer ce dernier uniquement ne suffira pas si tous les autres aspects (non-naturels) et autres facteurs restent inchangés.

Malheureusement, il existe encore des spécialistes qui se focalisent sur leur solution spécifique, sans prendre en considération le problème dans son ensemble. Certains vétérinaires prescrivent encore des analgésiques, des anticoagulants et des anti-inflammatoires à un cheval ferré, confiné au box 23 heures sur 24 et qui reçoit un seau de granulés deux fois par jour.

Parfois, les facteurs se sont cumulés sur une longue période et il suffit qu'un nouvel élément s'y ajoute pour faire pencher la balance du mauvais côté et faciliter le déclenchement d'une fourbure. C'est pour cela que nous parlerons de causes facilitantes.

Prenons un cheval souffrant d'une affection du foie chronique, comme une hépatite ou une piroplasmose par exemple (voir page 94). Il sera plus sensible à une substance toxique qu'un individu dont le foie est sain. Si l'existence de cette pathologie du foie n'est pas connue, on risque fort de conclure que l'ingestion de l'élément toxique est à l'origine de la fourbure et blâmer, par exemple, un vermifuge, alors que celui-ci n'est qu'une cause facilitante.

Ceci complique souvent le traitement, car le propriétaire du cheval et le vétérinaire vont se concentrer sur la mauvaise cause.

Les causes facilitantes peuvent être répertoriées comme suit :
- Problèmes digestifs
- Problèmes circulatoires
- Substances toxiques
- Problèmes hormonaux
- Problèmes liés au glucose
- Stress
- Hyperlipidémie
- Maladies transmises par les tiques
- Anomalies génétiques.

## PROBLÈMES DIGESTIFS

En général, les problèmes digestifs sont liés à une ou plusieurs des problématiques ci-dessous :
- Déséquilibre de la flore intestinale
- Glucides solubles à l'éthanol et amidon
- Lésion de la muqueuse intestinale
- Composés ammoniacaux.

### Déséquilibre de la flore intestinale

Le gros intestin joue un rôle crucial dans la digestion. Une flore équilibrée et un intestin en bonne santé sont des éléments essentiels. Un excès de GNS provoque une acidose au niveau du côlon (voir page 56, sous « Surconsommation de glucides non-structuraux »).

### Acidose

Le cheval est un brouteur-cueilleur qui mange environ 18 heures par jour. Les GNS arrivent dans l'appareil digestif à intervalles réguliers et en quantités constantes.

Le cheval est un brouteur-cueilleur
*(photo : Rebekah Wallace)*

Le cheval ne peut pas digérer correctement de trop grandes quantités de GNS, du fait de l'absence de certaines enzymes et d'une capacité d'absorption réduite de l'intestin grêle. Les GNS non-digérés passent donc dans le gros intestin et les bactéries présentes dans cette partie de l'appareil digestif se multiplient rapidement pour achever la digestion. Cette multiplication bactérienne entraîne la formation d'acide lactique, ce qui fait baisser le pH du gros intestin (augmentation de l'acidité).

À un pH inférieur ou égal à 5, les principales bactéries à Gram négatif et les microbes monocellulaires responsables de la digestion de la cellulose sont détruits. Des toxines et du matériel génétique sont libérés : endotoxines, exotoxines et ADN des microbes monocellulaires.

Un pH bas endommage la muqueuse intestinale et par là-même la paroi de l'intestin. Les germes pathogènes, levures et autres champignons qui prolifèrent suite au déséquilibre de la flore intestinale contribuent également à endommager la muqueuse intestinale.

### Microthromboses

Un excès d'endotoxines peut provoquer des caillots dans les vaisseaux sanguins (microthromboses) ce qui réduit la circulation sanguine au niveau des sabots.

> ▶ Une concentration trop élevée d'endotoxines peut être réduite par l'administration de médicaments. Malheureusement, cela n'empêchera pas une fourbure de se déclarer.

### Bactéries et acide lactique

Lorsque des GNS passent dans le gros intestin sans avoir été digérés, la quantité de bactéries à Gram positif (Streptococcus lutetiensis) et de bacilles d'acide lactique augmente fortement. Comme nous l'avons exposé en page 55 sous le titre « Théorie enzymatique », un lien semble exister entre le Streptococcus lutetiensis et la fourbure.

> ▶ Plus l'aliment est riche en fibres, comme le foin grossier par exemple, plus le processus de digestion est lent. Plus la digestion est lente, moins les glucides posent de problèmes. A condition évidemment que tous les autres éléments soient en ordre.

### Glucides solubles à l'eau

La concentration de glucides solubles à l'eau (GSE) dans l'herbe change au cours de la journée et dans le courant de l'année. Elle dépend de la quantité de soleil et de son intensité, de la température, de la quantité d'eau et de nutriments disponibles (naturels ou artificiels) et du stade de croissance de la plante.

### Photosynthèse

La photosynthèse est un processus biochimique des plantes (et donc de l'herbe) qui se fait sous l'influence de la lumière et qui convertit l'eau et le dioxyde de carbone en oxygène et en glucides.

### Respiration cellulaire

Le processus inverse de la photosynthèse s'appelle la respiration cellulaire et a lieu la nuit, en l'absence de lumière. La plante utilise alors les glucides produits pendant la journée pour croître. C'est pourquoi l'herbe a un taux de glucide plus bas le matin.

### Herbe stressée

Lorsque les conditions sont bonnes (temps ensoleillé, 5 °C ou plus, de l'eau et des nutriments en suffisance), la plante utilise les GSE pour croître. Quand l'un ou l'autre de ces facteurs de croissance est insuffisant, ou que la plante est soumise à divers types de contraintes, la respiration cellulaire s'arrête avant la photosynthèse et la plante cesse de croître. En conséquence, les taux de GSE qu'elle contient vont augmenter. En langage populaire, on parle d'herbe stressée.

Une alternance de journées ensoleillées et de gelées nocturnes provoque aussi une augmentation du taux de GSE dans la plante. Une luminosité abondante combinée à des températures diurnes basses ou un manque de nutriments, va également contribuer à stresser l'herbe.

### Fructane

Le fructane est un type de glucide soluble à qui l'on a consacré beaucoup d'attention ces dernières années. Le fructane fait partie des glucides non-structuraux, solubles à l'eau, appartenant au groupe des glucides composés de fructose. Si elle dispose de plus de sucre disponible qu'il n'en faut pour croître, la plante le stocke en le transformant en fructane, pour l'utiliser au moment le plus opportun pour sa croissance. C'est aussi le cas si des facteurs de croissance essentiels pour la plante, tels qu'une température appropriée, de l'eau et des nutriments ne sont pas réunis en suffisance. En bref, lorsque l'herbe est stressée, elle stocke du fructane.

### Antigel

L'herbe produit aussi du fructane pour s'en servir comme antigel. Quand la température descend en dessous de -10 °C, le fructane est converti en sucre. Etant donné que l'eau sucrée gèle à des températures plus basses que l'eau pure, la plante sera mieux protégée contre le gel. La conversion du fructane en sucre et vice-versa peut avoir lieu en continu tout au long de la journée.

Fructane comme antigel
*(photo : Matthias Zomer)*

Au début de l'année, lorsque les jours s'allongent et que le nombre d'heures d'ensoleillement augmente, les nuits restent encore glaciales. Les plantes contenant un taux élevé de fructane (comme le ray-grass anglais ou d'Italie, la fétuque des prés ou encore la brome) commencent déjà à pousser. C'est une des raisons (en plus de leur haute valeur nutritive et gustative, ainsi que de leur croissance rapide) pour lesquelles on cultive ce type de plantes. De nos jours, elles sont même modifiées génétiquement pour produire encore plus de fructane.

De la même façon, au cours de l'automne, lorsque les gelées nocturnes reviennent et que le soleil brille pendant la journée, le risque d'avoir un taux de fructane élevé augmente. En moyenne, les mois d'avril, mai, octobre et novembre sont ceux où l'herbe contient les taux de fructane les plus élevés.

### Objections

Malgré toutes les informations disponibles sur le fructane, son rôle dans le développement d'une fourbure n'est pas encore clair. L'importance qui lui était attribuée s'est atténuée depuis ces dernières années et les preuves scientifiques avancées ont également été remises en question.

Pour mener des études sur l'implication du fructane dans le déclenchement de fourbures aiguës, on a utilisé un autre type de fructane que celui qui se trouve naturellement dans l'herbe. Ce dernier, un oligofructose appelé raftilose, est constitué de chaînes très courtes et a donc un faible degré de polymérisation. En outre, le dosage utilisé lors de ces études était si élevé qu'il est quasiment impossible qu'un cheval puisse en une telle quantité en broutant. De plus, on administrait la dose totale de fructane en une fois dans l'estomac par une sonde. L'acidose du côlon qui en résultait ne se serait probablement pas produite chez un cheval qui aurait consommé graduellement cette même quantité en broutant pendant 24 heures. Il faut le reconnaître, et les chercheurs ne pourront pas le nier, au cours d'une étude on va souvent renforcer l'élément examiné pour valider une hypothèse.

Dans les cas de fourbures provoquées par le raftilose, les signes cliniques qui se sont manifestés étaient ceux du SRIS (voir page 59), à savoir fièvre, diarrhée, infiltration de globules blancs et autres modifications des valeurs sanguines, alors que chez la grande majorité des chevaux développant une fourbure après avoir brouté, ces signes n'apparaissent pas.

On pense actuellement qu'il est improbable qu'un cheval en bonne santé développe une fourbure aiguë en broutant, un matin de printemps ou d'automne, de l'herbe contenant des taux élevés de fructane. On est plutôt d'avis que cet excès de fructane est sans doute la goutte qui fait déborder le vase dans le cas d'un cheval souffrant de résistance à l'insuline. Si un cheval développe une première fourbure dans ces circonstances, il y a lieu d'effectuer des tests de dépistage du PPID et du SME. Ces deux syndromes ont en commun une résistance à l'insuline.

De plus, les chevaux souffrant de PPID ont des taux d'ACTH (hormone corticotrope hypophysaire) plus élevés en fin d'été et au début de l'automne. Ceci provoque la libération d'une plus grande quantité de cortisol, ce qui a pour conséquence une transformation plus rapide des graisses et des protéines en glucose. Ce glucose, combiné à l'élévation de l'apport en fructane, augmente la glycémie. Le pancréas produira donc plus d'insuline et, comme vous le savez, cela signifie de gros problèmes pour les chevaux résistants à l'insuline (le SME et le PPID seront abordés en détail plus loin dans ce chapitre).

### Résistance à l'insuline

Il ne faut pas oublier qu'une nourriture riche en fructane peut, à la longue, causer ou aggraver une résistance à l'insuline. Éviter des apports trop élevés de tous les GNS dans le régime, reste un atout important pour prévenir l'apparition d'une fourbure.

> ▸ Pendant longtemps, on a pensé que la surconsommation de protéines était ce qui causait une fourbure. Les protéines en excès sont pourtant fractionnées puis éliminées dans les urines. Il est vrai que leur catabolisme libère de l'ammoniac, qui augmente l'acidité au niveau des intestins, obligeant le foie et les reins à travailler plus et déséquilibrant la flore du gros intestin. Quoi qu'il en soit, la surconsommation de protéines n'est certainement pas une cause primaire de fourbure.

### Glucides solubles à l'éthanol et amidon

Ces deux éléments sont impliqués dans le déclenchement d'une fourbure au tout début du processus de digestion. Le glucose est l'un des glucides solubles à l'éthanol (GSEt, voir encadré « Hydrates de carbone », page 57) responsables de l'hyperinsulinémie. L'amidon, qui est converti en glucose dans l'intestin grêle, y contribue également.

### Incrétines et hyperinsulinémie

Dans le tractus gastro-intestinal, se trouvent des cellules spécialisées qui secrètent des incrétines après l'ingestion de nourriture. Les incrétines sont des hormones intestinales et sont de deux types :
- GIP (de l'anglais « Glucose-dependent Insulinotropic Peptide »)
- GLP-1 (de l'anglais « Glucagon-Like Peptide-1 »).

Ces hormones sont produites dans l'intestin grêle juste après l'ingestion de GSEt, d'amidon, de protéines et de graisses. Elles stimulent le pancréas à produire plus d'insuline, afin de prévenir une augmentation trop importante de la concentration de glucose dans le sang. Comme on l'a déjà vu, l'augmentation du taux d'insuline est indésirable et dommageable, particulièrement pour les chevaux qui y sont résistants. Ce taux d'insuline trop élevé peut causer une fourbure ou aggraver la situation en cas de fourbure déjà existante. Ce type de fourbure s'appelle fourbure de pâturage.

La raison pour laquelle chez certains chevaux le taux d'insuline augmente plus que chez d'autres n'est pas encore très claire. Cela tient sans doute au bagage génétique de chaque animal.

## LES GNS ET LEUR RÔLE DANS L'APPARITION D'UNE FOURBURE

| GSET ET AMIDON | FRUCTANES |
|---|---|
| Digérés dans l'intestin grêle | Digérés principalement dans le gros intestin |
| Une surdose provoque une hyperinsulinémie | Une surdose provoque une acidose dans le gros intestin et la mort d'un grand nombre de microorganismes. Même résultat avec des GSEt et de l'amidon provenant de l'intestin grêle mal digérés. |
| Engendre un problème hormonal | Engendre un problème digestif |
| Conséquences possibles :<br>• Résistance à l'insuline<br>• Hyperglycémie<br>• Vasoconstriction<br>• Dommage aux vaisseaux sanguins<br>• Augmentation de la pression sanguine<br>• Mauvaise circulation sanguine au niveau des tissus du pied<br>• Microthromboses<br>• Mauvaise oxygénation des tissus du pied<br>• Dysfonction du métabolisme du glucose<br>• Dégradation des hémidesmosomes<br>• Inflammation (chronique)<br>• Augmentation du stockage des graisses | Conséquences possibles :<br>• Libération d'endotoxines, exotoxines et ADN<br>• Prolifération de bactéries, de levures et de champignons<br>• Lésion de la muqueuse intestinale<br>• Microthromboses<br>• Mauvaise circulation sanguine au niveau des tissus du pied |

### Lésions de la muqueuse intestinale

Une muqueuse intestinale endommagée permet aux activateurs de MMP (voir « Métalloprotéases matricielles », page 56) de passer plus facilement dans la circulation sanguine. Comme on l'a vu à la section précédente, la muqueuse intestinale s'abîme et devient plus perméable sous l'effet d'une trop forte acidité. Mais d'autres causes de dommage sont aussi possibles, comme :

- Les salmonelles. Les entérobactéries Salmonella stimulent l'intestin pour qu'il produise une protéine appelée zonuline. La zonuline empêche la jonction adéquate des cellules de la muqueuse intestinale entre elles pour former une barrière protectrice.
- Le gluten. Le gluten stimule également la production de zonuline. C'est une autre bonne raison de ne pas donner de céréales à votre cheval.

- Les virus. Les entérovirus peuvent causer diverses maladies chez les chevaux. L'un des signes de leur présence est une muqueuse intestinale endommagée.
- L'inflammation de l'intestin. Une inflammation importante des intestins peut, à terme, provoquer une perforation de la paroi intestinale.
- La colique. Une torsion du côlon provoque une stagnation du flux sanguin au niveau de la muqueuse intestinale. Ainsi privée de sang, la muqueuse se détériore et permet aux toxines de la traverser plus facilement.
- Les exotoxines. Les bactéries à Gram positif produisent certaines protéines (exotoxines) qui provoquent des dommages à l'organisme. La muqueuse intestinale est comme « brûlée » et ne peut plus empêcher l'acide lactique et les toxines de pénétrer dans la circulation sanguine. Cette situation peut déjà se produire 24 heures après une ingestion excessive de GNS. Exemples classiques : le cheval qui a pu accéder au stock de granulés ou de céréales ou encore le Shetland qui vit sous un pommier. Les prés riches et verdoyants sont aussi un problème car le cheval se déplace peu pendant qu'il broute. En gros, il reste sans bouger, les pieds dans son assiette. Un autre exemple courant est celui du cheval qui est exclusivement à l'herbe et au foin du printemps à l'automne et qui, l'hiver, reçoit tout à coup des granulés, des floconnés ou des céréales. En effet, certains propriétaires pensent, avec les meilleures intentions du monde, que ce genre d'alimentation permet d'éviter ou de combler des carences.

### Composés ammoniacaux

Par ennui ou parce qu'ils ont besoin de plus de fibres (essentiellement de la cellulose, mais également de l'hémicellulose et de la lignine, trois types de glucides dit structuraux), certains chevaux mangent la sciure ou la paille de leur box. Quand de grandes quantités de sciure ou de paille sont ingérées, leur digestion provoque la formation de composés ammoniacaux qui peuvent surcharger le foie et faire fortement augmenter la quantité de toxines dans tout l'organisme. La relation entre la fourbure et la présence de toxines dans l'organisme sera expliquée en détail plus loin dans ce chapitre.

Un cheval qui a passé le printemps et l'été à l'extérieur, et qui est remis au box à l'automne, souffrira donc d'un déséquilibre de la flore intestinale provoqué par l'augmentation de composés ammoniacaux, s'il se met soudainement à manger de la paille. C'est une des nombreuses raisons pour lesquelles il ne faut pas enfermer un cheval dans un box.

Les eaux souterraines ou de surface peuvent aussi contenir des composés ammoniacaux en excès (voir plus en détail page 75, sous « Eau contaminée »).

## PROBLÈMES CIRCULATOIRES

Les lamelles ont besoin d'être continuellement et correctement irriguées. La circulation sanguine permet l'apport d'oxygène, de nutriments et d'hormones, d'une part, et l'évacuation de l'oxyde de carbone et des déchets métaboliques d'autre part.

Les problèmes circulatoires peuvent résulter des facteurs suivants :
- Une pression trop forte dans le sabot qui empêche le sang d'affluer. Par exemple, une pression provoquée par un œdème causé par une inflammation.
- Un changement soudain dans le régime alimentaire qui affecte la flore intestinale et cause une destruction bactérienne massive. Cette destruction engendre une libération de toxines dans l'intestin d'où elles migrent dans la circulation sanguine, provoquant de petits caillots qui restent coincés dans les capillaires du derme du sabot. Ces caillots, qui sont donc provoqués par des endotoxines, sont appelés microthromboses. Boire *trop* d'eau – et non de l'eau *trop froide* – comme on le pense souvent, peut être considéré comme un changement soudain dans l'alimentation.
- Des capillaires endommagés à cause d'une trop forte production d'enzymes.
- Un état d'épuisement (par la chaleur). L'épuisement peut engendrer des problèmes circulatoires et une forte concentration d'acide lactique, ce qui provoque un déséquilibre bactérien au niveau intestinal. Dans un organisme épuisé, le métabolisme et l'équilibre des minéraux sont également perturbés.
- Un état de choc
- Une tension basse
- Une thrombocytopénie auto-immune (TPI). C'est une réaction auto-immune anormale qui survient principalement chez les jeunes chevaux, souvent après une gourme ou une infection respiratoire. Elle provoque l'inflammation des parois des vaisseaux sanguins.
- La destruction des globules rouges (érythrocytes)
- Des troubles de la coagulation
- Des médicaments. Certains types de médicaments ont des effets secondaires vasoconstricteurs comme, par exemple, la prostaglandine administrée aux juments pour provoquer l'ovulation. Les corticostéroïdes sont également connus pour provoquer des troubles circulatoires.

## SUBSTANCES TOXIQUES

On distingue les substances toxiques suivantes :
- Toxines bactériennes
- Toxines non-bactériennes
- Plantes toxiques
- Contamination et toxines chimiques
- Médicaments
- Endotoxines (produites par l'organisme lui-même)
- Pigments musculaires.

### Toxines bactériennes

Ce qui a été dit à propos de la destruction des bactéries dans l'intestin est également valable pour les toxines bactériennes provenant d'autres parties du corps. De la même manière, une grippe, une pneumonie ou une pleurésie, contractées parfois pendant un transport, peuvent avoir comme complication une fourbure.

Une mastite (inflammation de la mamelle), une endométrite (inflammation de la paroi de l'utérus) ou une rétention du placenta après la mise bas peuvent également provoquer ce même type de complication.

Une septicémie, une fièvre ou une réaction allergique peuvent toutes causer une augmentation des niveaux de toxines dans l'organisme. Encore une fois, ceci ne provoquera pas une fourbure en soi, mais contribuera à ce qu'elle se déclenche.

### Toxines non-bactériennes

Les moisissures, les champignons et les levures libèrent des mycotoxines. Ce sont des sous-produits toxiques. La nourriture peut être contaminée par un stockage inadéquat ou être déjà contaminée lors de la culture. Cela peut être le cas du seigle et du blé par exemple, bien que les risques soient minimisés si l'on utilise des semences désinfectées.

Balle de foin moisi
*(photo : Kate Light)*

### Endophyte

Le ray-grass et la fétuque des prés peuvent être contaminés par un endophyte (champignon symbiotique), qui protège la plante de certains insectes, mais libère une mycotoxine que l'on peut associer à la fourbure. En cas de stress, de maladie ou d'excitation, les vaisseaux sanguins se resserrent sous l'effet de cette toxine. Le risque de contamination par des endophytes est plus grand sur des sols qui contiennent des taux élevés de potassium (voir encadré « Potassium », page 187). On utilise souvent ces espèces de plantes fourragères dans les mélanges pour pelouses ou terrains de sport du fait de leur résistance aux insectes. Les chevaux peuvent ingérer ces toxines si on leur donne l'herbe tondue sur ces surfaces.

### Préfané

Le préfané moisit très facilement. Une balle de préfané doit être consommée en une semaine. Passé ce délai, en particulier lorsque les températures sont élevées, le risque de moisissure est trop grand. Le fourrage moisi doit absolument être jeté.

Balle de préfané moisi

Lorsque des balles ont été entreposées les unes contre les autres, on trouve parfois des parties humides de condensation aux points de contact.

Si le plastique est toujours intact, la partie humide peut être enlevée. Le reste de la balle est toujours utilisable.

> ➤ Même si les moisissures ne sont pas visibles, elles peuvent quand même être présentes.

## PLANTES TOXIQUES

Les substances toxiques des plantes peuvent provoquer des lésions organiques ou des troubles qui facilitent le déclenchement d'une fourbure. Les faînes, les glands verts et l'écorce de chêne contiennent beaucoup de tanins qui, ingérés en grandes quantités, peuvent endommager la muqueuse intestinale et surcharger le foie et les reins.

## CONTAMINATION ET TOXINES CHIMIQUES

### EAU CONTAMINÉE

L'eau de surface, l'eau pompée du sous-sol (puits) et l'eau de pluie peuvent toutes être contaminées. Outre la contamination par les métaux lourds, les taux de nitrites, de nitrates, de composés ammoniacaux, de fer ou de sel peuvent également être au-dessus des limites acceptables.

### PESTICIDES, FONGICIDES ET HERBICIDES

Pesticides, fongicides et herbicides peuvent être présents dans la nourriture non-biologique (herbe, foin, granulés), dans les compléments alimentaires, la litière, l'eau souterraine ou de surface.

### FERTILISANTS

Les engrais chimiques qui n'ont pas été absorbés par le sol peuvent être ingérés par le cheval lorsqu'il broute. Les chevaux n'ont pas de problème particulier avec l'azote résiduel présent dans l'herbe ou le foin. Toutefois, si la quantité augmente brusquement, elle affecte le métabolisme. Le foie souffre, ce qui crée une forte concentration de toxines. Une rapide augmentation du taux d'azote résiduel peut être provoquée par :
- Une forte croissance de l'herbe au printemps
- Le fumage
- Un pâturage contenant beaucoup de trèfle, en particulier sur les sols calcaires.

## MÉDICAMENTS

Bien que l'on sache que l'administration de certains médicaments peut entraîner l'apparition d'une fourbure, le risque semble être peu élevé. Exception faite des corticostéroïdes à effets prolongés.

### CORTICOSTÉROÏDES

Ils sont la version chimique du cortisol. On les utilise pour combattre l'inflammation et l'infection. Comme le cortisol, qui est produit par le corps en situation de stress, ils augmentent la glycémie, car les corticostéroïdes réduisent la sensibilité à l'insuline. S'ils sont pris sur une longue période, ils peuvent contribuer à l'apparition d'une résistance à l'insuline.

### APOPTOSE

L'apoptose est un effet secondaire des corticostéroïdes. Normalement, l'apoptose est une mort programmée des cellules anormales. Elle peut être considérée comme le suicide des cellules. Les corticostéroïdes peuvent renforcer ce processus et donc contribuer à affaiblir la membrane basale.

*Catabolisme*
Les corticostéroïdes déclenchent également un processus appelé catabolisme. C'est une phase du métabolisme au cours de laquelle des molécules grosses et complexes de tissus sont dégradées en molécules plus petites et plus simples, notamment les protéines dérivées des tissus conjonctifs, pour être ensuite utilisées ailleurs dans l'organisme. La membrane basale est aussi affaiblie par ce processus.

*Vasoconstriction*
Enfin, les corticostéroïdes ont un effet vasoconstricteur et nous savons maintenant comment cela contribue au déclenchement d'une fourbure.

*Cause facilitante*
Les corticostéroïdes sont un bon exemple de cause facilitante. Leur simple administration ne provoquera jamais une fourbure, mais chez un cheval qui frise la résistance à l'insuline, une prise de corticostéroïdes peut tout à fait faire pencher la balance du mauvais côté. Les chevaux atteints du syndrome naviculaire reçoivent malheureusement bien souvent des injections de triamcinolone dans les articulations de l'os du pied, ce qui augmente leur vulnérabilité à la fourbure. On administre aussi parfois des corticostéroïdes pour prévenir la dermite estivale.

Dans les cas où les corticostéroïdes ne peuvent pas être évités, mieux vaut les administrer le matin. De cette manière, on perturbe moins le rythme circadien (jour-nuit) du cortisol de l'organisme.

*Vermifuges*
Un cheval en bonne santé, vivant dans des conditions saines, est capable de résister assez bien aux parasites. N'utilisez les vermifuges que pour éliminer des parasites déjà présents. Faites des coproscopies régulières à la recherche de vers.

> ➤ Une fourbure causée ou facilitée par un traitement vermifuge est extrêmement rare.

*Vaccins*
Un cheval en bonne santé, vivant dans des conditions saines, a suffisamment d'anticorps pour résister aux maladies. Envisagez de ne vacciner que contre le tétanos. Renseignez-vous bien au sujet de la controverse existante à propos des vaccins.

> ➤ Les chevaux souffrant d'une fourbure chronique peuvent avoir des réactions allergiques plus fortes que les chevaux en bonne santé. Cela peut être le cas avec les vaccins et renforcer les signes cliniques de fourbure.

### Analgésiques

Les médicaments analgésiques masquent la douleur causée par l'inflammation, permettant aux chevaux de bouger mieux ou différemment de ce qui est bon pour eux. La connexion lamellaire est déjà affectée et sera encore plus endommagée par une surcharge, spécialement si le sabot est, en plus, paré de manière inadéquate. En outre, les analgésiques surchargent le foie et les reins.

### Endotoxines

Un métabolisme normal libère des toxines qui sont dégradées par les reins. Si ceux-ci fonctionnent moins bien à cause d'une inflammation chronique (néphrite par exemple), les toxines restent alors trop longtemps dans l'organisme et peuvent ensuite faciliter l'apparition d'une fourbure.

### Pigments musculaires

Les spasmes ou crampes musculaires provoqués par la rhabdomyolyse (appelée également « tying-up » en anglais) ou par la myoglobinurie paroxystique (appelée communément « coup de sang » ou « maladie du lundi ») endommagent les cellules musculaires. Ces dernières libèrent alors leurs pigments (protéines) qui peuvent endommager les reins. On le remarque dans les urines émises qui sont de couleur brune.

La douleur et le stress causés par une rhabdomyolyse ou un coup de sang et l'élévation du taux de cortisol qui en résulte, vont à leur tour augmenter le risque d'apparition d'une fourbure. Les effets du stress seront abordés plus loin dans ce chapitre.

## PROBLÈMES HORMONAUX

Les principaux problèmes hormonaux pouvant être associés à la fourbure sont les suivants :
- Le syndrome métabolique équin
- Les dysfonctionnements de la glande pituitaire et des surrénales
- La fourbure d'hiver
- Des taux d'œstrogènes élevés
- Des taux d'IGF-1 élevés.

En se penchant sur l'anamnèse des chevaux admis dans de grandes cliniques vétérinaires, on a constaté que près de 80% des cas de fourbure pouvaient être liés à des problèmes hormonaux.

### Syndrome métabolique équin

Le diabète de type 2 chez les humains est un trouble métabolique qui se manifeste par une hyperglycémie chronique. Comme l'organisme ne réagit pas correctement à l'insuline, il ne peut pas tirer assez d'énergie des glucides. Le syndrome métabolique équin (SME) est la version équine de cette maladie.

### Signes cliniques
- Résistance à l'insuline avec un risque accru de fourbure
- Difficulté à garder un poids stable
    - Surpoids
    - Parfois maigreur excessive
- Dépôts de graisse anormaux (adiposités)
    - Au niveau du chignon : CNS > 3 (voir « Évaluation du chignon », page 79)
    - Derrière les épaules, sur la croupe, à la base de la queue et dans la zone du fourreau ou des mamelles
- Tension élevée
- Taux de lipides sanguins anormaux

- Taux de leptine élevé dans le sang. La leptine joue un rôle dans la régulation de l'appétit. Un taux élevé de leptine alors que le taux d'insuline ne l'est pas peut être un signal d'alarme. Il y a de fortes chances pour que le cheval développe un SME. L'influence de la leptine sera abordée plus loin dans le livre.
- Glycémie élevée, mais restant dans une fourchette acceptable
- Possibles coups de sang de peu d'intensité
- Apathie générale.

#### COMPLICATIONS
- Dommages aux vaisseaux sanguins
- Thromboses
- Stress oxydatif (voir « Lésions de reperfusion », page 55)
- Le tissu adipeux lui-même peut s'infecter, ce qui provoque une nouvelle libération de toxines
- Diminution de la fertilité.

#### GLANDE THYROÏDE
On a longtemps attribué les signes cliniques du SME à une diminution de la fonction thyroïdienne. Alors qu'en fait, une augmentation de la production de glucocorticoïdes endogènes (stéroïdes) trouble la fonction de la glande pituitaire (hypophyse) qui, à son tour, influence négativement la fonction de la thyroïde. Toutefois, la glande thyroïde elle-même fonctionne correctement.

#### ADIPOKINES
Le tissu adipeux se comporte comme une glande, libérant des substances qui jouent un rôle au sein du système immunitaire. Ces substances sont appelées adipokines.

Les adipokines sont des cellules de signalisation, appartenant à la famille des protéines, et sont activées par des récepteurs présents sur les parois de la cellule. Elles se chargent ensuite de la communication à l'intérieur de la cellule.

Certaines d'entre elles stimulent le déclenchement d'une réaction inflammatoire, étant donné que l'inflammation est nécessaire pour combattre les corps étrangers. Malheureusement, ces adipokines réduisent également la sensibilité à l'insuline, agissent comme des vasoconstricteurs et causent des dommages aux vaisseaux sanguins.

La production d'adipokines est perturbée chez les chevaux obèses ou présentant des adiposités. Le chignon sur l'encolure produit plus d'adipokines que le tissu adipeux sous-cutané. Une répartition irrégulière des adiposités est un signe plus préoccupant qu'une obésité générale.

*Leptine*
La leptine est l'une des adipokines les plus importantes. Cette hormone peptidique est transportée par le sang vers le cerveau où elle se lie à ses récepteurs situés au niveau de la paroi des cellules de l'hypothalamus. Une grande quantité de cellules adipeuses dans l'organisme signifie des taux élevés de leptine. En conséquence, l'hypothalamus va donner l'ordre de diminuer l'apport en nourriture et d'augmenter le rythme métabolique.

À l'inverse, quand peu de leptine arrive au cerveau et se connecte à ses récepteurs, un message va ordonner de ralentir le métabolisme et d'ingérer plus de nourriture pour maintenir un poids du corps stable. De cette façon, la leptine gère l'équilibre entre la faim et la satiété.

## ÉVALUATION DU CHIGNON (CRESTY NECK SCORE – CNS)

1. Pas de chignon palpable.
2. Pas de chignon visible, mais un léger remplissage senti par palpation.
3. Chignon visible et que l'on peut facilement faire bouger avec une main. La graisse est répartie de façon égale de la nuque au garrot.
4. Chignon large et épais, plus difficile à faire rouler d'un côté ou de l'autre, protubérant.
5. Chignon très large et épais que l'on ne peut plus prendre dans une main ou faire rouler d'un côté ou de l'autre. On distingue des plis ou des rides perpendiculaires à l'attache de la crinière.
6. Le chignon est si développé qu'il retombe en permanence d'un côté de l'encolure.

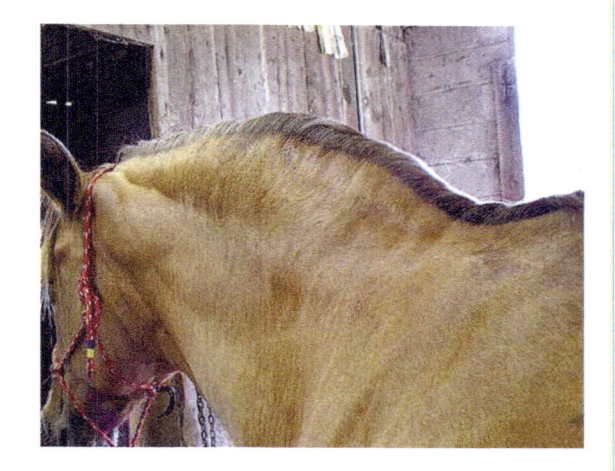

CNS de 4
*(photo : Gretschen Fathauer)*

*Résistance à la leptine*

Plus un cheval a de graisse, plus la quantité de leptine en circulation dans le sang est importante. Quand le taux de leptine reste élevé pendant un certain temps, ses récepteurs deviennent moins sensibles. Dans ce cas, on parle de résistance à la leptine. Cette dernière continue de circuler dans le sang, mais l'hypothalamus n'y répond plus de manière adéquate. Le cheval va donc manger plus que ce qu'il va utiliser, avec pour conséquence (une aggravation) de l'obésité, des adiposités et une résistance à l'insuline.

Des recherches sur les rats ont montré qu'une prise élevée de fructose sur une longue période peut mener à une résistance à la leptine. Les rats à qui l'on avait donné de la nourriture contenant plus de fructose mais avec la même valeur énergétique, sont devenus résistants à la leptine.

Le taux de leptine est plus élevé chez les étalons et les hongres que chez les juments. Ceci est particulier, car chez les humains, il est plus élevé chez les femmes. En outre, le taux de leptine est plus élevé en été qu'en hiver.

## ÉVALUATION DE L'ÉTAT CORPOREL (EEC)

|  | ENCOLURE | GARROT | DOS ET REINS | CÔTES | ARRIÈRE-MAIN |
|---|---|---|---|---|---|
| 1. TRÈS MAIGRE | Structure osseuse facile à sentir au toucher. Pas de muscle plat au niveau du point de rencontre de l'encolure et de l'épaule | Structure osseuse facile à sentir au toucher | Les trois apophyses épineuses sont faciles à sentir au toucher | Chaque côte est visible et facile à sentir au toucher | L'attache de la queue et les os de la hanche sont proéminents |
| 2. MAIGRE | Structure osseuse peut être sentie au toucher. Léger plat au niveau du point de rencontre de l'encolure et de l'épaule | Structure osseuse peut être sentie au toucher | Apophyses épineuses faciles à sentir au toucher | Légère enveloppe de graisse, mais peuvent encore être senties au toucher | Os de la hanche peuvent être sentis au toucher |
| 3. PASSABLE | La graisse recouvre les structures osseuses | Dépôts de graisse sur le garrot | La graisse recouvre les apophyses épineuses | Côtes non visibles, mais elles peuvent encore être senties au toucher | Os de la hanche recouverts de graisse |
| 4. BON | L'encolure se fond harmonieusement dans l'épaule | Le garrot se fond dans l'encolure | Le dos est plat | Couche de graisse sur les côtes | Os de la hanche ne peuvent pas être sentis au toucher |
| 5. GRAS | Dépôts de graisse le long de l'encolure | Coussinet adipeux autour du garrot | Sillon évident le long du dos | Graisse spongieuse sur et entre les côtes | Os de la hanche ne peuvent pas être sentis au toucher |
| 6. TRÈS GRAS | Renflements adipeux | Bombé de graisse | Sillon profond le long du dos | Amas de graisse | Amas de graisse |

> ▸ A l'origine, l'EEC a été définie pour les chevaux de race Quarter-horse. Lorsqu'on évalue d'autres races, spécialement des poneys, il faut faire preuve d'une certaine flexibilité.

> ▸ Pour les ânes, une évaluation particulière a été créée (voir encadré, page 196).

### Adiponectine

L'adiponectine est un autre type d'adipokine. Cette hormone renforce la sensibilité de l'organisme à l'insuline. C'est une des hormones qui assure le maintien de la glycémie à des niveaux corrects. Les chevaux obèses sécrètent moins d'adiponectine. Cela contribue à aggraver une résistance à l'insuline déjà présente ou à précipiter son déclenchement. Comme les chevaux souffrant de résistance à l'insuline ont un taux plus bas d'adiponectine, un cercle vicieux se met en place. A part cela, l'adiponectine semble contenir l'effet du stress oxydatif et le phénomène inflammatoire.

> **Stress oxydatif**
> Dommage causé au niveau cellulaire par un excès de radicaux libres.

### Causes

- L'hérédité. Chez les races Appaloosa, Welsh, Exmoor, New Forest et Shetland, les Cobs, les Islandais et certaines lignées d'autres races. Chez certains chevaux, la composante héréditaire rend très difficile, voire impossible, le contrôle du poids par le régime et l'exercice.
- Une glycémie élevée sur du long-terme, voire chroniquement élevée, provoquée par un régime trop riche en GSE, comme les céréales et les concentrés.
- Le manque d'exercice.

### Diagnostic

- Informez-vous sur le passé du cheval
- Effectuez un examen physique incluant une évaluation du chignon et une évaluation de l'état corporel.

EEC de 5
*(photo : Liz Jaynes)*

- Testez le taux d'insuline. Un test ponctuel n'est pas probant. Un test « dynamique » est préférable.
- En cas de stress ou de douleur, causés par une fourbure par exemple, le cheval produit plus de cortisol et de catécholamines (les hormones adrénaline, noradrénaline et dopamine) qui influencent les résultats des tests. Attendez que la douleur soit passée avant de faire un test d'insuline.
- Testez le taux de leptine (régulatrice de l'appétit).
- Testez la tolérance au glucose. Ce test détecte la présence de problèmes hormonaux lors du métabolisme du sucre par l'organisme. La valeur des résultats de ce test est toutefois limitée.

### Traitement

Le traitement du SME illustre bien la façon dont il faut s'attaquer à la cause primaire de la fourbure.

- Régime alimentaire. Gardez un œil sur les taux de GNS de l'herbe lorsque vous mettez vos chevaux au pré (plus de détail en page 180, sous « Réduire l'apport en glucides non-structuraux »). Ne donnez pas de concentrés ni de céréales. Ne nourrissez pas par rations ponctuelles, cela provoque des pics de glycémie.
- Quantité et intensité de l'exercice (voir page 137)
- Mode d'hébergement (voir page 188). Donnez à vos chevaux une liberté de mouvement 24h/24, 7 jours sur 7 pour qu'ils brûlent des calories.
- Acides gras. La prise d'Oméga-3, ainsi que de vitamines A et D peut avoir des effets bénéfiques.
- Minéraux. Le chrome, le vanadium et le magnésium auraient un effet bénéfique car on pense qu'ils ont la capacité d'accroître la sensibilité des cellules musculaires à l'insuline. On ne dispose pas encore de preuves scientifiques irréfutables de ce fait, en dehors des résultats en médecine humaine et des études faites sur les rats. La seule recherche scientifique probante faite sur les chevaux à ce sujet montre que ces minéraux n'ont pas cet effet. Toutefois, la quantité de preuves anecdotiques nous pousse tout de même à prendre ces minéraux en considération dans cet ouvrage.
- Médicaments et hormones. Certains médicaments et hormones de synthèse peuvent avoir un effet bénéfique.
- Exposition aux toxines. Dégrader toutes les toxines décrites en page 73 est pour le foie une lourde tâche. A cause de cette surcharge, il lui sera plus difficile de décomposer l'insuline. Soyez donc vigilants afin de minimiser la quantité de toxines présentes dans l'organisme.

## Dysfonctionnements de la glande pituitaire et des surrénales

Les termes PPID, maladie de Cushing et syndrome de Cushing sont souvent confondus ou considérés comme des synonymes. Toutefois, il s'agit de trois dysfonctionnements différents, dont l'un ne survient que très rarement chez le cheval.

### Maladie de Cushing

La glande pituitaire (hypophyse) est une petite glande, située à la base du cerveau, qui sécrète des hormones permettant de contrôler l'action d'autres glandes endocrines situées ailleurs dans le corps. Dans la maladie de Cushing, décrite par Harvey Williams Cushing en 1912, un adénome (tumeur d'origine glandulaire) habituellement bénin se forme dans le lobe antérieur de la glande pituitaire (adénohypophyse). Ce tissu sécrète alors trop d'ACTH, ce qui entraîne une suractivité et une hypertrophie des glandes surrénales, qui à leur tour vont sécréter trop de cortisol.

> **Cortisol**
> Hormone surrénalienne qui (en cas de stress) est sécrétée pour convertir rapidement les protéines et les graisses en glucose.

Les signes cliniques de la maladie de Cushing sont principalement attribués aux effets de l'élévation du taux de cortisol. Si cette maladie se rencontre chez les chiens et les humains, elle est par contre très rare chez les chevaux.

### Syndrome de Cushing

Le syndrome de Cushing a été décrit pour la première fois en 1943 par Fuller Albright. C'est le terme générique utilisé pour tous les problèmes causés par une exposition prolongée à un excès de cortisol dans le sang. Cet excès peut résulter de la maladie de Cushing, mais l'administration sur du long terme de corticostéroïdes synthétiques à action prolongée augmente aussi le taux de cortisol dans le sang. Une tumeur ou un autre dysfonctionnement des glandes surrénales font partie des causes possibles, bien que ces problèmes soient très rares chez les chevaux.

### PPID

PPID est l'abréviation de l'anglais « Pituitary Pars Intermedia Dysfunction » (en français : Dysfonctionnement de la Pars Intermedia de la glande Pituitaire, ou DPIP). Cette maladie neurodégénérative est nettement différente de la maladie décrite par Harvey William Cushing en 1912. Dans le cas d'un PPID, c'est le lobe intermédiaire de la glande pituitaire qui s'hypertrophie. Ceci cause une augmentation de la sécrétion de mélanocortines. Les mélanocortines sont un groupe d'hormones dont l'ACTH fait partie. L'ACTH sécrétée par le lobe intermédiaire est biologiquement moins active que celle sécrétée par le lobe antérieur, comme c'est le cas dans la maladie de Cushing. En moyenne, seulement un tiers des chevaux souffrant de PPID ont des glandes surrénales hyperactives et hypertrophiées à cause d'une hypersécrétion d'ACTH.

Le problème essentiel dans le cadre d'un PPID est l'augmentation du taux de mélanocortines dans le sang. Les signes cliniques spécifiques du PPID y sont partiellement corrélés.

Harvey Williams Cushing

### Cause du PPID

L'hypothalamus est situé juste au-dessus de la glande pituitaire. Depuis cette partie du diencéphale, partent des nerfs allant à la glande pituitaire et produisant de la dopamine. Cette dopamine contrôle la production de mélanocortines dans le lobe intermédiaire de la glande pituitaire. Chez les chevaux atteints de PPID, la quantité de ces nerfs décroît graduellement et, de ce fait, la production de dopamine diminue.

La production de mélanocortines étant moins bien contrôlée, son taux va fortement augmenter. Avec le temps, le volume du lobe intermédiaire de la glande pituitaire augmente par grossissement et multiplication de ses cellules. Finalement, un ou plusieurs adénomes (habituellement bénins) peuvent se former.

La pression causée par l'augmentation du volume de la glande pituitaire sur les tissus cérébraux environnants provoque aussi certains signes cliniques du PPID.

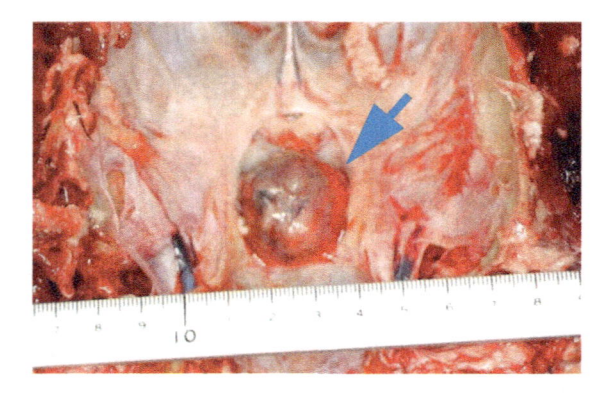

Glande pituitaire élargi
*(photo : The Japanese society of equine science)*

### Dégénérescence nerveuse

La cause de la dégénération des nerfs, ou la dégradation des nerfs dopaminergiques est attribuée aux facteurs suivants :

- Stress oxydatif (voir page 55, sous « Lésions de reperfusion »)
- Substances toxiques (voir page 73)
- Syndrome métabolique équin/SME (voir page 77)
- Stress (voir page 93).

Etant donné que certains chevaux ont une prédisposition génétique au développement d'un SME, on pourrait estimer que, indirectement, il existe une prédisposition génétique au développement d'un PPID. Toutefois, aucune preuve scientifique ne vient étayer le fait que le SME pourrait être une cause de PPID.

### Signes cliniques

Les signes cliniques sont les suivants :

- Soif excessive et urinations fréquentes
- Pelage anormalement épais, voire bouclé (hypertrichose)
- Difficultés à perdre le poil d'hiver
- Décoloration du pelage
- Transpiration excessive ou trop peu abondante
- Distribution anormale des dépôts de graisse, en particulier sur l'abdomen ou au-dessus des yeux (adiposités)
- Fourreau gonflé (dû à des adiposités), sécrétion excessive des glandes sébacées (smegma)
- Perte de poids
- Apathie générale
- Baisse de tonus
- Perte de masse musculaire
- Retard de cicatrisation des plaies
- Production de lait chez les juments non-inséminées
- Ovulation irrégulière
- Infertilité
- Cécité
- Convulsions
- Prédisposition aux abcès de la sole
- Troubles du système immunitaire, infections
- Ostéoporose
- Problèmes dentaires
- Prédisposition accrue aux infestations par les vers, nombre d'œufs plus élevés dans les crottins
- Hyperglycémie
- Résistance à l'insuline avec risque accru de fourbure
- Hyperplasie surrénalienne.

Hypertrichose
*(photo : The Liphook equine hospital)*

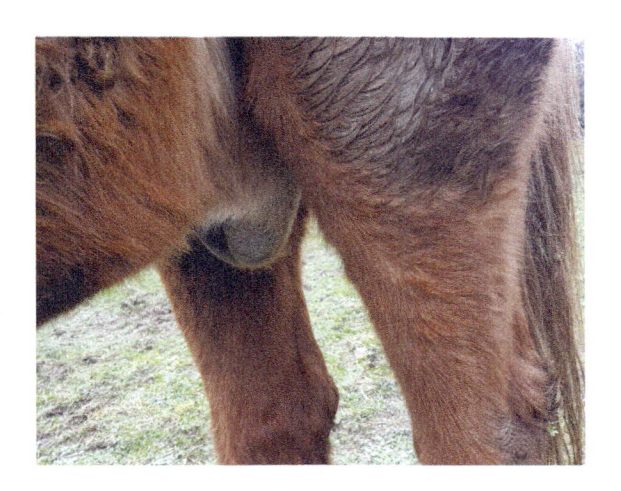

Fourreau gonflé.

> Si vous voulez connaître les tenants et aboutissants de cette vilaine maladie, lisez le livre « PPID décrypté : le guide indispensable » (ISBN 978-94-93034-15-0).

### Catabolisme

L'excès de cortisol provoque un processus appelé catabolisme. En page 76, vous avez pu lire comment ce processus détériore la membrane basale. Il provoque aussi un affaiblissement des autres tissus conjonctifs, entraînant des douleurs chroniques. C'est en partie pour cette raison qu'il peut être difficile de parer les sabots d'un cheval atteint de PPID avancé. Il souffre tout simplement trop pour être coopératif.

### Diagnostic

Pour diagnostiquer un PPID, le vétérinaire peut procéder à un examen clinique, effectuer des tests sanguins et/ou une IRM.

#### Examen clinique

Au départ, un diagnostic sera posé à partir des signes cliniques. L'hypertrichose fait partie des signes cliniques les plus évidents malgré qu'elle n'apparaisse qu'à un stade avancé de la maladie.

Diagnostiquer la maladie à un stade plus précoce est plus difficile, car les signes cliniques sont moins clairs. Malheureusement, cela retarde aussi la possibilité d'agir plus rapidement sur la maladie.

#### Tests sanguins

A part le diagnostic clinique, le vétérinaire dispose des tests suivants :
- Test de stimulation de l'ACTH
- Test de freinage à la dexaméthasone
- Test de stimulation de la TRH
- Test de réponse à la dompéridone
- Dosages du glucose et de l'insuline.

## HYPERTRICHOSE OU HIRSUTISME ?

La médecine humaine fait la différence entre l'hirsutisme et l'hypertrichose. Les deux termes se réfèrent à une croissance excessive des poils.

Chez l'humain l'hirsutisme se caractérise par une croissance excessive des poils dans les parties du corps qui normalement en sont exemptes ou n'en sont que très peu recouvertes. L'hirsutisme est généralement causé par un excès d'hormones mâles (androgènes) ou par le fait que les follicules pileux sont particulièrement sensibles à ces hormones.

L'hypertrichose, quant à elle, se caractérise par une augmentation de la pousse des poils dans les régions du corps qui sont déjà normalement recouvertes de poils. Cette maladie est en général héréditaire mais l'hypertrichose peut aussi découler de l'usage de certains médicaments.

L'hirsutisme est un des signes cliniques de la maladie de Cushing. Pendant longtemps, la médecine vétérinaire n'a pas fait de distinction entre la maladie de Cushing et le PPID. Ainsi, le terme hirsutisme a été utilisé pour décrire la pousse excessive de poils chez les chevaux, mais en réalité, la maladie de Cushing n'existe pas chez ces derniers.

Notons que chez les chevaux atteints de PPID, cette pousse excessive et anormale de poils est aussi d'origine hormonale. Toutefois, elle n'est pas liée aux hormones androgènes, mais au cortisol.

Autre différence, la décoloration typique du poil qui se voit dans les cas d'hypertrichose est absente dans les cas d'hirsutisme.

Ces dernières années, on emploie enfin le terme correct désignant la pousse excessive de poils chez les chevaux atteints de PPID, à savoir : hypertrichose.

## OSTÉOPOROSE ET PPID

L'ostéoporose (et son précurseur l'ostéopénie) est une décalcification du tissu osseux qui détériore la qualité de l'os et augmente le risque de fracture. L'ostéoporose peut être une complication du PPID. D'après les statistiques, le nombre de chevaux atteints de PPID et devant être euthanasiés suite à une fracture des côtes, de la mâchoire, de l'os du pied ou du bassin est supérieur à la moyenne.

L'ostéoporose cause un autre problème : la surface de l'os du pied se rétrécit, réduisant ainsi l'espace disponible pour chaque lamelle individuelle. La surface de connexion entre les lamelles dermiques et épidermiques rétrécit et la qualité de la connexion lamellaire se détériore.
En page 45, sous « Forme et état de l'os du pied » vous pourrez découvrir en détail les problèmes touchant cette partie de l'anatomie du cheval.

## POLYURIE EN POLYDIPSIE

Une des effets de la résistance à l'insuline est une augmentation du taux de glucose dans le sang (hyperglycémie). Normalement, les reins sont capables d'extraire le glucose de la pré-urine avant qu'elle devienne de l'urine. Cependant, si la quantité de glucose dans la pré-urine est supérieure à la capacité d'absorption maximale des reins (le seuil rénal), le glucose finira dans l'urine. Ce phénomène est appelé glycosurie. Le glucose va empêcher l'organisme de « métaboliser » l'eau, il s'ensuit une miction très importante du cheval (polyurie) et par conséquence une sensation de soif importante provoquant une surconsommation d'eau (polydipsie). La polyurie et la polydipsie sont des signes cliniques de PPID et SME/résistance à l'insuline.

L'augmentation du taux de cortisol que l'on peut trouver dans le sang des chevaux atteints de PPID a également un effet inhibiteur sur l'hormone antidiurétique (arginine-vasopressine/AVP). Lorsque la valeur osmotique du sang augmente l'AVP est libérée, servant de régulatrice, elle va permettre aux reins de travailler correctement : leur permettant d'évacuer plus ou moins d'eau avec les urines en re-injectant dans l'organisme ce dont il a besoin.

En stimulant l'absorption d'eau par les reins, l'AVP assure que moins d'eau pénètre dans l'urine. Une inhibition de l'AVP est donc une seconde cause de polyurie chez les chevaux atteint de PPID. En outre, moins d'AVP est déjà produit. C'est parce que le lobe intermédiaire de la glande pituitaire élargi appuie sur la partie du lobe postérieur où l'AVP est stocké et d'où il pénètre dans la circulation sanguine.

(photo : Triton barns)

### Test de stimulation de l'ACTH

Ce test détermine la quantité d'ACTH présente dans le sang. Il faut noter que l'ACTH produite le lobe intermédiaire est biologiquement moins active que celle produite par le lobe antérieur d'une glande pituitaire saine. Ainsi, le test montre la concentration d'ACTH, mais pas son efficacité. Certains chevaux aux taux d'ACTH élevés ne développeront pas forcément un PPID.

### Test de freinage à la dexaméthasone

Un autre test disponible permettant de déterminer la présence d'un PPID est le test de freinage à la dexaméthasone (DST, de l'anglais « Dexamethasone-Suppression Test »). La dexaméthasone est une forme synthétique de cortisol. En administrant cette substance, on peut voir si les glandes surrénales réduisent leur production de cortisol. Chez un cheval en bonne santé, ce sera le cas, mais pas chez un cheval atteint de PPID.

> ▶ Le DST peut provoquer une fourbure, bien que le risque soit relativement faible. En outre, le test n'est pas toujours précis au stade précoce de la maladie.

### Test de stimulation de la TRH

Certaines cellules du lobe intermédiaire de la glande pituitaire secrètent de l'ACTH, sous l'influence de l'hormone TRH (de l'anglais « Thyrotropin Releasing Hormone »). Lorsqu'on leur administre de la TRH, les chevaux atteints de PPID produiront beaucoup plus d'ACTH que les chevaux en bonne santé. Ce test peut être utilisé dans les cas où le test de stimulation de l'ACTH et le DST donnent des résultats peu clairs. Il permet également de détecter un PPID à un stade précoce.

### Test de réponse à la dompéridone

La dompéridone a un effet inhibiteur sur la dopamine. Lorsqu'on en administre aux chevaux atteints d'un PPID, leur glande pituitaire produira beaucoup plus d'ACTH, alors que chez les chevaux en bonne santé, ce sera rarement le cas.

### Dosages du glucose et de l'insuline

En plus des tests décrits ci-dessus, le vétérinaire peut décider de faire un test de tolérance au glucose ou mesurer le taux d'insuline. Il le fera pour confirmer le phénomène clinique habituel de résistance à l'insuline.

### Tests inadéquats

Mesurer les taux de cortisol dans le sang, la salive ou l'urine n'est pas suffisant, car les chevaux atteints de PPID n'ont pas tous des taux élevés de cortisol. En outre, une foule d'autres facteurs ou maladies peuvent affecter le taux de cortisol, tels que :
- Le stress
- La douleur
- D'autres maladies
- Une séance d'entraînement intensive
- La prise de médicaments
- La prise de calmants
- L'utilisation d'un tord-nez
- Les saisons.

Avant, on utilisait un test de stimulation de l'ACTH pour détecter les taux de cortisol anormaux dans le sang au cours de la journée. Mais tester les taux de cortisol, de quelque manière que ce soit, n'est plus vraiment d'actualité.

> ▶ La glande pituitaire subit déjà des changements dans sa structure avant même qu'un test sanguin puisse détecter un PPID.

*Imagerie par résonance magnétique*

Une imagerie par résonance magnétique (IRM) peut être utile pour visualiser l'hypertrophie de la glande pituitaire. Cet outil de diagnostic n'est utilisé que dans de rares cas. Habituellement, l'évaluation des signes cliniques combinée à un ou deux tests sanguins sera suffisante pour diagnostiquer un PPID.

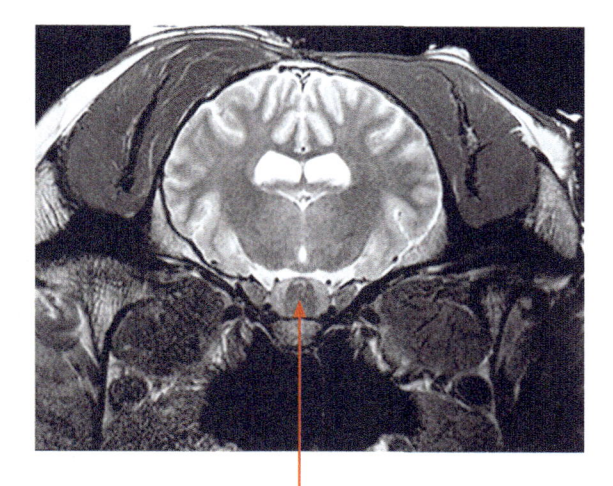

IRM montrant une hypertrophie de la glande pituitaire
*(photo : University of Veterinary Medicine Hanover, Clinic for horses)*

Traitement
- Enlever une tumeur de la glande pituitaire n'est pas envisageable.
- Éviter tout stress.
- Modifier le régime alimentaire en fonction de la résistance à l'insuline.
- Les chevaux qui ne souffrent pas de PPID depuis trop longtemps peuvent tirer de grands bénéfices de l'administration de pergolide, substance qui réduit la production de l'hormone l'ACTH. Environ 75% des chevaux montreront une amélioration des signes cliniques en huit semaines. Les effets secondaires peuvent être les suivants : diarrhée, apathie générale et anorexie.
- Les antagonistes de la sérotonine, tels que la cyproheptadine semblent être efficaces pour freiner la production d'ACTH. Ce médicament a pour effet secondaire d'inhiber les récepteurs de l'histamine. Cette dernière semble également jouer un rôle dans la production d'ACTH. Chez les chevaux, cet effet secondaire est indésirable.
- L'utilisation de bromocriptine, substance active dont l'effet est semblable à celui de la dopamine, n'est pas recommandée à cause de ses effets secondaires. Elle est prescrite pour supprimer la production d'ACTH.
- Un phytothérapeute pourra prescrire le fruit séché du gattilier (poivre des moines). Toutefois, les études scientifiques sur l'efficacité de cette plante se contredisent. Le gattilier ne réduira certainement pas la quantité d'ACTH dans le sang. Un risque de fourbure moins élevé n'a pas non plus été démontré de façon concluante. Par conséquent, le gattilier n'est pas une alternative sérieuse au pergolide.

Gattilier
*(photo : Karan Rawlins)*

## SME OU PPID ?

Adiposités, résistance à l'insuline et fourbure sont des signes cliniques de ces deux affections. On peut cependant observer les distinctions suivantes :

- Le SME se déclare habituellement à un âge plus précoce, alors qu'un PPID survient en général à un âge plus avancé.
- Les signes cliniques typiques du PPID ne se retrouvent pas dans le SME.
- Dans les cas de PPID, les taux d'ACTH trop élevés sont détectés alors que le cheval ne ressent ni douleur ni stress et les tests ne sont pas effectués à la fin de l'été ou au début de l'automne, lorsque les taux d'ACTH sont normalement plus élevés.

Les chevaux peuvent être atteints par les deux affections en même temps. Ceux qui souffrent d'un SME ont plus de risques de développer un PPID.

## LE PPID, UN EFFET DE MODE ?

Comme on diagnostique un nombre beaucoup plus important de cas PPID qu'il y a dix ans, certaines personnes parlent d'effet de mode. Mais ce soupçon n'est pas justifié pour les raisons suivantes :

- Les signes cliniques du PPID ne sont plus attribués – comme c'était le cas auparavant – au processus normal de vieillissement.
- Ces dernières années, le nombre de propriétaires désireux de surveiller et d'améliorer la santé de leurs vieux chevaux a considérablement augmenté.
- Les soins vétérinaires pour les chevaux âgés se sont également améliorés en conséquence.
- La science vétérinaire accorde de plus en plus d'attention au PPID et les résultats des recherches effectuées sur ce sujet sont aujourd'hui accessibles au grand public.
- Les méthodes de diagnostic se sont améliorées.

## Fourbure d'hiver

Les chevaux résistants à l'insuline, qu'ils soient atteints de PPID ou pas, peuvent avoir des sabots douloureux en hiver. On appelle ce phénomène fourbure d'hiver, bien qu'en réalité ce n'en soit pas une.

Une chute brutale des températures oblige l'organisme à produire une plus grande quantité de cortisol. Cela a non seulement un effet négatif sur la résistance à l'insuline en général, mais entraîne aussi une vasoconstriction. Par ailleurs, un organisme en bonne santé produit plus d'hormones thyroïdiennes pour combattre le froid mais chez les chevaux résistants à l'insuline, cette production sera trop faible, ce qui réduira donc le flux sanguin vers les sabots. Cela s'ajoute au fait que la circulation sanguine était déjà mauvaise chez ces chevaux, qui ont les vaisseaux sanguins endommagés et présentent des microthromboses. Cette mauvaise circulation sanguine provoque des douleurs qui sont aggravées lorsque le cheval doit marcher sur des surfaces gelées ou inégales. La douleur et le stress qui en découlent augmentent la production de cortisol, créant ainsi un cercle vicieux.

| Fourbure d'hiver

## Traitement

Un phytothérapeute peut prescrire de la racine de gingembre pour limiter la sécrétion de cortisol. De plus, le gingembre semble avoir des propriétés anti-stress, vasodilatatrices et analgésiques. Le vétérinaire peut aussi recommander la prise d'arginine, un acide aminé à effet vasodilatateur, mais à éviter chez les chevaux souffrant de fourbure aiguë.

## Taux d'oestrogènes élevés

Un excès d'œstrogènes, qu'ils soient de source endogène ou issus de l'alimentation, peut causer :

- Une accumulation excessive de graisse
- Une concentration plus élevée d'histamine endogène.

Les effets des corticostéroïdes sont plus importants lorsque les taux d'œstrogènes dans l'organisme sont élevés.

## Taux d'IGF-1 élevés

L'IGF-1 (de l'anglais « Insulin-like Growth Factor-1 », littéralement, « facteur de croissance 1 ressemblant à l'insuline »), est une hormone qui, entre autres, est responsable de la croissance des cellules et des tissus.

Comme son nom l'indique, l'IGF-1 est très semblable à l'insuline. L'insuline et l'IGF-1 ont toutes deux leurs « propres » récepteurs.

Quand de grandes quantités d'IGF-1 sont présentes dans l'organisme, par exemple lorsque le cheval en produit plus pendant une phase de guérison, de musculation ou de croissance, ou en cas de stress, elles vont se lier aux récepteurs de l'insuline, empêchant cette dernière de s'y fixer, ce qui peut, à la longue, provoquer une résistance à l'insuline.

En retour, l'insuline fera de même et se liera aux récepteurs de l'IGF-1. Ceux-ci sont présents en grandes quantités dans le derme lamellaire, au contraire des récepteurs de l'insuline qui y sont totalement absents.

Les récepteurs de l'IGF-1 réagissent à l'insuline comme si c'était de l'IGF-1 provoquant une poussée de croissance. Celle-ci permet aux cellules dermiques de se multiplier et de vivre plus longtemps. Toutefois, en croissant plus vites, les lamelles dermiques secondaires deviennent plus longues et plus étroites, ce qui les fragilise et provoque leur déconnexion des lamelles épidermiques (secondaires).

On cherche à résoudre ce problème en essayant de mettre au point des médicaments empêchant l'insuline de se lier aux récepteurs de l'IGF-1. Le gros problème lié à l'utilisation de ces médicaments est qu'ils devraient être administrés au cours du développement de la maladie, voire avant, de manière préventive. Scénario peu réaliste, surtout quand on considère le prix élevé de ce type de médecine.

## PROBLÈMES LIÉS AU GLUCOSE

La connexion entre les lamelles épidermiques et la membrane basale dépend du glucose. Les hormones glucagon, adrénaline et cortisol jouent un rôle important en relation avec le glucose.
- Le glucagon régule la production de glucose dans le foie. Le glucose est extrait du contenu intestinal et transporté vers le foie pour être converti et stocké sous forme de glycogène.
- Le cortisol stimule la conversion des protéines et des graisses en glucose durant les phases de stress et réduit l'utilisation de glucose par la peau et les tissus du sabot.
- L'adrénaline stimule la conversion du glycogène en glucose et réduit également l'utilisation de glucose par la peau et les tissus du sabot.

A part la dégradation de la membrane basale sous l'influence des MMP (voir page 55, sous « Théorie enzymatique »), un dysfonctionnement dans la production de l'une ou plusieurs des hormones susmentionnées peut aussi avoir des effets négatifs sur la connexion lamellaire. Par exemple, un dysfonctionnement du métabolisme du glucose cause la dégradation des hémidesmosomes. C'est le cas chez les chevaux atteints de PPID, de problèmes hépatiques, d'obésité, d'infections et d'une surdose de toxines dans le sang.

> ➤ Tout comme les cellules cérébrales et rétiniennes, les cellules de la membrane basale ont besoin d'un apport élevé et constant en glucose. Pour assurer cet approvisionnement et le réguler, les cellules basales ont leur « propre » enzyme, le GLUT-1. Contrairement à ce que l'on a cru pendant longtemps, la résistance à l'insuline n'interfère pas dans l'absorption du glucose par les cellules basales.

## STRESS

Une des principales conséquences métaboliques du stress est d'augmenter la production de cortisol, hormone surrénalienne qui stimule la conversion des protéines et des graisses en glucose dans les situations de danger, afin d'optimiser les réactions de survie. Le stress a donc pour effet d'augmenter la glycémie.

En cas de stress, la production de catécholamines augmente également. Cela entraîne une diminution de la sensibilité à l'insuline (et donc une augmentation de la glycémie) et la constriction des vaisseaux sanguins.

Ainsi, un stress trop intense et surtout trop souvent répété ou de trop longue durée perturbe les sécrétions hormonales, la régulation de la glycémie et la circulation sanguine.

Les causes possibles de stress sont les suivantes :
- Douleur
- Transport
- Compétition
- Infestation chronique par les vers
- Consultation vétérinaire, maréchal brusque ou pressé, dentiste
- Selle inadaptée. La selle peut gêner en permanence le garrot. Dans la nature, le garrot est l'endroit où les prédateurs attaquent de préférence.
- Sevrage trop précoce. Stress pour le poulain et la mère
- Débourrage ou mise à l'attelage trop précoces
- Entraînement monotone
- Manque d'interaction sociale. Pas de vie en troupeau, vie solitaire en box ou trop de changements dans le troupeau
- Environnement trop agité. Par exemple une écurie avec beaucoup d'agitation ou un pré près d'une autoroute
- Deuil. Lorsque deux chevaux qui ont grandi ensemble ou établi des liens étroits sont soudainement séparés
- Prédisposition (génétique). Certaines lignées produisent des chevaux plus sensibles au stress
- Radiations. Les tours de transmission et les lignes à haute tension.

> ▶ Un nombre important de ces facteurs de stress sont liés à la domestication.

Les chevaux de course sont soumis à des stress intenses et prolongés
*(photo : Maria Alexandra)*

## HYPERLIPIDÉMIE

L'hyperlipidémie se caractérise par la présence d'une concentration élevée de lipides dans le sang.

Lorsque les juments en fin de gestation ou en phase d'allaitement n'ont pas assez de nourriture à leur disposition pour compenser leurs besoins nutritionnels accrus, elles peuvent développer une hyperlipidémie, ce qui aura pour conséquence une vasoconstriction au niveau des sabots.

Lorsqu'un cheval se retrouve tout à coup sans rien à manger ou presque, ce problème peut aussi survenir, notamment en cas de grosses chutes de neige soudaines qui l'empêchent de brouter.

### Chevaux à risque
Les animaux les plus à risque sont les suivants :
- Poneys, ânes et chevaux miniatures
- Juments
- Chevaux obèses
- Chevaux atteints de PPID.

### Signes cliniques
Les signes cliniques sont les suivants :
- Apathie générale
- Manque d'appétit
- Bruits intestinaux réduits
- Crottins réduits
- Difficultés respiratoires
- Tremblements
- Coma.

## MALADIES TRANSMISES PAR LES TIQUES

Il existe certaines maladies causées par des morsures de tiques dont une des complications ou un des signes cliniques pourrait être la fourbure. Les deux maladies transmises par les tiques sont les suivantes :
- La maladie de Lyme
- La piroplasmose.

### Maladie de Lyme
La maladie de Lyme est une maladie infectieuse systémique causée par une bactérie transmise par les tiques des daims et des moutons.

Tique du mouton
*(photo : Vladimír Motycka)*

À cause des infections qui surviennent lorsque le système immunitaire est affecté par le parasite, cette maladie pourrait contribuer à déclencher ou à aggraver une résistance à l'insuline.

L'augmentation des toxines en cas de fièvre ne causera pas de fourbure mais peut être un facteur de déclenchement.

> Les signes cliniques de la maladie de Lyme peuvent être assez similaires à ceux d'une fourbure. Les plus connus sont une boiterie, des douleurs articulaires et/ou musculaires, de la fièvre et de la fatigue. C'est en automne, en particulier, qu'ils sont les plus prononcés.

### Piroplasmose

Tout ce qui a été dit plus haut est également valable pour la piroplasmose, excepté le fait qu'elle est causée par un organisme unicellulaire (protozoaire) et non par une bactérie. Plusieurs espèces de tiques peuvent transmettre cette maladie.

La piroplasmose peut endommager le foie le rendant moins apte à convertir l'excès de glucose en glycogène. En page 92, sous « Problèmes liés au glucose », vous trouverez la description des conséquences des problèmes liés au glucose.

> Chez les chevaux traités aux corticostéroïdes, les signes cliniques de la piroplasmose, y compris la fourbure, sont plus importants.

## ANOMALIES GÉNÉTIQUES

Parfois, les chevaux de trait (en particulier le trait Belge, le Comtois et le Breton) naissent avec une maladie génétique rare, appelée épidermolyse bulleuse jonctionnelle létale. A cause du manque d'une protéine essentielle à la fabrication de tissu normal, le poulain naît avec certaines parties du corps non recouvertes de peau, en particulier sur les extrémités des membres.

Entre autres problèmes, on rencontre un mauvais fonctionnement de la connexion entre la paroi du sabot et l'os du pied qui peut aller parfois jusqu'au désabotage. Habituellement, les poulains sont euthanasiés sans attendre. Si cela n'est pas fait, le poulain meurt dans le mois qui suit sa naissance, à cause des infections qu'il contracte.

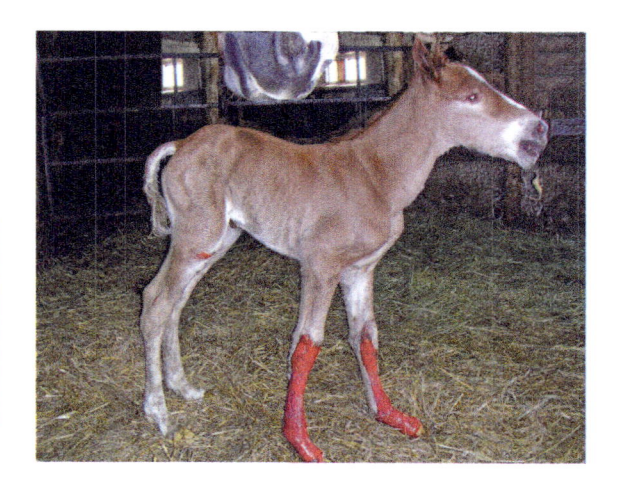

Poulain de race Belge atteint d'épidermolyse bulleuse jonctionnelle létale
*(photo : Dr. John D. Baird)*

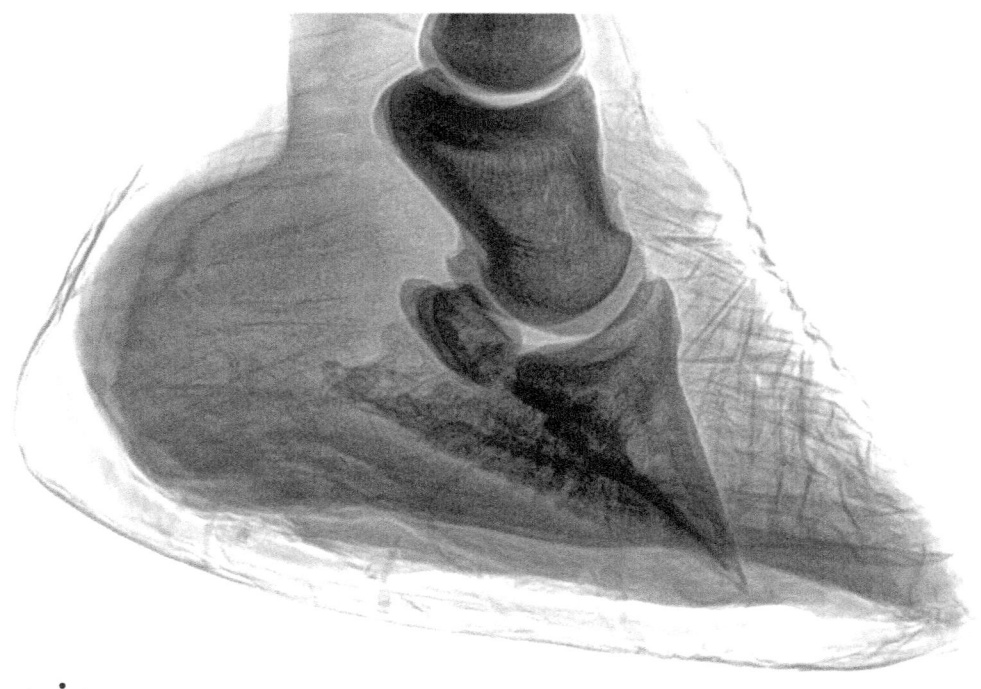

## Chapitre 5
# DIAGNOSTIC

> Pour soigner une maladie, il faut d'abord l'avoir clairement définie et en avoir également déterminé la gravité, les causes premières et les complications possibles. Établir un diagnostic correct nécessite des compétences et des connaissances spécialisées.
>
> Si vous avez l'impression que votre cheval est en train de développer une fourbure, appelez sans attendre votre vétérinaire ou votre professionnel des soins aux sabots.

# DIAGNOSTIC GÉNÉRAL

Les vétérinaires disposent d'outils et de techniques de diagnostic différents de ceux des professionnels des soins aux sabots. Un propriétaire est également capable d'identifier certains signes cliniques. Essayez d'établir ensemble un diagnostic approfondi à partir des observations, connaissances, expertise et perspicacité de chacun. Si votre vétérinaire et votre spécialiste des soins aux sabots ne sont pas d'accord, consultez un autre expert dans l'un ou l'autre domaine. Écoutez aussi ce que vous dictent votre bon sens, votre expérience et votre intuition. Vous connaissez votre cheval mieux que quiconque. Pour établir un bon diagnostic il faut connaître le passé du cheval, observer les signes cliniques et procéder à un examen physique. Consignez le plus d'éléments possible à l'aide de notes et de photos.

## PASSÉ DU CHEVAL

Prenez le temps d'analyser soigneusement le passé (récent) de votre cheval. Notez bien les éléments suivants :
- Nutrition, hébergement et exercice
- Qualité et taille du pâturage
- Obésité et ses causes
- Maladies antérieures
- Changements dans les habitudes de vie. Par exemple, quand le cheval a-t-il été acquis par son propriétaire ?
- Prédispositions héréditaires
  - Race
  - Lignée

- Quels médicaments sont ou ont déjà été administrés ?
- Signes de PPID ou de SME
- Forme et état des sabots, entretien ou qualité du ferrage. Qui était son dernier professionnel des soins aux sabots ?
- Le cheval a-t-il déjà fait une fourbure ? Est-ce une nouvelle occurrence de la maladie ou le cheval n'a-t-il jamais totalement récupéré de la crise précédente ?

> ▶ Les cas légers de fourbure sont souvent confondus avec des contusions (bleimes), d'arthrite ou d'erreurs de parage ou de ferrage.

> ▶ Dites clairement à votre vétérinaire ou à votre professionnel des soins aux sabots ce qui vous semble être la cause probable du problème. Vous voyez votre cheval tous les jours, vous connaissez donc toutes ses particularités, ainsi que son comportement normal. Vous êtes capable de voir des choses que personne d'autre ne pourra remarquer. Votre contribution est une composante essentielle du processus de guérison.

# DÉTERMINATION DES SIGNES CLINIQUES

Il est nécessaire de déterminer les signes cliniques (décrits en page 36) aussi précisément que possible, afin de comprendre dans quelle phase du processus d'évolution de la fourbure se situe votre cheval. Notez-les dans un journal de bord, comme décrit en page 164.

# EXAMEN PHYSIQUE

L'examen physique doit être fait par votre vétérinaire ou par votre professionnel des soins aux sabots. Il comprend habituellement un ou plusieurs de ces tests :

- Percuter l'avant de la paroi du sabot avec un petit marteau. Parfois un son creux se fait entendre car les vaisseaux sanguins endommagés situés juste derrière la paroi ne contiennent plus de sang.
- Exercer un mouvement de rotation sur la boîte cornée. Les lamelles dermiques subissent alors une torsion. En phase aiguë, le cheval montrera des signes d'inconfort.
- Appuyer sur la sole à l'avant du sabot avec les mains ou une pince à sonder. L'os du pied appuie justement sur cet endroit quand il a commencé à basculer. Le cheval atteint de fourbure y réagira donc fortement. Chez certains chevaux, les dommages sont si graves, qu'ils sont devenus insensibles à la douleur et ne répondent pratiquement plus au test avec la pince à sonder. Il se peut aussi que cette zone, qui ne contient plus que des tissus morts, amortisse la pression. Si le cheval ne réagit pas à ce test, cela ne veut pas dire qu'il ne souffre pas de fourbure. Attention avec les pinces à sonder, car cet examen est douloureux pour le cheval. Si elle semble simple à manipuler, son utilisation demande cependant une certaine expérience ainsi que l'interprétation des réactions du cheval. Elle est donc un outil réservé aux mains d'un vétérinaire et pas à celles d'un professionnel des soins aux sabots.

Examen de la sole avec une pince à sonder

- Faire marcher le cheval sur un cercle ou le longer. En phase de développement et en phase subaiguë, on observera une légère boiterie sur le cercle, mais pas sur une ligne droite.
- Faire marcher sur une surface dure et sur une surface souple. Les surfaces dures compriment les lamelles, mais si le cheval y marche mieux que sur une surface souple, il a probablement des bleimes (contusion de la sole) ou des abcès (de la sole). Les surfaces souples engendrent plus de pression sur la sole et sur un os du pied en rotation potentielle, ce qui provoquera plus d'inconfort chez un cheval atteint de fourbure.

# IMAGERIE MÉDICALE

Les techniques et procédés utilisés en imagerie médicale sont les suivants :
- Radiographie
- Veinographie
- Thermographie.

## RADIOGRAPHIE

Les radiographies peuvent être utiles dans les cas suivants :
- Comme point de départ d'une série d'images qui serviront, en les comparant, à suivre l'évolution de la maladie.
- Pour repérer les traces d'une fourbure antérieure, comme la présence de tissu mort ou un mauvais état de l'os du pied (pointe de ski, fractures et déminéralisation).
- Pour déterminer le degré de gravité de la fourbure et la phase actuelle de la maladie.

Clichés nécessaires pour chaque sabot atteint :
- De profil (face latéro-médiale), avec le pied en appui
- De profil (face latéro-médiale), avec le pied soulevé
- De dessus (face dorsale) et de dessous (face palmaire/plantaire)
- De face (face proximale) et de dos (face distale).

En utilisant un marqueur métallique sur la face dorsale du sabot et une punaise dans l'apex (pointe) de la fourchette, la position de l'os du pied pourra être déterminée avec précision.
Il est clair que l'on n'utilisera une punaise qu'à condition que la fourchette ne soit pas trop fine.

> ➤ Faire des radiographies est souvent onéreux et il ne faut pas leur accorder une trop grande importance. Même sans radios, on peut mettre en place un processus de guérison et évaluer son évolution dans le temps.

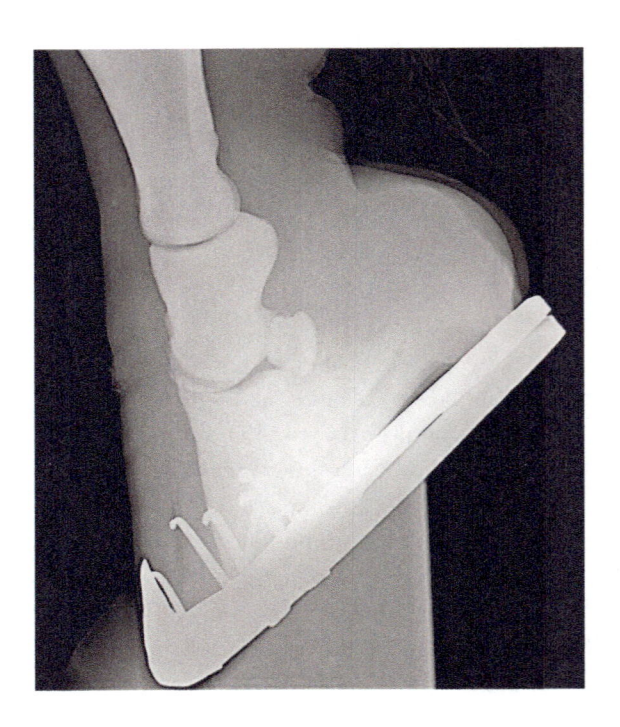

Radiographie montrant un affaissement de l'os du pied
*(photo : Alfons Geerts)*

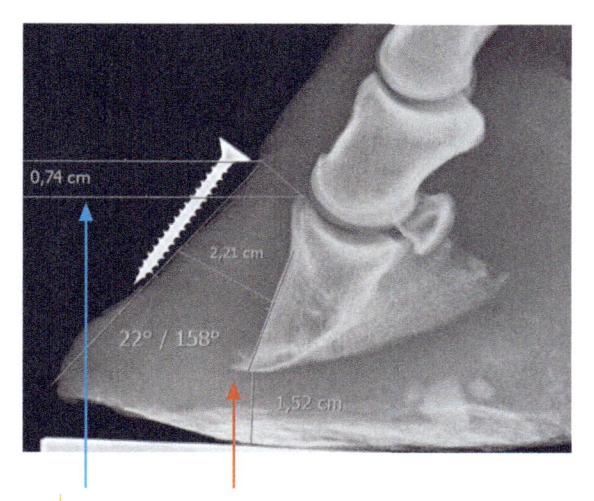

Radiographie montrant un affaissement
de l'os du pied (flèche bleue)
et une déformation en forme de
pointe de ski (flèche rouge)
*(photo : Carlton veterinary hospital)*

## VEINOGRAPHIE

Une veinographie est un processus permettant d'effectuer une radiographie des veines après y avoir injecté une substance de contraste à base d'iode, afin de visualiser la circulation sanguine. À partir de là, on peut déterminer la gravité de la fourbure en phase aiguë. En outre, avec cette méthode, les dommages aux vaisseaux sanguins peuvent être évalués avant qu'ils ne soient visibles sur une radiographie classique.

Incidemment, les veinogrammes paraissent avoir des effets secondaires positifs inattendus, qui résultent de l'injection sous pression du produit de contraste :
- Réduction de l'œdème
- Dissolutions des microthromboses
- Amélioration de la circulation sanguine.

D'autres types d'examen vasculaire peuvent être faits au moyen de la radioactivité (scintigraphie), des ultrasons (échographie) ou du laser. Ces méthodes sont typiquement utilisées pour la recherche scientifique et sortent donc du cadre de cet ouvrage.

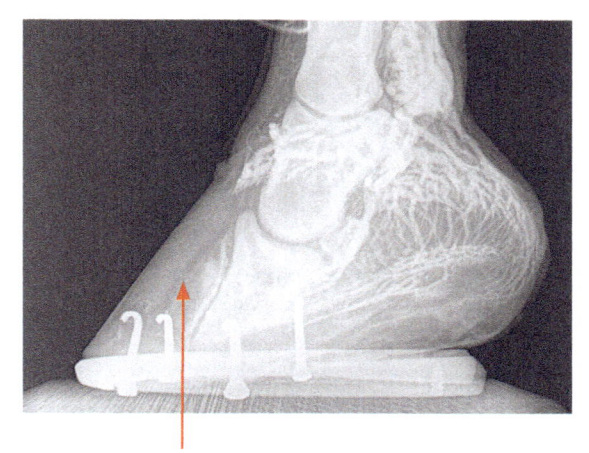

Veinographie montrant l'absence
de sang dans les veines situées
à l'avant de l'os du pied
*(photo : Alfons Geerts)*

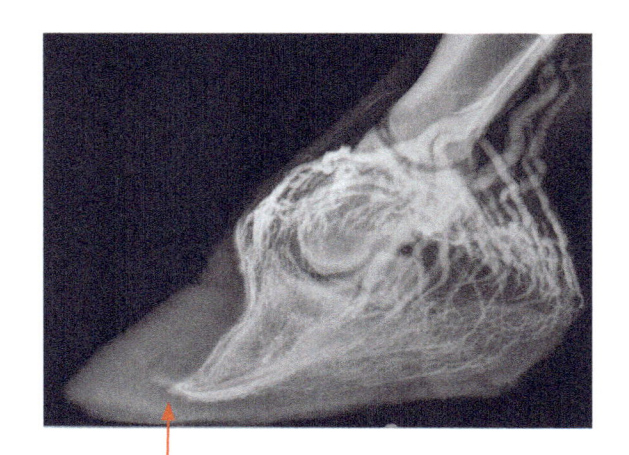

Veinographie montrant une
déformation de l'os du pied
en forme de pointe de ski
*(photo : Michael Porter)*

# THERMOGRAPHIE

Une image thermographique ou un thermomètre laser permettent de mesurer et visualiser la température du sabot. Une température supérieure ou égale à 30 °C pendant au moins 24 heures est une indication claire de fourbure. Une augmentation de la température de la paroi du sabot, alors que les tissus profonds de la structure restent à température normale est également une indication claire de fourbure.

Sur les images thermographiques de la sole en phase aiguë, les zones chaudes indiquent l'emplacement de l'os du pied. Dans la phase chronique, on constate une baisse de la température le long de la couronne et à l'avant du sabot. Ceci est la conséquence d'une mauvaise circulation sanguine suite à la compression des vaisseaux sanguins exercée par la rotation de l'os du pied et au fait que les lamelles sont endommagées. En même temps, la pression de la pointe de l'os du pied augmente la température au niveau de la pince. Ces deux images thermographiques peuvent ensemble donner une indication du degré de rotation de l'os du pied.

Une thrombose et un œdème entravent la circulation sanguine et peuvent aussi être repérés à l'aide d'une image thermographique.

Grâce à cette technique, une inflammation devient également visible dans les phases aiguë et chronique, ce qui permet d'exclure une fourbure en cas d'abcès de la sole mal diagnostiqué.

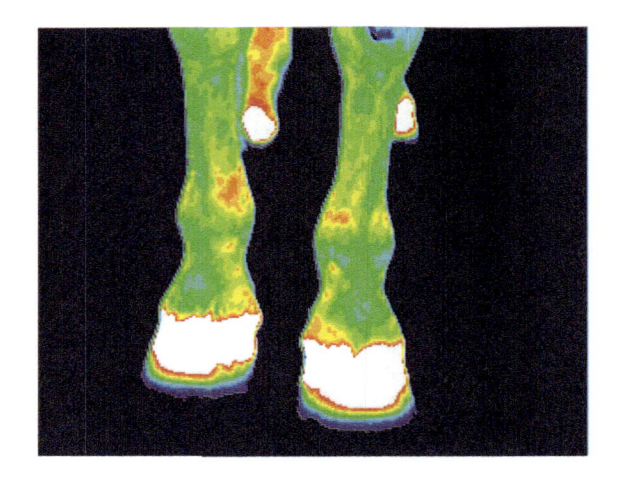

Quatre sabots à une température de 33 °C dans le cas d'une fourbure en phase aiguë
*(photo : Sophie Gent)*

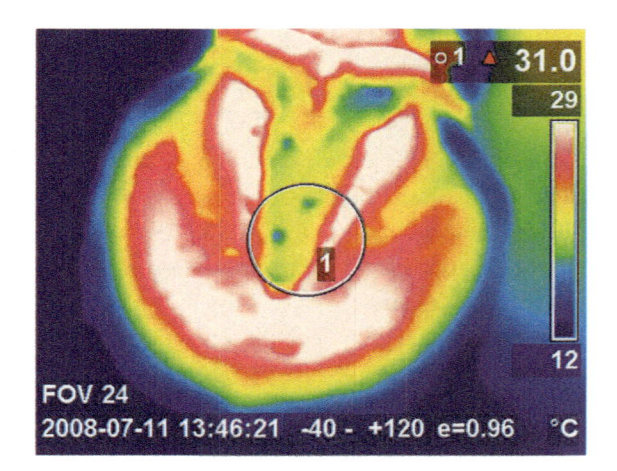

Image thermographique montrant des zones à 29 °C au niveau de la sole, sous l'os du pied (qui n'a pas encore basculé)
*(photo : Heidi Billing)*

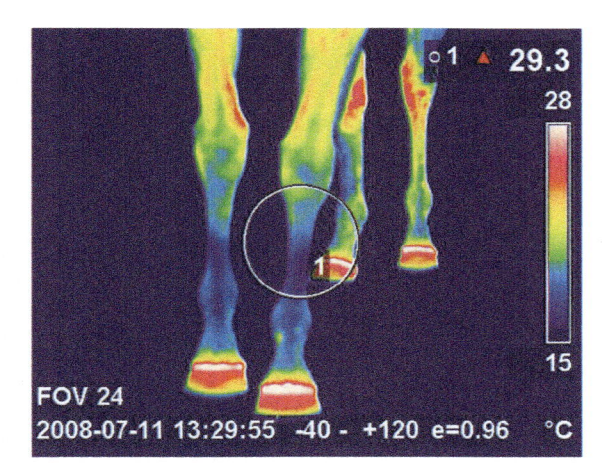

Quatre sabots à une température de 28 °C dans le cas d'une fourbure en phase subaiguë
*(photo : Heidi Billing)*

La thermographie ne peut être utilisée efficacement que si la température ambiante est plus basse que la température du sabot. Et comme indiqué précédemment, la température d'un sabot fourbu varie au cours de la journée. Une thermographie peut donc donner une fausse image de la situation si elle est faite à un moment où le sabot a une température relativement basse. Même un petit courant d'air peut avoir un gros impact sur le résultat de ce type d'imagerie. Se baser uniquement sur ce type d'analyse n'est donc pas suffisant. En outre, les compétences et l'expérience du technicien sont vitales pour prendre et interpréter correctement des images thermographiques.

# DIAGNOSTIC DIFFÉRENTIEL

Le diagnostic différentiel consiste à exclure l'une après l'autre toutes les hypothèses de diagnostic possibles. Outre les méthodes et techniques de diagnostic susmentionnées, on procède également à des analyses de sang ou (parfois) à une anesthésie locale.

## ANALYSE DE SANG

Faire une prise de sang peut être bien utile lorsque les causes logiques comme une alimentation trop riche ont pu être écartées. L'analyse de sang va fournir des informations claires et factuelles sur les points suivants :

- Une dysfonction rénale ou hépatique
- Des carences en vitamines ou minéraux
- Les taux d'hormones et de sucres (glycémie) dans le sang : ACTH, insuline, cortisol et glucose, dans le but de diagnostiquer un éventuel PPID ou une résistance à l'insuline.

Il ne sert à rien de chercher au hasard des « anomalies » en faisant une prise de sang. Une telle analyse ne doit être faite qu'en vue de confirmer ou d'infirmer une suspicion existante.

## ANESTHÉSIE LOCALE

Il arrive que l'on fasse une anesthésie locale pour diagnostiquer une fourbure. Les nerfs situés au bas de la jambe ou dans le pied sont endormis, permettant au cheval de marcher relativement bien. Cette méthode de diagnostic est sujette à caution car elle ne donnera un résultat relativement fiable que dans le cas d'une fourbure en phase aiguë. Par ailleurs, elle surcharge inutilement l'organisme avec les produits anesthésiants.

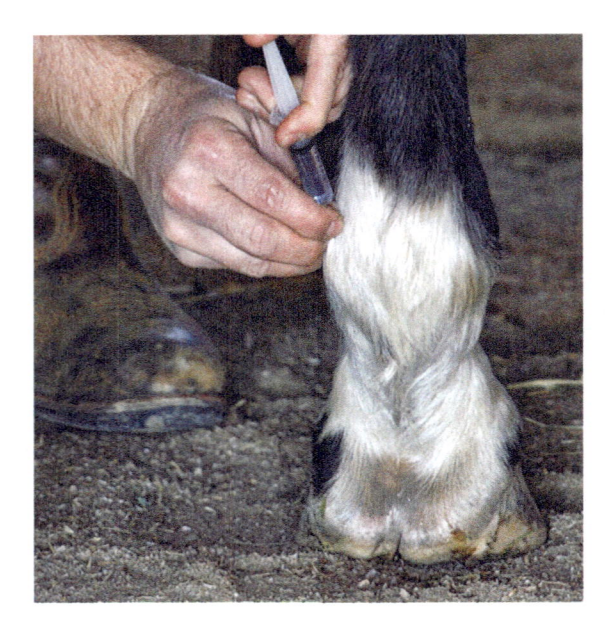

Anesthésie locale
*(photo : Leslie Potter)*

*Chapitre 6*
# TRAITEMENT ET PRÉVENTION

Pour prévenir la fourbure et augmenter les chances de la guérir, les causes primaires de la maladie devront être éliminées totalement. Il faudra également s'attaquer sérieusement aux causes facilitantes et aux complications. Pour que le cheval puisse se déplacer convenablement, un parage correct est essentiel, que l'on pourra compléter si nécessaire par une protection des sabots. De plus, toutes sortes de remèdes, de compléments alimentaires et de thérapies sont disponibles pour accompagner le processus de guérison.

Si vous pensiez que les opinions divergeaient beaucoup en ce qui concerne les causes de la fourbure, vous allez être encore plus étonnés par la multitude d'avis, de points de vue et de sentiments liés au traitement de cette maladie. Il est tout simplement impossible d'en faire une synthèse objective. Les chercheurs se contredisent, les propriétaires veulent le meilleur pour leurs chevaux sans vraiment savoir ce que cela englobe et les compagnies pharmaceutiques veulent gagner de l'argent. Pour chaque affirmation contenue dans ce chapitre, vous trouverez sans peine quelqu'un qui dira le contraire. Toutefois, l'expérience montre que ce qui suit vaut la peine d'être pris au sérieux. Et comme pour tous les cas relevant de la médecine, gardez un esprit critique, que ce soit vis-à-vis des fournisseurs de soins, des options de traitement ou de vos propres choix.

Avant de nous plonger dans (l'étude de) toutes sortes de thérapies, interventions chirurgicales, suppléments, hormones et médicaments (et leur effet), nous allons d'abord passer en revue un certains nombre de points essentiels concernant le traitement et la prévention de la fourbure.

Se focaliser sur les sabots pour résoudre un problème de fourbure, c'est réduire d'autant les possibilités de réussite. Si vous élargissez votre point de vue, ne vous laissez toutefois pas cloisonner par une approche purement (patho) physiologique des cellules, tissus, organes, enzymes etc. qui vous poussera à ne traiter que les signes cliniques (par exemple par un ferrage thérapeutique ou principalement une suppression médicamenteuse de la douleur ou de l'inflammation), en risquant de vous faire oublier que les conditions de vie du cheval peuvent et doivent être radicalement modifiées pour éviter les problèmes systémiques.

Éliminez autant de causes que possible, qu'elles soient primaires et donc plus évidentes ou facilitantes et donc moins visibles. La guérison ne se fera qu'à condition que les maladies sous-jacentes ou autres sources soient traitées de façon conséquente.

> ▶ Évitez de vous en tenir à une seule cause. Par exemple, étant donné qu'un lien évident existe entre la fourbure et la résistance à l'insuline, on risque de considérer cette dernière, qu'elle soit combinée à un SME ou pas, comme la première et seule cause possible, oubliant ainsi de traiter d'autres problèmes également présents.

Établir un diagnostic correct peut être difficile et onéreux, et la question est également de savoir si les causes identifiées sont traitables ou pas dans la situation où se trouve le cheval concerné.

Le coût, la durée et le succès du traitement dépendront, entre autres, des facteurs suivants :
- La gravité de la fourbure
- La nature et la gravité des causes primaires (par exemple une maladie inflammatoire intestinale chronique)
- La nature et la gravité des causes facilitantes (par exemple une rhabdomyolyse d'exercice ou un coup de sang après une course d'endurance trop éprouvante)
- La nature et la gravité des complications (par exemple une maladie de la ligne blanche)
- Les conditions de vie telles que décrites au chapitre sept

## EMPATHIE ET RENFORCEMENT POSITIF

Astuces pour les vétérinaires et les professionnels des soins aux sabots : pour vous, ceci est peut-être le énième cas de fourbure de votre carrière. Pour votre client, c'est souvent une première confrontation à la maladie qui touche son cheval adoré.

Faites preuve d'empathie. Une explication théorique de ce qui se passe au niveau cellulaire dans le sabot peut être ressentie comme un manque de sensibilité. Le cheval est plus qu'un simple cas.

Faites attention à ce que vous dites, spécialement si des enfants sont présents. Les adultes peuvent comprendre la gravité de la situation et prendre la distance nécessaire, mais pas une petite fille qui voit que son poney est très malade. Toutefois, restez réalistes. Ne dites pas que tout ira bien à moins d'en être absolument certain.

Un renforcement positif va encourager le propriétaire à continuer à tremper le foin, faire marcher son cheval, lui donner ses médicaments ou traiter les complications.

- L'engagement et la cohérence du propriétaire, du vétérinaire et du professionnel des soins aux sabots
- Si le cheval a été déferré ou pas
- La méthode de parage
- L'utilisation de semelles de secours ou d'hipposandales.

Traditionnellement, on fait une distinction entre traitement et prévention. Dans cet ouvrage, ces deux concepts sont inclus l'un dans l'autre. Les mêmes principes peuvent être utilisés pour prévenir la maladie chez des chevaux en bonne santé, pour préserver ceux qui sont sur le point de développer une fourbure ou soigner ceux qui en souffrent déjà. On y ajoutera bien sûr les traitements nécessaires pour soigner les complications.

Les soins s'appuient sur le bon sens et de solides connaissances. Au cas où vous n'auriez pas encore ces connaissances, faites appel à un spécialiste qui les possède. La remarque précédente s'applique autant aux propriétaires de chevaux qu'aux spécialistes et aux professionnels qui les soignent. Même si les vétérinaires et les professionnels des soins aux sabots ont traité des douzaines de chevaux fourbus, ils peuvent rencontrer un cas qui dépasse leurs compétences. Il leur faudra mettre fierté et honneur de côté et demander l'aide de collègues ayant les connaissances et l'expérience requises. Collaborer, voire déléguer le cas à un autre spécialiste sera alors une sage décision. Trop de traitement peut être aussi dommageable qu'un traitement insuffisant ou inadéquat. Faites ce que vous pouvez et ne vous laissez pas aller à la frustration si certaines choses dépassent vos capacités. Demandez de l'aide pour élargir le champ des possibilités. Par exemple, un voisin sera peut-être prêt à faire marcher votre cheval tous les jours, pendant que vous êtes au travail.

Chaque cheval a une tolérance à la douleur différent, une réponse différente aux changements dans son environnement et une capacité d'auto-guérison différente. Donnez-lui le temps qu'il lui faut pour guérir. Observez soigneusement comment il répond aux traitements. Gardez ces observations en tête lorsque vous écoutez les points de vue et opinions des autres. Soyez observateur et ne vous laissez pas berner par la disparition de certains signes cliniques.

Préparez-vous à être critiqué par d'autres propriétaires, vétérinaires ou professionnels des soins aux sabots. Restez ouvert d'esprit mais ne vous laissez pas dissuader trop rapidement. Si vous choisissez une approche pieds nus, c'est parce que vous êtes convaincu(e) que c'est la meilleure approche pour votre cheval. Gardez à l'esprit qu'il faut entre neuf et quinze mois pour que la paroi du sabot se renouvelle entièrement. Durant cette période, il peut y avoir des rechutes. Celles-ci peuvent faire naître des doutes quant à l'adéquation du traitement choisi. N'hésitez pas à exprimer ces doutes à votre professionnel des soins aux sabots ou à votre vétérinaire. De bons professionnels vous expliqueront toujours volontiers ce qu'ils font et pourquoi. Ils vous poseront également les bonnes questions pour découvrir la cause de la rechute.

Si malgré tous les soins apportés, le cheval a des crises de fourbure à répétition, il se peut que vous-même, le professionnel des soins aux sabots et le vétérinaire ayez négligé un aspect de la situation. Un journal de bord, comme décrit en page 164 sera alors d'autant plus précieux. Ne perdez pas de vue l'aspect éthique. Demandez-vous quelle peut être la qualité de vie d'un poney dont l'os du pied est complètement déformé, qui a de grosses difficultés à marcher et qui ne répond plus au traitement. Pour qui est-il encore en vie ?

## TRAITEMENT

Mettre en place un plan de traitement efficace pour soigner une fourbure n'est pas toujours facile. De nombreux facteurs interviennent et le traitement infaillible ou les preuves indiscutables de l'origine de la maladie n'ont pas encore été découverts.

Afin d'être le plus efficace possible, il s'agira de consulter un professionnel des soins aux sabots ou un vétérinaire au fait des dernières découvertes sur la fourbure. Toutes les personnes intervenant dans le traitement de la maladie s'accorderont sur les démarches suivantes :
- Déterminer la gravité de la fourbure et identifier les causes primaires. Lorsqu'on est en présence d'une perforation de la sole ou d'un prolapsus de la couronne dans une fourbure de grade 3 ou 4 sur l'échelle de Obel, le vétérinaire préférera probablement envoyer le cheval dans une clinique. Etant donné qu'un cheval présentant de telles complications a besoin de soins intensifs et d'une supervision durant la phase de guérison, ce sera une bonne idée dans la plupart des cas. En tant que propriétaire, vous devez définir clairement vos objectifs et vos attentes. Faire bénéficier votre cheval d'une retraite sans douleur ou vouloir qu'il puisse concourir au niveau d'un Grand Prix sont deux choses bien différentes.

- Estimer les coûts :
  - Thermographie, radiographie, veinographie
  - Tests sanguins
  - Médicaments, compléments alimentaires
  - Hipposandales
  - Analyse du sol, de l'herbe et du fourrage
  - Adaptation du lieu de vie.
- Avoir une communication claire (de la part des propriétaires). Faire passer les informations, aussi bien les bonnes que les mauvaises. Les propriétaires sont capables de voir des choses que le professionnel des soins aux sabots ou le vétérinaire ne peuvent pas voir et vice-versa.
- Tenir un journal de bord, dans lequel le propriétaire notera les informations suivantes :
  - Taille de l'encolure. Mesurez l'encolure en son milieu (entre nuque et garrot) avec un mètre ruban souple. L'encolure doit être détendue et la tête relevée.
  - Poids (voir encadré « Déterminer le poids d'un cheval », page 127)
  - Évaluation du chignon (voir encadré, page 79)
  - Évaluation de l'état corporel (voir encadré, page 80)
  - Photos
  - Estimation suivant l'échelle de Obel (voir page 36)
  - Médicaments administrés, compléments alimentaires et autres éléments de ce genre.

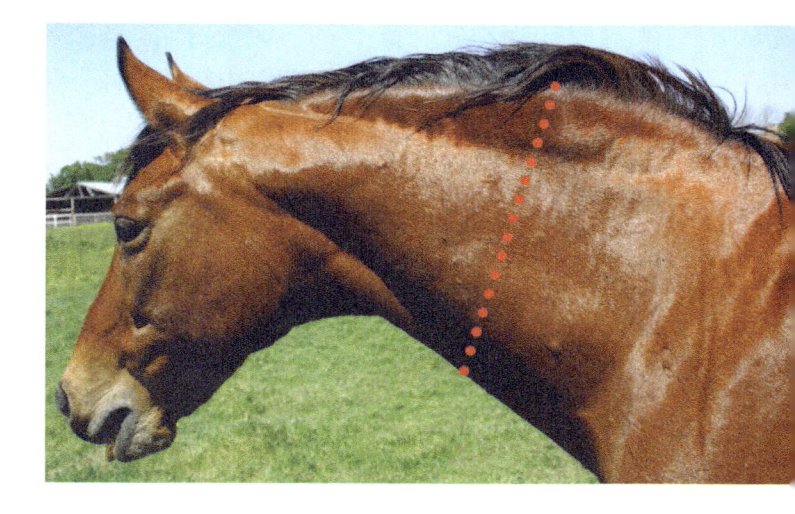

Mesurer l'encolure
*(photo : Mark DePaolo)*

## PREMIERS SECOURS

Ces instructions s'appliquent surtout dans le cas d'une fourbure en phase aiguë. Sortez le cheval de son pré aussi gentiment que possible (voir « Interaction sociale », page 191). Mettez-le dans un paddock ou dans le manège. Le sable va offrir un appui à toute la partie solaire du sabot. Ne mettez pas le cheval sur un sol trop mou, car cela pourrait mettre trop de pression sur la sole.

Donnez-lui suffisamment d'espace pour se coucher confortablement. Faites en sorte qu'il ne puisse pas manger la paille sur laquelle il se trouve. Refroidissez les sabots et le bas des jambes (voir encadré « Thérapie par le froid », page 110).

## THÉRAPIE PAR LE FROID

La thérapie par le froid (ou cryothérapie) peut être d'une grande utilité dans la phase de développement, lorsqu'aucun signe clinique n'est encore visible. Durant la phase aiguë, la thérapie par le froid peut aussi être utilisée en premiers secours.

Quelques bénéfices de la thérapie par le froid :

- Ralentit le métabolisme au niveau des cellules lamellaires
- Réduit les besoins en sucre des lamelles dermiques
- Réduit le flux sanguin, ce qui provoque une baisse de l'apport en MMP, en activateurs de MMP et en TIMP
- Réduit l'inflammation en diminuant la production et l'activité des anticorps
- Protège les tissus du dommage causé par la réduction du flux sanguin
- Soulage la douleur.

Modes de refroidissement des sabots :

- Seaux ou bottes thérapeutiques remplis d'eau glacée
- Doucher à l'eau froide
- Compresses thérapeutiques de froid (coussins thermiques)
- Gels réfrigérants.

Scientifiques et vétérinaires ne sont pas d'accord sur l'effet réel, les réactions physiologiques, la méthode d'application correcte et la température minimum. Pour plus de sécurité, la température ne doit pas être inférieure à 2 °C et la période de refroidissement supérieure à 72 heures.

Dans le cas où on suspecte une infection dans le pied (abcès, ostéite septique), il faut éviter d'avoir recours à la thérapie par le froid, car l'hypothermie inhibe la réponse inflammatoire naturelle à l'infection.

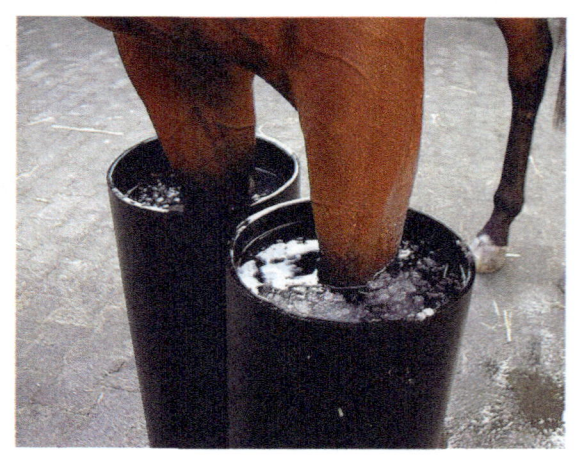

Thérapie par le froid
*(photos : Polyplas)*

## FAIRE TREMPER LE FOIN

Pour ôter du foin (et de la pulpe de betterave) une partie des glucides solubles à l'eau (GSE) il faut procéder à un trempage et à un ou plusieurs rinçages. Environ 50% des GSE sont « lavés » en l'espace d'une heure. Faire tremper le foin plus longtemps n'est pas utile, le rincer avec de grandes quantités d'eau fraîche est plus efficace. L'eau chaude dilue les sucres deux fois plus vite que l'eau froide.

Malheureusement, le foin trempé perd également des minéraux et des vitamines importants. Un trempage de 15 à 30 minutes constitue la durée idéale pour réduire les taux de GSE, mais conserver une partie des minéraux et des vitamines. Le foin trempé pendant plus de douze heures fait courir le risque d'une carence en phosphore.

Les glucides solubles à l'éthanol sont lavés plus facilement que les fructanes. L'amidon n'est pas soluble à l'eau et reste donc dans le foin trempé.

Cependant, un des inconvénients du foin trempé est qu'il ne séjourne que trop brièvement dans l'estomac, donnant ainsi à des bactéries susceptibles de provoquer des coliques, l'occasion de passer dans l'intestin grêle.

Ne trempez pas plus de foin que le cheval n'en puisse manger dans la journée. Le foin mouillé moisit très vite. Gardez le foin mouillé au propre. Par exemple, trempez-le dans une brouette, videz l'eau de trempage et laissez le cheval manger directement dans la brouette.

Inutile de dire qu'il ne faut pas permettre au cheval de boire l'eau de trempage.

Tremper le foin devrait être une solution d'urgence lorsque du foin pauvre en GNS n'est pas disponible.

Le ensilage ou préfané (voir page 176) ne devrait pas être trempé, car une seconde fermentation pourrait commencer, provoquant une augmentation des bactéries indésirables. Étant donné le faible taux de GSE contenu dans ce foin, le trempage n'est pas nécessaire.

Faire tremper le foin
*(photo : Marlou van Blitterswijk)*

Assurez-vous que le cheval dispose d'eau fraîche à volonté. Donnez au cheval du foin plus grossier (foin du « 15 juin »), préalablement trempé dans de l'eau chaude de préférence pour en ôter autant de GNS que possible (voir encadré « Faire tremper le foin », page 111). Ne donnez rien d'autre à manger pendant au moins 72 heures au cours de la phase aiguë.

Dans le cas d'une fourbure causée par une absorption excessive de GNS, le vétérinaire peut administrer de la paraffine ou de l'huile végétale pour prévenir une colique. Du charbon actif ou des probiotiques peuvent aussi aider. Vous trouverez plus d'informations sur ce sujet en page 148, sous « Compléments alimentaires, hormones et autres remèdes ».

Ne donnez aucun aliment contenant des GNS. Pas même une poignée de grains ou un morceau de pomme. Assurez-vous que le cheval a accès à une pierre à lécher. Donnez du magnésium pour augmenter la sensibilité à l'insuline.

Même s'il apparaît par la suite que le cheval n'est pas résistant à l'insuline, le magnésium ne peut pas lui faire de mal. Sauf s'il s'agit d'un animal souffrant de problèmes rénaux.

Si le cheval est ferré, appelez un professionnel des soins aux sabots pour qu'il le déferre le plus vite possible. Demandez-lui également de le parer suivant la description donnée aux pages suivantes. Un professionnel des soins aux sabots qui s'est tenu au fait des récents développements en la matière travaillera certainement en ce sens. Évitez les professionnels des soins aux sabots qui refusent de raccourcir la paroi du sabot ou qui proposent de résoudre les problèmes par un ferrage spécial ou avec d'autres méthodes obsolètes.

Fabriquez des semelles de secours si nécessaire. Faites (prudemment !) marcher votre cheval seulement lorsque la boiterie est de grade 1 sur l'échelle de Obel.

---

### SEMELLES DE SECOURS

Des semelles de secours peuvent être fabriquées facilement à l'aide de panneaux isolants en mousse de polyuréthane, vendus en magasins de bricolage :

1. Une fois que ses pieds auront été parés correctement, placez le cheval sur un panneau de 2 cm d'épaisseur.
2. Découpez le panneau autour de l'empreinte que le sabot aura faite. C'est la première couche de la semelle.
3. Enlevez la partie de la semelle située à l'endroit où l'os du pied appuie contre la sole. Vous aurez peut-être besoin de repérer l'endroit avec des pinces à sonder.
4. La partie restante apporte un soutien à l'arrière du sabot et partiellement aux lacunes latérales. Fixez-la sous la sole avec du ruban adhésif en toile.
5. Découpez une deuxième semelle dans votre panneau isolant et attachez-la solidement sous le sabot avec du ruban adhésif, comme une deuxième épaisseur de protection.

Des sandales de marche en plastique peuvent aussi se transformer rapidement en semelles de secours (voir page en face).

Traitement et prévention | 113

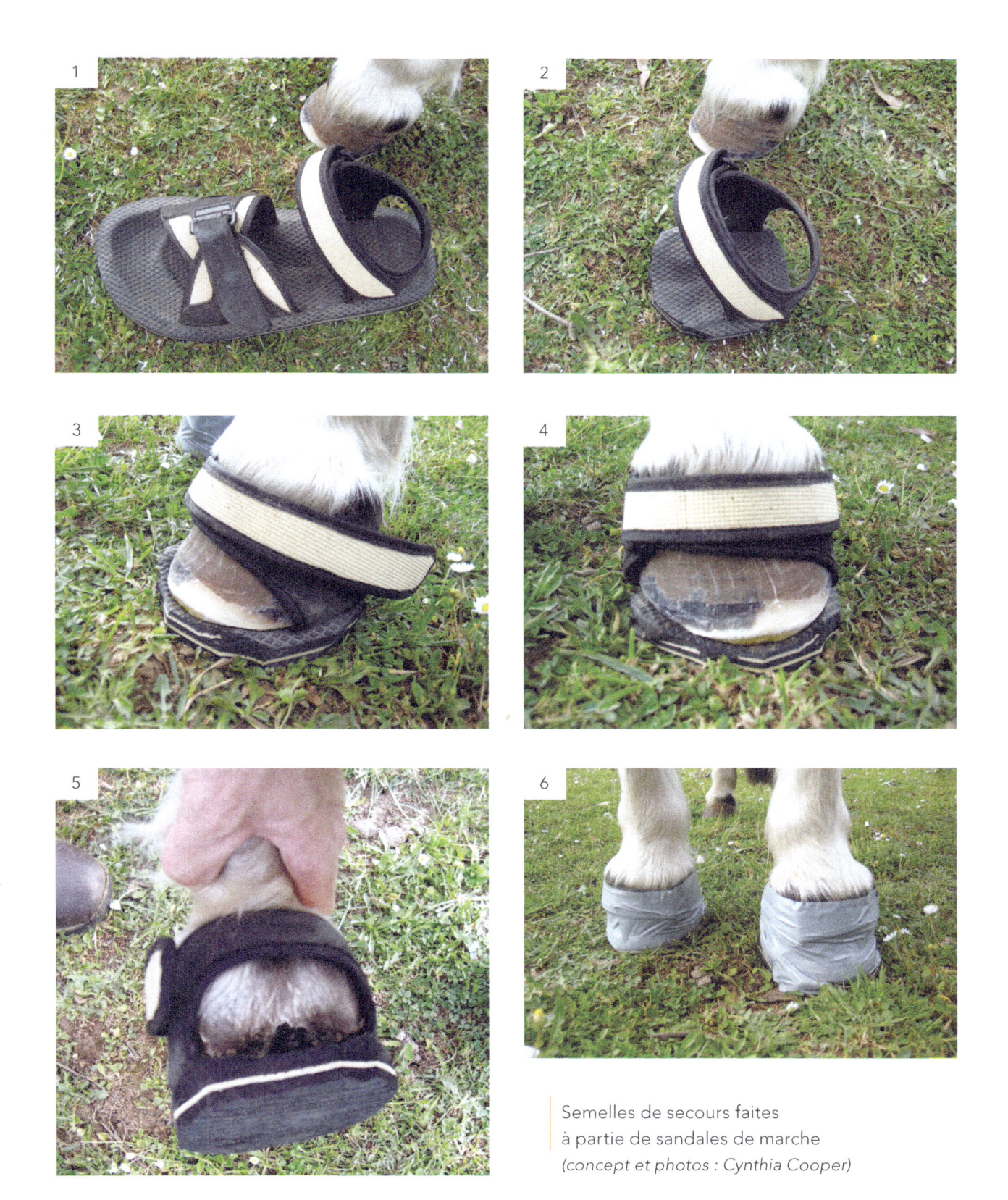

Semelles de secours faites
à partie de sandales de marche
*(concept et photos : Cynthia Cooper)*

# PARER UN SABOT FOURBU

La plupart des propriétaires de chevaux sont capables d'entretenir les sabots de leur cheval après avoir suivi un cours de parage. Si vous avez des questions ou le moindre doute quant à vos compétences en la matière, contactez un professionnel des soins aux sabots. Quoi qu'il en soit, faire évaluer l'état des sabots de votre cheval au moins deux fois par an par un professionnel est une bonne chose.

Si votre cheval souffre de fourbure, il vaut mieux le faire parer par un professionnel qui pourra vous donner des instructions sur l'entretien à effectuer entre deux visites. L'expérience du professionnel, ainsi que ses connaissances sur cette maladie seront indispensables, surtout au cours du premier stade de la guérison.

> ▸ C'est une erreur de penser qu'il est possible de soigner une fourbure seulement avec le parage. Vous avez compris que la fourbure ne se résume pas à un problème de sabot. Pour aider votre cheval de manière efficace, il vous faut élargir vos perspectives et agir à plusieurs niveaux.

Le parage est non invasif. En d'autres mots, aussi longtemps que possible, le tissu vivant sensible n'est pas coupé, touché ou exposé, ce qui contribue au bien-être du cheval et minimise le risque de complications.

Les sabots postérieurs sont parés en premier pour la simple raison qu'ils sont habituellement moins affectés par la fourbure. Au moment de parer les antérieurs, le cheval pourra ainsi mieux reporter le poids de son corps sur les postérieurs correctement remis d'aplomb.

Voici les étapes à suivre pour parer un pied fourbu :
- Retirer les fers
- Nettoyer et vérifier la sole
- Couper les barres
- Parer la paroi et la ligne blanche
- Abaisser les talons
- Raccourcir la paroi
- Enlever le coin nécrotique
- Arrondir les bords de la paroi
- Parer et débrider la ligne blanche, coin nécrotique et fourchette
- Enlever les évasements de la paroi
- Observer l'enclenchement du processus de guérison naturelle.

Evidemment que selon les cas, les étapes ne seront pas toutes pertinentes ou présentées dans cet ordre.

### Retirer les fers
Si le cheval est ferré, il faut d'abord retirer les fers. Il faut le faire avec précaution, en retirant les clous un à un, plutôt qu'en tirant sur le fer avec une pince. Cela protège la connexion lamellaire douloureuse entre la paroi et l'os du pied et évite ainsi d'endommager la paroi.

### Nettoyer et vérifier la sole
La sole est nettoyée et on vérifie qu'elle ne présente pas de signes de maladie ou d'abcès. Le tissu vivant de la sole n'est pas touché car il agit comme un amortisseur, ce qui a toute son importance.

### Couper les barres
Les barres sont raccourcies comme lors d'un parage normal, afin d'éviter de léser les tissus sous-jacents et permettre un bon mécanisme du pied.

### Parer la paroi et la ligne blanche
Afin de mieux voir ce qu'il y a à faire, la paroi et la ligne blanche sont respectivement coupée et nettoyée.

### Abaisser les talons
Les talons seront abaissés pour les raisons suivantes :
- Des talons bas facilitent la posture typique du cheval fourbu. Le cheval adopte cette position pour favoriser le processus de guérison. Cette posture soulage la zone de la pince, diminue la pression sur la couronne et celle exercée par la pointe de l'os du pied sur la sole. Elle améliore également le mécanisme du pied et donc la circulation sanguine.
- Abaisser les talons favorise aussi le poser du pied en talon, ce qui ménage la pince sensible.

Abaisser drastiquement les talons n'est toutefois pas recommandé durant la phase aiguë, car cela augmente brutalement la tension exercée par le tendon fléchisseur profond du doigt. Même si la traction de ce tendon n'est pas ce qui cause la rotation de l'os du pied, elle peut tout de même y contribuer. Comme nous l'avons expliqué, la rotation est provoquée par l'incapacité des lamelles et du tendon extenseur du doigt à offrir une force d'opposition. La traction plus élevée se prolongera jusqu'au moment où la tension du muscle fléchisseur profond du doigt se sera adaptée et que les forces de traction exercées sur le tendon seront moins grandes. Un bon professionnel des soins aux sabots prendra cela en considération et réduira les talons d'un centimètre au maximum à chaque fois.

Pour savoir ce qu'il vous faut ôter en talons, placez sous la pince un bout de bois de la hauteur que vous pensez réduire. Si une bosse apparaît sur l'avant de la couronne ou que le cheval montre des signes de douleur accrue, procédez avec prudence.

### Raccourcir la paroi
Le professionnel des soins aux sabots pare la paroi de façon à ce qu'elle ne touche pas le sol, en particulier au niveau de la pince. La paroi est considérablement raccourcie. Certains professionnels suivent une approche un peu différente en laissant la paroi toucher le sol à l'arrière du sabot.

*(suite à la page 118)*

116 | La fourbure - comprendre, guérir, prévenir

**1a**

*Avant le parage*

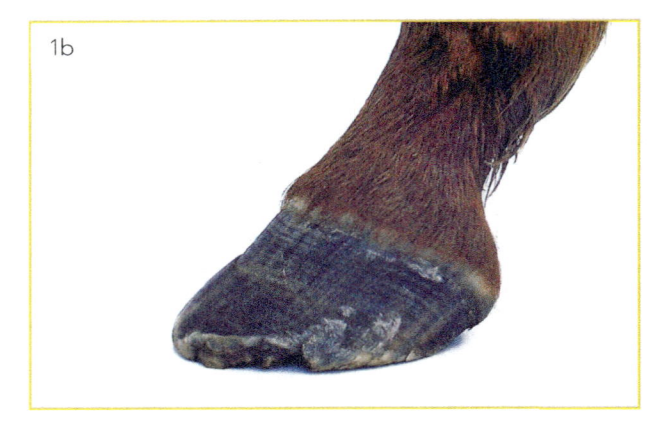

**1b**

*Avant le parage (face latéro-médiale)*

**1c**

*Avant le parage*

**2**

*Nettoyer et vérifier la sole*

**3**

*Couper les barres et la fourchette*

**4**

*Parer la paroi et la ligne blanche*

Traitement et prévention | 117

**5a**
Abaisser les talons et raccourcir la paroi

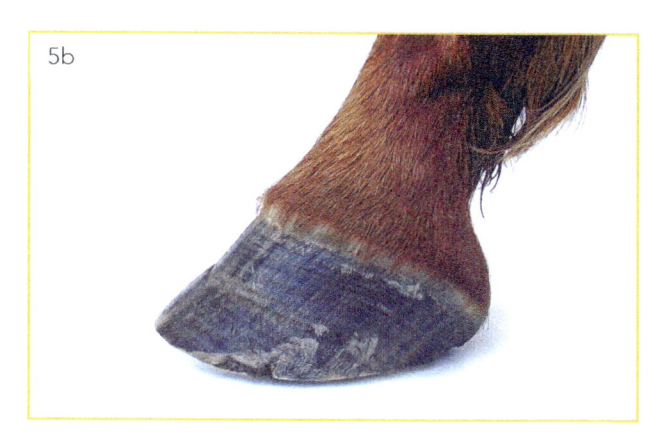

**5b**
Abaisser les talons et raccourcir la paroi (face latéro-médiale)

**6a**
Enlever le coin nécrotique

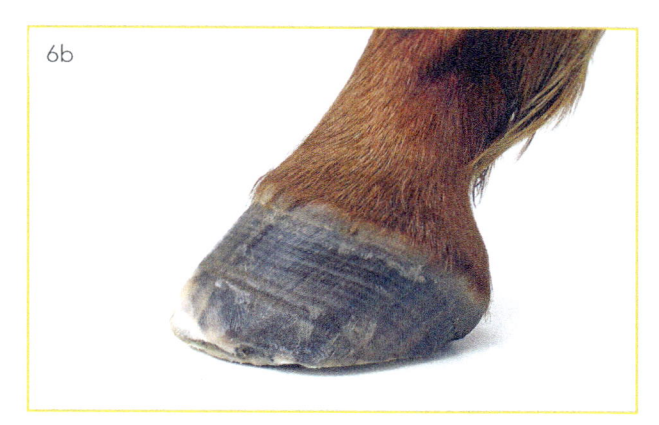

**6b**
Enlever le coin nécrotique (face latéro-médiale)

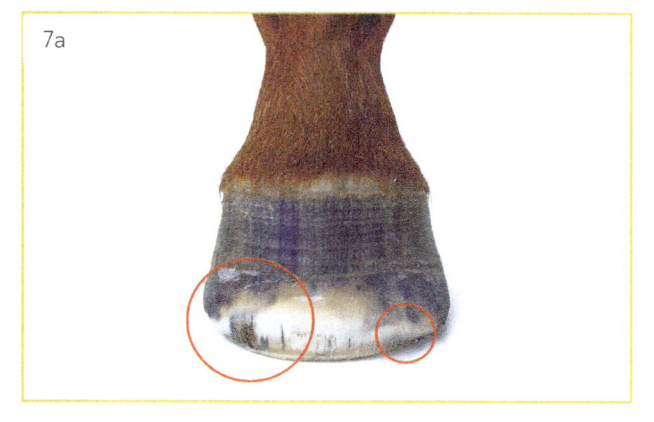

**7a**
Débrider la ligne blanche/coin nécrotique (avant)

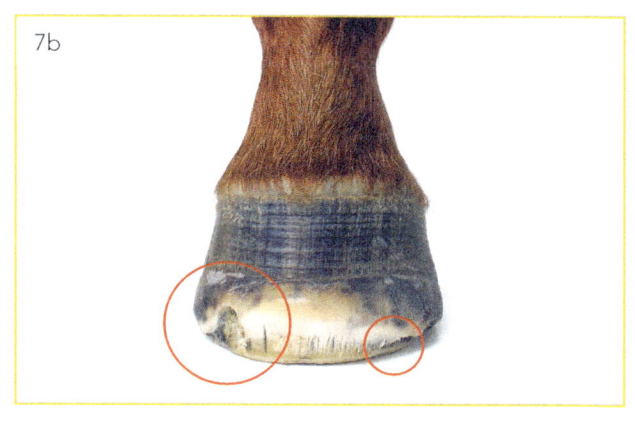

**7b**
Débrider la ligne blanche/coin nécrotique (après)

### Enlever le coin nécrotique

Le coin nécrotique doit être enlevé à un moment précis. En fonction des méthodes de parage, on utilise des critères différents pour déterminer le meilleur moment pour le faire.

> **Coin nécrotique**
> Masse composée par de la prolifération de cellules cornées, de sang coagulé, de tissu corné mort et de fluides qui s'accumulent pour former comme une sorte de coin dans l'espace entre la paroi du sabot qui s'est décollée et l'os du pied.

### Arrondir les bords de la paroi

Le bord de la paroi est arrondi à la râpe. Il est important de ne pas trop affiner la zone de la pince en faisant un biseau trop large, en particulier sur des races de petite taille et aux petits pieds, comme les poneys Shetland ou les Falabellas.

### Parer et débrider la ligne blanche, le coin nécrotique et la fourchette

Lorsque la ligne blanche et le coin nécrotique sont râpés et coupés proprement, des poches de bactéries ou de mycoses peuvent faire surface. Tout tissu endommagé, malade ou nécrosé est également enlevé. Les parties détachées de la fourchette seront coupées. Si l'on doit enlever énormément de tissu, il est conseillé de désinfecter le sabot pendant au moins trois jours avec du Dettol®, de l'Halamid®, du Cresyl® ou un produit similaire dilué à 1:25.

### Enlever les évasements de la paroi

Les parties évasées (flares) sont enlevées, car elles génèrent trop de tension sur la connexion lamellaire.

### Observer l'enclenchement du processus de guérison naturelle

Après un certain temps, parfois même quelques jours, un anneau de fourbure apparaît sur la paroi du sabot, tout près de la couronne et descend au fur et à mesure de la croissance de la corne. La portion de paroi se trouvant au-dessus de cet anneau a un angle correct, plus fermé, et peut être considérée comme la naissance d'un nouveau sabot sain, aux lamelles bien connectées. Dès que cet anneau a atteint à peu près le tiers supérieur de la paroi, la connexion lamellaire est suffisamment solide pour supporter à nouveau une charge. Ceci prend à peu près quatre mois.

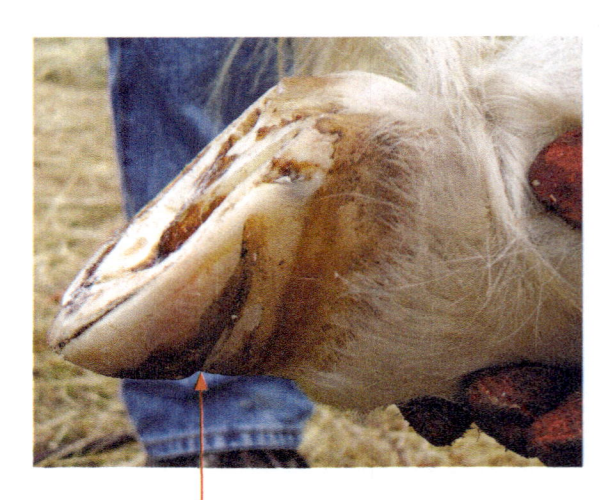

Le processus de guérison naturelle est enclenché
*Notez la différence d'angle entre la nouvelle pousse et l'ancienne paroi (photo : Cynthia Cooper)*

> En se basant sur la position des anneaux de fourbure, il est possible de juger à peu près depuis combien de temps la fourbure a commencé. Sachant qu'il faut à peu près une année pour produire une nouvelle paroi, on en déduit que si l'anneau est situé au milieu de sa hauteur, la fourbure doit avoir commencé environ six mois plus tôt.

l'os du pied. Une sole concave augmente l'élasticité du sabot, améliorant ainsi le mécanisme du pied, qui lui-même assure une meilleure circulation sanguine. C'est un cercle vertueux.

Au début du processus de guérison, il est recommandé de faire parer les sabots de votre cheval toutes les trois ou quatre semaines au moins. Vous pouvez prendre en charge l'entretien entre deux parages, à condition de suivre attentivement les instructions du professionnel qui s'en occupe et uniquement si vous avez vous-même suivi un bon cours de soins aux sabots. Ne laissez pas votre porte-monnaie décider pour vous de la fréquence des parages.

Si le cheval peut difficilement rester sur trois jambes, il est possible de lui construire un support pour le soulager. Assurez-vous que cette construction soit suffisamment solide. Certains professionnels des soins aux sabots peuvent apporter un métier à parer appelé aussi travail. Celui-ci peut également être loué.

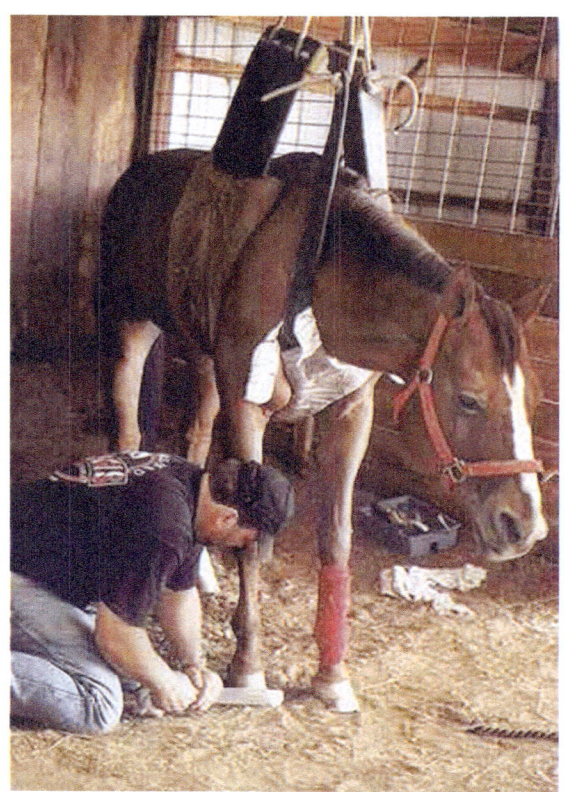

| Vue détaillée d'un anneau de fourbure
*(photo : Lacelynn Seibel)*

La nouvelle connexion lamellaire entre la paroi et l'os du pied remet ce dernier dans sa position correcte initiale, quel que soit le degré de rotation atteint auparavant. Lorsque l'os du pied retrouve sa position correcte dans la boîte cornée, la sole retrouve également sa concavité originelle puisqu'elle est connectée à la base de

| Exemple de support artisanal

Un parage minutieux des sabots qui ne montrent pas de signes de fourbure doit également être effectué. Le cheval peut avoir besoin d'hipposandales ou de semelles pour éviter que les pieds encore sains ne développent une fourbure traumatique à cause de la surcharge qu'ils doivent assumer.

De nombreux propriétaires sont ennuyés de voir leur cheval fourbu rester sensible après les premiers parages. Cette sensibilité est indissociable du traitement et du processus de guérison. Lorsque l'on enlève la partie étirée de la ligne blanche ainsi qu'une partie de la paroi du sabot, l'os du pied qui a basculé appuiera plus fortement sur la sole depuis l'intérieur. La douleur que le cheval ressentait au début résultait du problème en lui-même : une pression exercée par la paroi du sabot sur les lamelles enflammées et endommagées. Des hipposandales ou des semelles apporteront un soulagement immédiat qui permettra de traverser un peu plus sereinement les premiers stades de la guérison, aussi bien pour le cheval que pour son propriétaire.

# TRAITEMENT DES COMPLICATIONS

## ABCÈS

Des abcès peuvent apparaître un à deux mois après le déclenchement d'une fourbure. Ils peuvent se former au niveau de la couronne, de la ligne blanche ou des glomes. Ils sont causés par l'infection de sang (sérum) ou de tissus nécrosés accumulés. La rotation de l'os du pied augmente la pression

cée depuis l'intérieur sur la sole, ce qui contribue également à écraser et donc à nécroser du tissu. Au fur et à mesure que l'abcès grossit, la pression s'accroît sur les tissus environnants et la douleur augmente d'autant.

Certains abcès, toutefois, devraient être considérés comme faisant partie du processus de guérison, car ils drainent les déchets de l'inflammation provoquée par la fourbure.

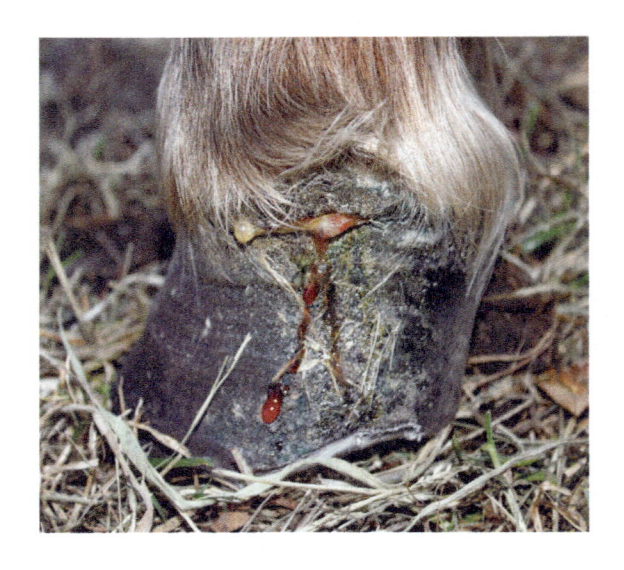

Abcès de la couronne
*(photo : Tanja Boeve)*

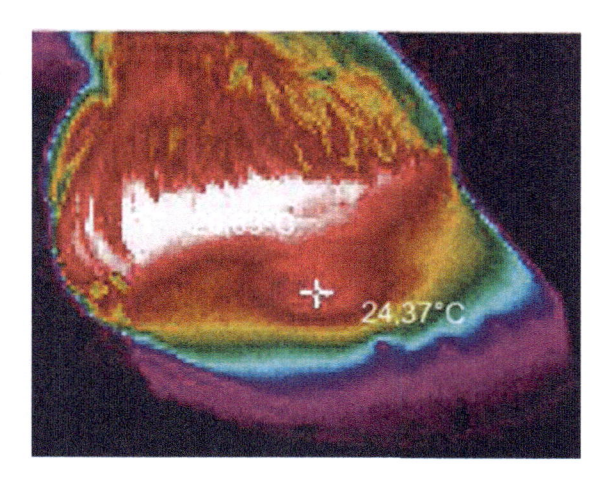

Image thermographique
d'un abcès de la couronne
*(photo : Cindy Altorf)*

## Traitement

Il est vrai qu'ouvrir un abcès provoque un soulagement immédiat. Malheureusement, sauf si on se trouve dans une clinique vétérinaire, il est pratiquement impossible d'effectuer cette opération dans un environnement stérile. Fournir des soins post-opératoires stériles est également très difficile. La probabilité de voir apparaître de nouveaux abcès ou d'aggraver l'infection est donc trop forte pour être acceptable. Dans la plupart des cas, mieux vaut laisser à l'abcès le temps de mûrir. De plus, les médicaments anti-inflammatoires ou antibiotiques devraient être évités, car ils ralentissent, voire empêchent la maturation des abcès. Certaines études montrent que les chevaux dont les abcès ont été traités intensivement ont eu besoin de plus de temps pour guérir. Faire tremper le pied dans de l'eau tiède additionnée de savon naturel ou de poudre à lessive enzymée contribue à faire mûrir les abcès. Faire marcher le cheval sur une surface dure pourrait stimuler l'ouverture d'un abcès. Évidemment, cela n'est possible que dans la mesure où la douleur du cheval fourbu le permet.

Si un abcès ne mûrit pas, il faut agir. Dans les cas graves, les abcès peuvent s'étendre et provoquer des infections articulaires ou osseuses (ostéomyélite). Ouvrir un abcès en coupant à travers la sole ne doit être fait que dans des cas exceptionnels, car le risque de complications est alors particulièrement élevé. En passant par la ligne blanche ou même à travers la paroi du sabot, on peut atteindre des abcès particulièrement résistants. Malheureusement, de plus en plus de professionnels de soins aux sabots se mettent à pratiquer cette intervention, alors qu'elle ne devrait être exécutée que par un vétérinaire.

Une fois l'abcès vidé, naturellement ou chirurgicalement, il doit être gardé extrêmement propre. On peut utiliser pour cela de l'eau additionnée de vinaigre de cidre (1:1) ou de teinture d'iode. Le trou dans la paroi, créé par un abcès qui s'est ouvert au niveau de la couronne, migrera vers le bas en suivant la pousse de la corne. Il faut bien le surveiller, car il peut facilement devenir un nid à maladies ou à champignons. Si c'est le cas, ce trou s'agrandit sous l'effet de la pression des champignons qui prolifèrent. On peut les éliminer à l'aide d'un fongicide. Le professionnel des soins aux sabots sait en général très bien quels produits utiliser. Souvent, un traitement à base de vinaigre et de quelques gouttes d'huile essentielle d'arbre à thé (tea tree) sera suffisant.

Dans certains cas, il y a tellement de tissu nécrosé à éliminer que les abcès déchirent toute la couronne. Cela peut paraître très impressionnant et il est d'autant plus important de garder

> ### ABCÈS OU FOURBURE ?
>
> Les signes cliniques d'un abcès peuvent être très similaires à ceux d'une fourbure. Les propriétaires de chevaux prennent souvent ces signes pour une fourbure qui ne guérit pas ou une rechute.
>
> Voici les signes caractéristiques indiquant qu'il s'agit d'un abcès :
> - Un ou deux mois après le déclenchement d'une fourbure, le cheval se met soudainement à boiter.
> - Une jambe montre beaucoup plus de signes cliniques (boiterie, pouls et température élevés) que les autres.
> - Alors que toutes les mesures préventives et curatives contre la fourbure ont été prises et qu'aucune circonstance n'a changé, cette boiterie arrive soudainement, accompagnée d'un pouls et d'une température élevés.
> - Le cheval souffre plus qu'en phase de fourbure aiguë.
> - La boiterie a commencé peu après un parage.

la zone propre et à l'abri des maladies. Il faut attendre de voir comment la partie abîmée de la paroi va pousser. Il faut également s'assurer que le professionnel des soins aux sabots a bien paré la paroi de façon à ce qu'elle ne touche pas le sol et qu'il l'a fait à l'aide de la pince, car râper ou limer un sabot dont la corne est décollée au niveau de la couronne est douloureux pour le cheval. Une nouvelle paroi va pousser derrière l'ancienne et après plusieurs mois, le professionnel qui s'occupe des pieds du cheval pourra enlever la partie qui se détache.

## PERFORATION DE LA SOLE

L'os du pied peut basculer et appuyer sur la sole à un tel point que celle-ci n'est plus capable de résister. La pointe de l'os perce alors la sole et est visible de l'extérieur. C'est une complication douloureuse qui fait courir de gros risques d'infection. Même si cela est impressionnant à voir, avec de bons soins, la guérison est possible. Ton professionnel des soins aux sabots essaiera de diminuer la bascule de l'os du pied le plus rapidement possible afin d'éviter une aggravation.

### Traitement

La blessure doit être bien nettoyée et gardée propre. Le risque d'infection est très élevé. Un pansement sera ensuite mis sur le pied. On peut également utiliser des hipposandales. À l'endroit où l'os à nu toucherait l'hipposandale on peut creuser une cavité dans la semelle de celle-ci. L'hipposandale doit être constamment gardée propre et désinfectée. Le cheval doit avoir des antibiotiques. Le vétérinaire passera régulièrement pour contrôler son état.

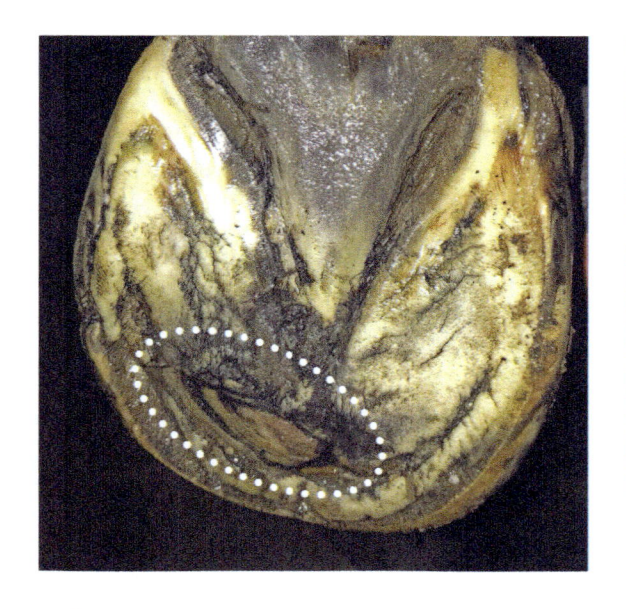

TRAITEMENT ET PRÉVENTION | 123

Perforation de la sole

Maladie de la ligne blanche
*(photo : Mike Harris)*

## MALADIE DE LA LIGNE BLANCHE

Connue aussi sous le nom de fourmilière lorsqu'elle remonte le long de la paroi, la maladie de la ligne blanche est provoquée à la fois par des bactéries et par des champignons. C'est au professionnel des soins aux sabots de traiter cette complication. Il lui faudra souvent enlever une grosse partie de la paroi. Il existe toute une variété de produits pour effectuer ensuite les soins que le propriétaire devra évidemment assurer lui-même.

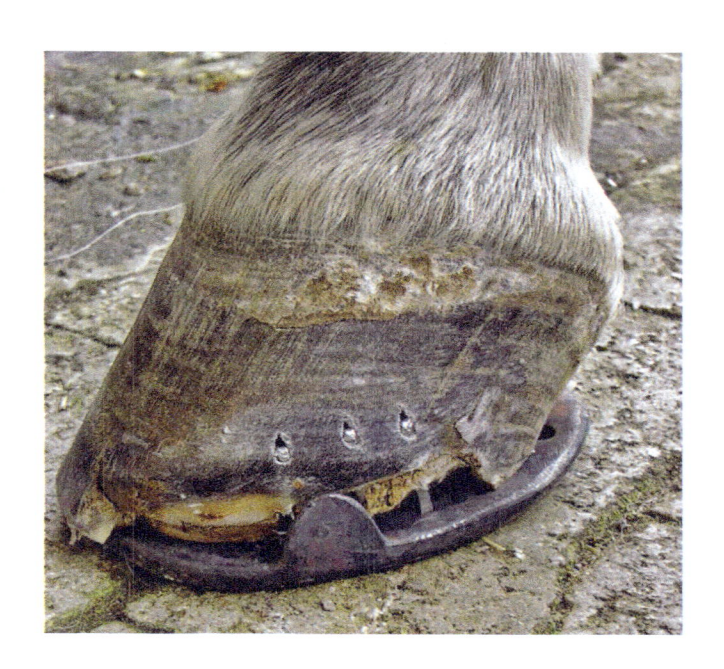

Maladie de la ligne blanche dans un sabot ferré
*(photo : Patrick Brunner)*

### TRAITEMENT

Les produits recommandés pour compléter le traitement du professionnel des soins aux sabots vont du vinaigre dilué avec de l'eau, au sulfate de cuivre (bouillie bordelaise®), miel non pasteurisé, chlore (dioxyde), Imaverol® ou encore argent colloïdal. Plus le produit est agressif, plus on risque de léser ou de déshydrater le tissu sain et la nouvelle corne. C'est le professionnel des soins aux sabots ou le vétérinaire qui savent quels produits utiliser.

## INFECTION

Les tissus affectés par la maladie de la ligne blanche peuvent être une voie d'accès à des bactéries provoquant ainsi une infection. Mais ce n'est pas le même type d'infection présente dans le cas d'un abcès, comme décrit ci-dessus. En principe, le professionnel des soins aux sabots traitera l'infection en même temps que la maladie de la ligne blanche.

## INFECTION DE LA FOURCHETTE

Une infection de la fourchette de type candidose peut se développer, accompagnée d'une odeur pénétrante caractéristique. Il faut traiter cette complication comme une pourriture de la fourchette. Il faut donc ôter tous les tissus affectés et traiter avec un bactéricide. N'utilisez pas de goudron. Ce dernier empêche la bactérie de respirer et ce type de bactéries anaérobiques prospère justement sans oxygène. De plus, le goudron contient des carcinogènes (hydrocarbures aromatiques polycycliques/HAP).

Le cheval ne développera pas immédiatement un cancer à cause de cela, mais une utilisation fréquente et prolongée n'est définitivement pas recommandée à cause de la présence de HAP.

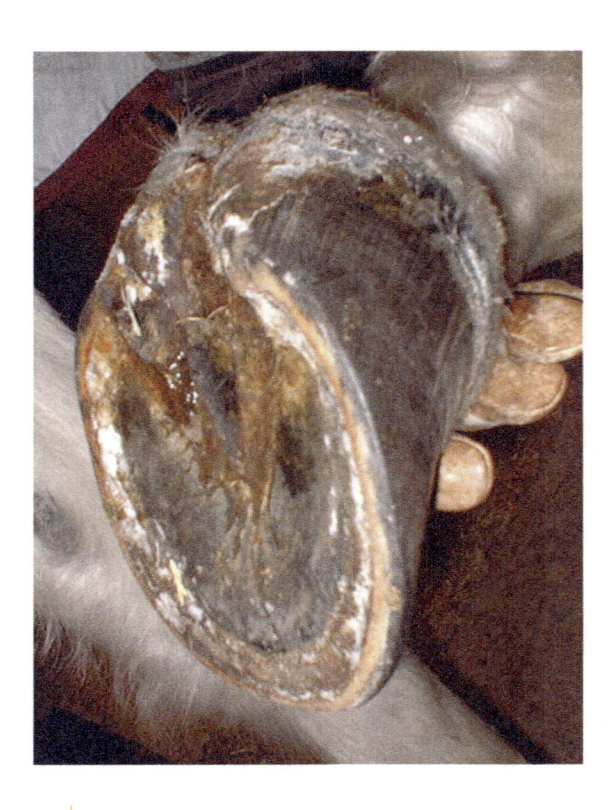

Infection de la fourchette

## SEPTICÉMIE

Une septicémie (ou empoisonnement du sang) est une complication possible des abcès du pied. Les signes cliniques d'une septicémie sont de la fièvre, une faiblesse généralisée, de la confusion et un manque d'appétit. S'ils se manifestent, il faut appeler immédiatement un vétérinaire.

## DÉTOXIFICATION

La détoxication (ou drainage) est l'élimination des toxines présentes dans le corps du cheval. En page 73 et suivantes, plusieurs types de toxines sont répertoriés. Il s'agira de déterminer si certaines d'entre elles affectent éventuellement votre cheval. On peut facilement diminuer l'absorption de toxines en modifiant le régime alimentaire, le mode d'administration de vermifuges et de vaccins et en arrêtant ou changeant certains médicaments.

Les toxines qui résultent de problèmes rénaux ou hépatiques chroniques, d'une septicémie ou d'un coup de sang nécessitent évidemment de régler tout d'abord lesdits problèmes.

L'argile verte, la chlorophylle ou les sels de Schüssler sont considérés comme bénéfiques pour effectuer une détoxication de l'organisme. Toutefois, leur efficacité n'est pas prouvée scientifiquement.

On dit que le drainage lymphatique permet de réduire l'œdème, éliminer les tissus nécrosés, améliorer le métabolisme du glucose, activer le système nerveux parasympathique, abaisser la pression sanguine et réduire la douleur. Toutefois, aucune recherche scientifique ne vient confirmer ceci à ce jour.

Des agents anti-moisissures permettent d'inhiber les produits dérivés des moisissures, des champignons et des levures dans la nourriture.

La meilleure manière d'éliminer les toxines est de s'assurer du bon fonctionnement du foie et des reins en permettant au cheval de bouger suffisamment, en lui donnant une nourriture riche en fibres pour les intestins, en lui permettant de garder sa production de déchets la plus basse possible et évidemment en s'assurant qu'aucune nouvelle toxine n'est introduite dans son organisme.

## GESTION DE POIDS

Pour un cheval, être trop gros n'est ni normal ni sain. Il y a deux causes de surpoids pour les chevaux :
- Une consommation excessive de nourriture
- Des problèmes hormonaux.

Dans la première catégorie, le cheval a un gros ventre et est plus lourd que ce qu'il devrait être. Ce cheval souffre d'obésité. Modifier son régime alimentaire et lui faire faire plus d'exercice fera merveille. Dans la seconde catégorie les amas de graisse sont répartis de façon bizarre sur son corps : sur le cou, les épaules, le long de la ligne du dos, à l'attache de la queue ou autour du fourreau, respectivement des mamelles. Ce type de surpoids est appelé adiposité. L'adiposité va souvent de pair avec un SME. Obésité et adiposité peuvent aussi apparaître ensemble. Pour plus de facilité, nous utiliserons dorénavant le terme de surpoids pour parler de ces deux problématiques.

A part le facteur héréditaire présent dans le SME, obésité et adiposité ont toutes les deux pour cause un manque d'exercice et un régime alimentaire inadéquat. Cela est en général dû aux facteurs suivants :
- Un manque de connaissances quant aux besoins alimentaires du cheval en général, dû aux mauvaises informations, souvent données par les fabricants d'aliments.
- Les races originaires de zones arides ou froides ont des besoins en énergie moins élevés et sont donc facilement suralimentées. Ces poneys sont « faits » pour prendre du poids durant la belle saison (printemps et été) et perdre du poids à nouveau pendant la mauvaise saison (automne et hiver). La domestication perturbe ce système car nous empêchons les chevaux de brûler les graisses qu'ils ont emmagasinées.
- Les propriétaires veulent chouchouter leur cheval.
- Le cheval n'a pas assez de liberté de mouvement, ne fait pas assez d'exercice ou pas assez souvent.
- Comme la majorité de chevaux est en surpoids, on a tendance à considérer leur état comme la norme et ces animaux, bien que trop gros, sont vus comme magnifiques ou en bonne santé.
- Les propriétaires n'osent pas dévier de ce qui se fait traditionnellement.

Il n'est ni normal ni salutaire pour un cheval d'être en surpoids
*(photo : Deanna Fenwick)*

## COMMENT FAIRE PERDRE DU POIDS A VOTRE CHEVAL

Donnez des aliments contenant moins de GNS et plus de fibres. Restreignez les périodes de pâturage (voir « Gestion de pâturage », page 181). Si les mesures à prendre à cet effet sont trop compliquées, il vaut peut-être mieux supprimer totalement l'herbe et ne donner que du foin, surtout aux chevaux souffrant de SME ou de PPID.

Pour déterminer la ration quotidienne de foin à distribuer, prendre 1,5% du poids désiré, ce qui constitue une bonne quantité de départ durant le premier mois. Après cela, la ration quotidienne peut être réduite à 1% du poids désiré.

Un cheval en surpoids dont le poids désiré est de 500 kg doit recevoir 7,5 kg de foin par jour durant le premier mois, puis 5 kg de foin par jour les mois suivants.

Le cheval doit bouger plus. Ceci est tellement important que si l'on ne peut pas donner du mouvement au cheval, il faudra chercher quelqu'un qui puisse s'en charger. Même si le cheval ne maigrit pas, le supplément d'exercice améliorera sa sensibilité à l'insuline. Lire également attentivement la section « Nutrition et gestion du pâturage » en page 168).

Faites sur le cheval les mesures suivantes et noter les progrès chaque semaine pour en garder une trace :
- Poids (voir encadré « Déterminer le poids d'un cheval »)
- EEC et CNS (voir encadré « Évaluation de l'état corporel » en page 80 et « Évaluation du chignon » en page 79)
- Taille de l'encolure (voir page 109).

Assurez-vous que la perte de poids soit graduelle et pas trop rapide. Une perte de poids rapide, particulièrement chez les poneys Shetland et Welsh, les Haflinger et chez les ânes peut provoquer une hyperlipidémie qui elle-même peut engendrer une vasoconstriction, autre cause potentielle de fourbure.

### DÉTERMINER LE POIDS D'UN CHEVAL

- Pour mesurer précisément le poids d'un cheval, il faut le faire monter sur une balance.
- La formule mise au point par Carrol & Huntington donne des résultats plus justes :
  - Mesurer la circonférence thoracique : placer le ruban de mesure juste derrière le coude et le garrot, et prendre la mesure au moment où le cheval expire l'air de ses poumons.
  - Mesure la longueur du corps : de la pointe de l'épaule à la pointe de la fesse.
  - Le poids du cheval en kilogrammes est calculé comme suit :

$$\frac{\text{circonférence thoracique au carré} \times \text{longueur du corps (en centimètres)}}{11900}$$

Exemple : circonférence thoracique = 170 cm, longueur du corps = 210 cm

$$\frac{(170 \times 170) \times 210}{11900} = 510 \text{ kg}$$

  - Cette formule laisse une marge d'erreur de 10%. Le cheval de notre exemple pèse entre 459 et 561 kg.
- Pour estimer le poids des chevaux Islandais il faut diviser par 11 400 au lieu de 11 900
- La formule pour les poulains jusqu'à deux mois : circonférence thoracique moins 62,5 / 0,7
- Estimer le poids avec un ruban de mesure n'est pas très précis. En moyenne, on observe une marge d'erreur d'environ 65 kg, en plus ou en moins.

Lorsque trop de graisse est libérée trop rapidement dans la circulation sanguine, cela peut causer une dégénérescence graisseuse au niveau des organes internes et donc endommager ces derniers (steatosis). Le foie est particulièrement sensible à ce phénomène. Une perte de poids hebdomadaire de 1% du poids désiré est correcte.

Les chevaux en surpoids sont plus sujets à développer une fourbure, mais ils ont plus de chances de s'en remettre une fois que leur poids est sous contrôle. Évidemment ceci n'est valable que si la fourbure est causée par l'obésité.

### TRAITEMENT MÉDICAMENTEUX

On prescrit parfois des hormones thyroïdiennes synthétiques pour faire perdre du poids. Il ne faut donner ces médicaments que si l'exercice et le régime alimentaire n'ont vraiment (!) pas apporté d'amélioration. Faire perdre du poids à un cheval nécessite souvent autant de rigueur que pour perdre du poids soi-même. Les médicaments ne devraient jamais se substituer à la discipline. En page 153, sous « Hormones thyroïdiennes » vous trouverez plus d'informations sur cette hormone.

## PROTECTION DES SABOTS

Etant donné qu'il est difficile de regarder son cheval souffrir ou parce que les professionnels des soins aux sabots pensent qu'il est possible d'accélérer le processus de guérison en utilisant des fers, on cherche souvent à résoudre la fourbure en protégeant les sabots. Malheureusement, les fers en métal ou en plastique ne sont pas une bonne idée. Les hipposandales, quant à elles, peuvent être très utiles.

### FERRURE THÉRAPEUTIQUE

Souvent, on fait appel au ferrage thérapeutique pour traiter une fourbure. Le choix des ferrures correctives pour les chevaux fourbus est large. On peut trouver des fers ouverts en pince ou inversés, des fers permettant au pied d'être comme nu, des fers ovales (egg-bar shoes), des fers à hauteur de talon ajustable ou des fers

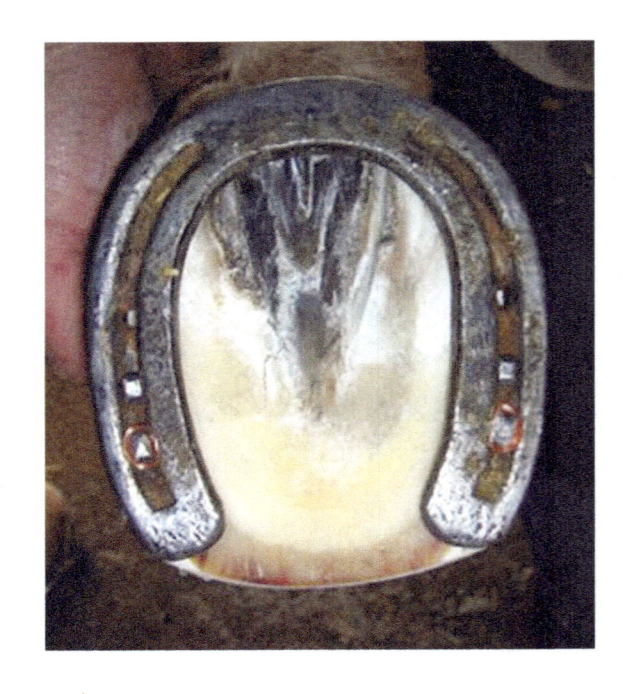

| Fer inversé
*(photo : Andrew Grimm)*

synthétiques à coller. À cela s'ajoutent toutes sortes de semelles et de matériaux absorbant les chocs, que l'on insère entre le fer et le sabot. Certains fers permettent de soutenir la fourchette (fers en cœur) ou possèdent même un mécanisme à visser qui peut être utilisé pour augmenter ou diminuer la pression sur la fourchette.

## INCONVÉNIENTS

Les fers thérapeutiques ont de si nombreux inconvénients que leur utilisation est fortement déconseillée :

- Ils réduisent le mécanisme du pied avec pour résultat un apport limité de sang oxygéné et une moins bonne évacuation du sang désoxygéné.
- Même chose pour l'apport de substances nutritives et l'évacuation des déchets. Le tissu lamellaire mort et les résidus d'inflammation s'accumulent, ce qui peut perturber le métabolisme. La fourchette devient également plus sensible aux infections.
- Outre les pieds, les os, les articulations et le système vasculaire de la partie inférieure de la jambe souffrent aussi à la fois des vibrations et de la force centrifuge provoquées par le port et le poids de fers métalliques à l'extrémité de la jambe. À court terme, cela a des conséquences négatives sur la circulation sanguine comme expliqué plus haut. Sur le long terme, on aura des risques d'ostéoarthrite et d'ossification des cartilages ungulaires. Des cartilages sains étant nécessaires pour absorber les chocs, cette ossification peut poser un problème supplémentaire aux chevaux fourbus.

Fer 'Rock 'n Roll'
*(photo : Ilse Bartholomeeusen)*

Fer en cœur avec mécanisme à vis
*(photo : Mary Bayard Fitzpatrick)*

- Les pieds ferrés ne peuvent pas se dérouler correctement lors de la marche, ce qui peut engendrer une surcharge et même une ossification des cartilages ungulaires.
- Les fers sont cloués, vissés ou collés à une paroi partiellement détachée (lamelles déconnectées), alors qu'après une fourbure les sabots essaient de retrouver une nouvelle paroi à la connexion lamellaire saine. Les fers contrecarrent la croissance d'un tissu lamellaire sain et la nouvelle connexion reste lâche.
- Percer la paroi et la ligne blanche avec des clous affaiblit la structure même de la paroi et cause un assèchement du tissu corné autour des trous formés par les clous.
- Des bactéries, des microbes et des composés ammoniaqués contenus dans la saleté et les excréments pénètrent dans le sabot via les trous des clous, augmentant le risque de maladie de la ligne blanche.
- Entre deux ferrages, on ne peut pas effectuer de travaux de maintenance sur la paroi du sabot avec une râpe ou une lime. La paroi extérieure peut rapidement devenir trop longue et exercer alors un effet de levier sur la connexion lamellaire.
- La fourchette n'entre que peu voire pas du tout en contact avec le sol, ce dont elle aurait besoin pour se développer correctement. Comme elle absorbe moins bien les chocs, le cheval aura tendance à poser son pied en pince ce qui augmente le risque de surcharge et de fourbure traumatique.
- Il est important de pouvoir observer une amélioration ou une aggravation de la sensibilité de la sole, mais lorsque le pied est ferré, la sole ne touche pas le sol et l'on ne peut donc pas analyser la situation.
- La sole ne se durcit pas suffisamment. Une sole solide apportera une meilleure protection à l'os du pied qui pousse contre elle depuis l'intérieur.
- La flexibilité de la sole se réduit également lorsque le pied est ferré, augmentant ainsi le risque de bleimes (contusion de la sole). Ces « bleus » douloureux rendront le

### CONTACT DE LA FOURCHETTE AVEC LE SOL ET CROISSANCE DU SABOT

Le contact de la fourchette avec le sol agit sur la croissance du sabot. La pression du sol sur la fourchette (et indirectement sur le coussinet digital qui est juste en-dessous) contribue de manière significative au mécanisme du pied. Un mécanisme du pied optimal permet une bonne circulation sanguine dans le sabot, ce qui offre une oxygénation constante des tissus et un drainage efficace des déchets. On a donc un sabot plus sain et une meilleure croissance de la corne.

(photo : Claudia Beutel)

cheval encore plus réticent à se déplacer, alors que marcher est capital dans le cadre du processus de guérison.
- Des fers avec des talons surélevés sont souvent utilisés pour réduire la tension sur le tendon fléchisseur profond du doigt, mais cela augmente la pression sur la pointe de l'os du pied et sur la connexion lamellaire à l'avant du sabot. En outre, le muscle fléchisseur profond du doigt s'adaptera à cette nouvelle tension et finalement, les forces exercées par le tendon reviendront à ce qu'elles étaient avant assez rapidement. Surélever les talons est une solution temporaire qui est malheureusement souvent appliquée trop longtemps. En outre, ce n'est pas la force de traction du tendon qui provoque la rotation de l'os du pied, mais l'incapacité des lamelles et du tendon extenseur du doigt à contrer cette traction.
- Les chevaux ferrés ne peuvent pas sentir la surface sur laquelle ils marchent. Ils trébuchent plus souvent et parfois glissent. Pour un cheval atteint de fourbure, cela est très douloureux et il peut finir par se déplacer moins que nécessaire.

Si on veut ferrer son cheval malgré tous les inconvénients mentionnés ci-dessus, il faudra choisir du plastique (fer synthétique) plutôt que du fer et de la colle plutôt que des clous.

On comprend facilement pourquoi les propriétaires sont tentés de ferrer leur cheval. Celui-ci donnera l'impression de pouvoir marcher relativement sans douleur alors que c'est la mauvaise circulation sanguine qui insensibilise partiellement le membre. Le cheval aura tendance à bouger plus, plus longtemps et plus vite que ce que les tissus en voie de guérison ne peuvent supporter. Cette suppression de la douleur est un bénéfice apparent et une vision à court terme car en réalité, elle ne fait que prolonger la durée du problème.

> - Lorsque le cheval est déferré, il est important de réaliser que l'inconfort n'est pas causé par le fait d'avoir enlevé les fers et d'être pieds nus, mais par les années de ferrure qui ont précédé. La qualité des tissus mal irrigués à l'intérieur du sabot s'en est trouvée diminuée. La sole est encore sensible. Si le cheval est ferré depuis son plus jeune âge, le coussinet digital et les cartilages ungulaires sont sous-développés. Il faut l'avouer, le cheval sera contraint de passer par cette étape difficile.

## HIPPOSANDALES

Les hipposandales apportent un amortissement supplémentaire qui soulage la douleur. Elles entravent rarement la circulation sanguine. Des semelles souples stimulent la fourchette et donc la croissance du sabot (voir encadré « Contact de la fourchette avec le sol et croissance du sabot », page 130).

Dans le cas d'une perforation de la sole, on peut enlever une partie de l'intérieur de la semelle pour soulager la pression exercée sur la pointe de l'os du pied en rotation. Pour des sabots gravement déformés, les hipposandales peuvent être fabriquées sur mesure. Les semelles seront fabriquées avec un matériau extra souple, pour un effet amortisseur encore plus grand. Aussi bien des hipposandales neuves que celles d'occasion devront s'ajuster aussi parfaitement que possible. Si vous devez utiliser des hipposandales déjà portées, assurez-vous qu'elles n'ont pas été usées de manière asymétrique. Vérifiez cela aussi bien dessous qu'à l'intérieur.

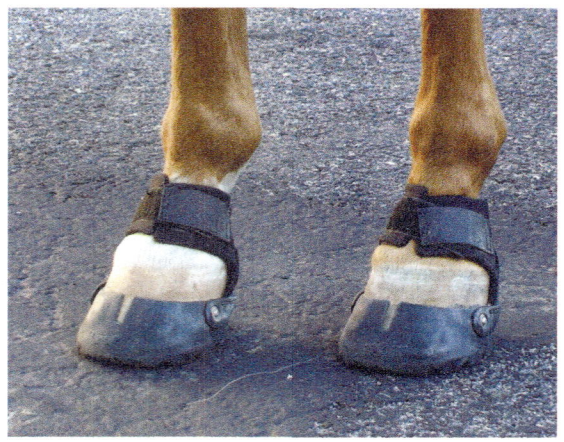

Hipposandales
*(photos : Sherilyn Allen)*

### Inconvénients

La plupart des inconvénients de la ferrure ne s'appliquent pas au port d'hipposandales. Leur grand avantage est de pouvoir être mises et enlevées à volonté, ce qui permet de parer les sabots régulièrement. Garder la paroi et la pince courtes est particulièrement essentiel pour la guérison d'une fourbure.

Un inconvénient, comme pour les fers, réside dans la force centrifuge qui s'exerce sur les sabots, les os, les articulations et les capillaires sanguins. Quelque peu atténuée, il est vrai, car la majorité des mouvements et des exercices effectués pendant la période de guérison se feront au pas. Certains chevaux peuvent souffrir de frottements ou d'hématomes au niveau des glomes ou du paturon. On peut résoudre ce problème en utilisant des chaussettes protectrices, un bandage (ou du ruban adhésif) autour du paturon.

Pour que les hipposandales restent bien ajustées tout en étant faciles à mettre et à enlever, il faut bien entretenir les sabots. Chez un cheval fourbu, ceux-ci peuvent changer de forme. Des hipposandales ajustées au début risquent de ne plus l'être lorsque la connexion lamellaire se rétablit et que la ligne blanche reprend sa largeur normale. Si ce sont de bonnes nouvelles pour le cheval, cela l'est un peu moins pour votre porte-monnaie. Pour que les coûts ne soient pas un obstacle et réduire les frais, vous pouvez utiliser des hipposandales d'occasion.

Nous allons maintenant comparer quelques marques et modèles populaires. Veuillez noter que cet aperçu n'est pas complet.

## Scoot-boot
- Facile à enfiler
- Légère
- L'eau s'écoule facilement
- L'arrière et la fermeture peuvent provoquer une irritation

## Cavallo simple
- Facile à enfiler, reste bien en place
- Les glomes sont protégés
- Convient aux chevaux dont les sabots ont une largeur supérieure à la longueur
- Peut provoquer une irritation du creux du paturon

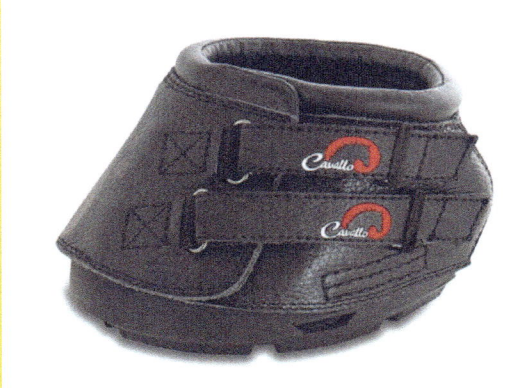

## Dallmer clog
- Facile à adapter
- Résistante à l'usure
- Modèles séparés pour les antérieurs et les postérieurs
- L'eau s'écoule facilement
- Semelle ouverte, ce qui provoque une charge périphérique (surcharge de la connexion lamellaire)

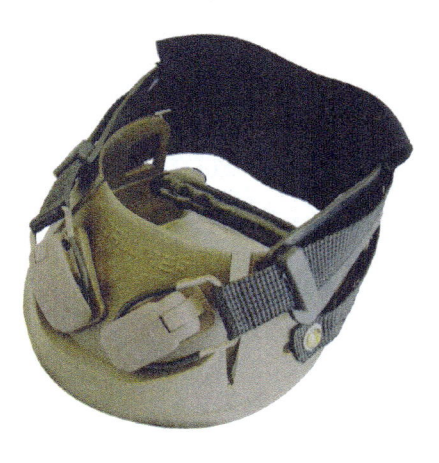

## Equine fusion all terrain ultra
- Très bonne absorption des chocs
- Intérieur doux
- Convient à différentes déformations du sabot, telles que des évasements de la paroi ou un coin nécrotique élargi

### Soft ride
- 🟢 Chaussure thérapeutique
- 🟢 Semelles amovibles extra douces pour un amortissement optimal des chocs
- 🔴 Ne convient pas pour monter

### Evo boot
- 🟢 Légere
- 🟢 Semelle concave
- 🟢 Flexible

### Renegade
- 🟢 Reste bien en place
- 🟢 Convient aux chevaux dont les sabots ont une longueur supérieure à la largeur
- 🟢 L'eau s'écoule facilement
- 🔴 Moins adaptée aux formes de sabots atypiques
- 🔴 Semelle trop dure et aucune possibilité d'utiliser des semelles amovibles
- 🔴 Doit être adapté sur mesure pour la première utilisation

### Swiss galoppers
- 🟢 Flexible, adaptée à différentes formes de sabots
- 🟢 Bonne protection des glomes
- 🟢 Peu de pièces sensibles à l'usure
- 🟢 L'eau s'écoule facilement
- 🔴 Semelle trop dure
- 🔴 Peu de grandes tailles disponibles

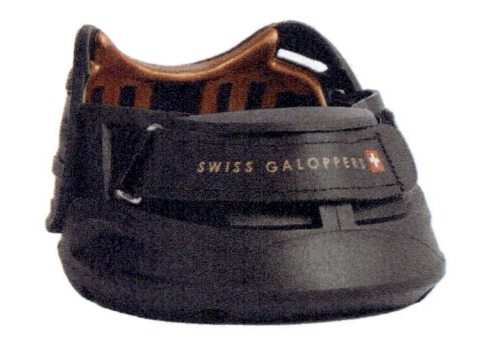

### Easyboot stratus
- ➕ Chaussure thérapeutique
- ➕ Ajustable pour des troubles spécifiques en utilisant le système TheraPad
- ➕ L'eau s'écoule facilement
- ➕ Bonne circulation de l'air
- ➖ Les ajustements nécessitent de la perspicacité et de l'expérience

### Easyboot zip
- ➕ Chaussure thérapeutique
- ➕ Solution rapide et facile pour protéger le sabot
- ➖ Ne convient pas pour monter

### Easyboot cloud
- ➕ Chaussure thérapeutique spécialement développée pour les chevaux fourbus
- ➕ Semelle très souple
- ➖ Ne convient pas pour monter

### Easyboot glove
- ➕ Légere
- ➕ Facile à enfiler
- ➕ Convient aux chevaux dont les sabots ont une longueur supérieure à la largeur
- ➖ Difficile à enlever

## PLÂTRER LES SABOTS

Dans la phase aiguë de la maladie ou dans le cas d'un affaissement de l'os du pied le sabot pourra être plâtré avec des bandes de plâtre ou de matériel synthétique. Les éléments soutenant la sole sont inclus dans le plâtre. Le but du plâtre et d'améliorer la distribution des forces sur le sabot et éviter que l'os du pied n'augmente encore son degré de rotation. Dans certains cas, le plâtre est combiné à une résection de la paroi le long de la couronne. (voir « Résection de la couronne », page 140)

### Inconvénients et complications
- Le plâtre est laissé sur le sabot pendant deux à quatre semaines. Pendant ce temps, les changements au niveau du sabot ne peuvent être observés qu'avec des radiographies.
- Le mécanisme du pied est entravé.
- Un plâtre mal posé peut également entraver la circulation sanguine.
- Certains matériaux de plâtrage ne sont pas perméables à l'air, provoquant des infections fongiques.
- Il y a un risque de ne pas pouvoir détecter des infections bactériennes.
- De nos jours, on peut atteindre les mêmes objectifs que ceux préconisant la pose d'un plâtre, d'une autre manière.

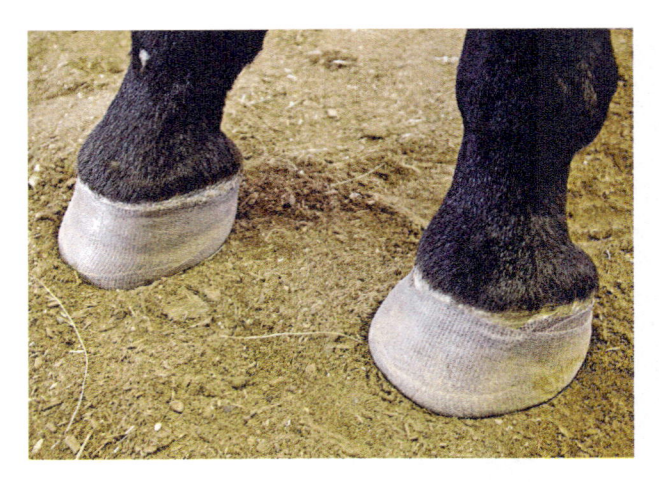

Sabots plâtrés
*(photos : Sarah Bernier)*

## MOUVEMENT ET EXERCICE

Le manque de mouvement ou d'exercice est l'une des causes principales du déclenchement d'une fourbure. Un manque d'exercice amoindrit la circulation sanguine et favorise l'embonpoint. Le mouvement est essentiel pour une guérison complète. Il faut encourager tous les mouvements dont le cheval est capable, même s'il ne s'agit que de se lever après être resté couché pendant des jours, mais il ne faut jamais le forcer pour ne pas risquer d'endommager encore plus la connexion lamellaire affaiblie et la sole ne doit être sollicitée qu'avec précaution du fait de la pression de la pointe de l'os du pied sur celle-ci. Le mouvement stimule le mécanisme du pied et donc la circulation sanguine. Le sang oxygéné, chargé de nutriments et d'hormones peut atteindre le sabot, et les déchets peuvent être évacués correctement.

> ▶ Toutefois, une grande partie du sang n'atteint pas le derme lamellaire à cause de l'ouverture des anastomoses présentes au niveau de la couronne (voir « Anastomoses artérioveineuses », page 32). Il faut donc trouver un juste équilibre pour obtenir, grâce au mouvement, le maximum d'effets bénéfiques sans endommager le sabot encore plus.

Un cheval fourbu sait d'instinct quel type et quelle intensité de mouvement (allure, vitesse, distance) lui seront salutaires pour le processus de guérison. En l'enfermant dans un box, on le prive de cette opportunité. Le repos au box n'est pas une solution, mais bien une des causes de fourbure. Il faut donc offrir au cheval un espace où il pourra bouger et où les risques liés à l'alimentation seront réduits au minimum (herbe, glands, faînes, pommes, etc.). L'accès au pâturage ne peut être autorisé que lorsque les risques peuvent être gérés. Les risques liés à l'alimentation et au pâturage sont expliqués en détail en page 168, sous « Nutrition et gestion du pâturage ».

Faire marcher le cheval en main

On peut commencer à encourager le cheval à bouger à partir du moment où la boiterie est de grade 1 sur l'échelle de Obel et si l'on constate au bout d'une minute qu'il se déplace mieux avec ses hipposandales. On pourra alors :
- Le faire marcher en main
- Faire des exercices au sol ou des jeux
- Lui offrir une interaction sociale avec d'autres chevaux (voir « Interaction sociale », page 191)

- Disposer du foin, de l'eau et des pierres à lécher à divers endroits et à une bonne distance les uns des autres
- Créer un parcours dans le pré ou la carrière avec du ruban de clôture (voir « Paddock paradise », page 190).

> Le sol doit être soit plat et dur, soit sablonneux. En effet, des irrégularités risqueront de faire trop fortement pression sur une sole déjà sensible. Un sable trop profond ou trop lourd générera également trop de pression sur la sole.

Monter le cheval pendant la phase aiguë d'une fourbure n'est pas une bonne idée. Ce poids supplémentaire chargera beaucoup trop les sabots. Le cheval a plus de mal à garder son équilibre à cause de ses pieds douloureux et sauter est évidemment hors de question. On peut recommencer à monter le cheval quand il a atteint le grade o sur l'échelle de Obel, mais seulement si les soles sont d'au moins 1 cm d'épaisseur (demander au professionnel des soins aux sabots). Quoi qu'il en soit, l'utilisation d'hipposandales avec de semelles est recommandée. Commencer par de courtes distances, à une allure calme à modérée sans en demander trop. Laisser le cheval décider où il veut mettre ses pieds. Faire attention aux signes de douleur ou de fatigue et les respecter dès qu'ils se manifestent. Ceci s'applique également au travail à la longe ou dans le marcheur. L'exercice sur un cercle sollicite beaucoup trop les structures internes du sabot. Les mouvements dans le marcheur deviennent assez vite une contrainte. Augmenter la durée et l'intensité des exercices lentement et graduellement. Certains propriétaires, mais aussi parfois certains chevaux veulent aller trop vite, trop rapidement. Lorsque l'exercice provoque une détérioration de l'état, il faut immédiatement ralentir.

| Exercice forcé dans un marcheur
*(photo : Liz Kilroy)*

# CHIRURGIE

Afin d'être le plus exhaustif possible, ou pour faire office d'avertissement, les procédures chirurgicales parfois utilisées sont décrites dans ce livre. Evidemment qu'il y a des situations où ce type d'intervention peut être utile voire nécessaire. Il faut parler des options possibles avec un vétérinaire et essayer d'obtenir une idée objective des conséquences les plus négatives possibles d'une chirurgie. Demander un second avis auprès d'un autre vétérinaire n'est jamais superflu. Enfin, il peut s'avérer utile de réfléchir aux raisons d'opter pour une chirurgie. Est-ce pour le bien-être du cheval ou pour le bénéfice du propriétaire ? Adapter ses attentes sera toujours bien moins invasif qu'une chirurgie.

## TÉNOTOMIE ET DESMOTOMIE

La ténotomie (division du tendon fléchisseur profond du doigt) et la desmotomie (incision du ligament accessoire du tendon fléchisseur profond du doigt) sont des procédures qui visent à éliminer la rotation de l'os du pied. Le but de ce type d'intervention est d'annihiler la force de traction du tendon fléchisseur profond du doigt sur l'os du pied.

Cette chirurgie est souvent effectuée en dépit du fait que cette force de traction n'est pas la source du problème. La rotation de l'os du pied est causée par l'impossibilité qu'ont les lamelles et le tendon extenseur du doigt de contrer cette traction. En d'autres termes, c'est le détachement de l'os de la paroi plutôt que sa rotation qui pose problème. Habituellement, cette méthode est appliquée à un stade très avancé de la fourbure et presque uniquement pour prolonger la vie du cheval, bien que cet objectif soit rarement atteint.

### COMPLICATIONS

Pour contrer les forces qui ont changé à l'intérieur du sabot, un ferrage thérapeutique est souvent utilisé, combiné à un parage agressif pour forcer l'os du pied à retrouver sa position parallèle au sol. Ceci peut avoir de graves conséquences. Oedème, douleur, inflammation, ostéomyélite, tumeur du tissu conjonctif, ostéoarthrite, déformation de l'articulation et une contraction permanente du tendon sont des complications qui peuvent survenir et qui impliquent des soins intensifs sur le long terme.

## RÉSECTION DE LA PAROI

Une résection de la paroi consiste à enlever une partie ou la totalité de la paroi. Dans le cas d'une fourbure, une partie de la paroi frontale du sabot est enlevée. Dans la phase chronique, on le fait avec les objectifs suivants :
- Nettoyer les tissus nécrosés
- Traiter les abcès
- Soulager la pression. Pourtant, le même résultat peut être obtenu en perçant des petits trous dans la paroi du sabot, qui peuvent être refermés une fois que tous les fluides ont été drainés.

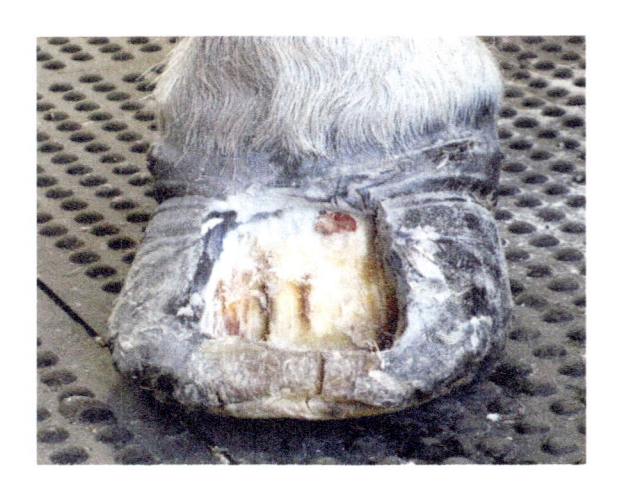

Résection d'une partie de la paroi
*(photo : Simon Constable)*

**INCONVÉNIENTS ET COMPLICATIONS**
Les quartiers du sabot peuvent être affectés par l'augmentation de la pression qui résulte de la résection de la partie frontale s'ils ne sont pas parés correctement. On peut également aggraver un élargissement de la ligne blanche déjà préexistant. Sans des soins adéquats après l'opération, on peut voir apparaître des complications comme une inflammation, des abcès ou une croissance excessive du tissu de granulation.

## RÉSECTION DE LA COURONNE

Une résection de la couronne est le fait d'enlever une petite partie de la paroi du sabot juste en-dessous du bourrelet coronaire, avec pour but de :
- Stimuler la croissance de la paroi dans la région de la pince
- Soulager la pression exercée par la paroi et qui comprime la circulation sanguine
- Soulager la pression sur le derme coronaire.

**INCONVÉNIENTS ET COMPLICATIONS**
Ce procédé affaiblit la paroi du sabot, augmentant le risque d'une plus grande rotation de l'os du pied. Une résection de la couronne peut engendrer les mêmes complications qu'une résection de la paroi. Les bords du sillon ainsi créé peuvent entraver la circulation et causer un œdème.

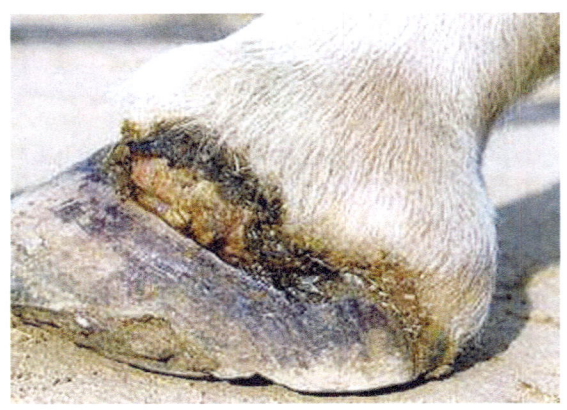

Prolapsus de la couronne causé par une résection de la couronne
*(photo : Gretschen Fathauer)*

## TRANSPLANTATION DE CELLULES SOUCHE

Les cellules épidermiques sont en constant renouvellement. Ce processus, appelé régénération épidermique, a également lieu dans le sabot et fait partie du processus normal de croissance et de régénération de la paroi. La couche germinative de l'épiderme contient des cellules souche qui génèrent les cellules spécifiques nécessaires au renouvellement de l'épiderme. La protéine P63 est impliquée dans la création et l'entretien des cellules souche. Chez les chevaux atteints de fourbure chronique, l'activité de la P63 semble différer de celle présente chez les chevaux en bonne santé. Il en découle que les cellules souche produisent des cellules cornées en nombre insuffisant, ce qui affaiblit la connexion lamellaire. La transplantation, chez un cheval, de cellules souche provenant de son propre organisme pourrait être une solution.

Nouvelle croissance de la paroi après transplantation de cellules souche
*(photo : Rood & Riddle stem cell laboratory)*

#### INCONVÉNIENTS

La transplantation de cellules souche est une pratique chirurgicale spécialisée et très onéreuse. On pourrait se demander si ce type de traitement ne serait pas un peu trop compliqué pour une maladie comme la fourbure. Mais ce traitement est peut-être une solution d'avenir dans des cas très rares de fourbure, lorsque tous les autres traitements n'ont pas abouti.

## SAIGNÉE

La saignée (ou phlébotomie) est un ancien traitement qu'on utilise encore parfois de nos jours. En évacuant le sang, on essaie de faire baisser la pression sanguine. Cette pratique a deux effets. Premièrement, elle réduit le flux de MMP et deuxièmement, elle prévient une fuite de lymphe par les capillaires, diminuant ainsi légèrement le risque de formation d'un œdème entre la paroi du sabot et l'os du pied. L'intensité des pulsations ressenties dans le sabot décroît, ce qui soulage aussi la douleur. Toutefois, la pression sanguine augmente à nouveau rapidement même si elle reste moins haute qu'avant la saignée. Quant à éviter la formation d'un œdème, la saignée reste une mesure symptomatique. La diminution de l'apport en MMP est également de courte durée.

On essaie également de réduire ainsi la viscosité du sang. En effet, après une saignée, l'organisme essaie de restaurer son volume sanguin aussi vite que possible. Pour ce faire, les liquides que contiennent les tissus passent dans la circulation sanguine. L'idée est qu'un sang plus fluide améliore la circulation. La saignée s'inscrit donc dans le cadre des théories vasculaire et traumatique. Mais, rappelons-le encore une fois, la viscosité du sang reviendra rapidement à son état initial. Certains vétérinaires utilisent aussi ce traitement pour essayer d'éliminer les toxines présentes dans le sang.

INCONVÉNIENTS ET COMPLICATIONS

Les modifications rapides du volume sanguin et de l'équilibre des fluides ont des effets négatifs sur les concentrations de minéraux dans l'organisme. En outre, la saignée peut engendrer les complications suivantes :
- Hématomes
- Microthromboses
- Infections vasculaires
- Lésion d'un nerf ou des tissus si le tourniquet reste en place trop longtemps.

# ASTICOTHÉRAPIE

L'asticothérapie (ou larvothérapie) est un traitement biochirurgical inhabituel toujours en phase expérimentale. Nous l'abordons ici à titre informatif car il est peu probable qu'on vous le propose.

Asticothérapie
*(photo : Scott Morrison)*

Avant l'invention des antibiotiques, dans les années 1930, l'utilisation des asticots était assez courante en médecine humaine. En effet, les asticots stériles de la mouche verte consomment les tissus infectés ou nécrosés et digèrent les bactéries présentes sans préjudices pour les tissus sains ou en voie de guérison.

La présence des asticots modifie le taux d'acidité des tissus environnants, ce qui freine la prolifération des bactéries. Les asticots sécrètent de l'allantoïne, une substance qui permet de stimuler la régénérescence cellulaire. Ils sécrètent également du ammoniac, qui a des propriétés désinfectantes. En parallèle, les asticots produisent des enzymes qui ont un effet anti-inflammatoire, ramollissent les tissus nécrosés, stimulent la création de nouveaux capillaires et dissolvent les amas de plaquettes sanguines. Cette dernière spécificité laisse la plaie ouverte plus longtemps, ce qui permet aux asticots de continuer à faire leur travail. Enfin, les asticots bougent. Ce grouillement constant stimule les tissus et pousse l'organisme à générer plus rapidement du tissu de granulation. Le seul effet secondaire connu est l'agacement que ce grouillement peut provoquer chez le cheval, qui risque alors de gratter le sol ou de taper du pied contre un mur.

Tous les trois jours, les asticots sont remplacés. Ils sont maintenus en place avec des bandages spéciaux perméables à l'oxygène et à l'humidité, et changés chaque jour. Une autre méthode consiste à plâtrer le sabot en laissant une ouverture à travers laquelle on peut atteindre la blessure.

Lorsque les asticots doivent nettoyer la sole, le cheval est ferré avec un fer à plaque de soins de façon à ce que les asticots ne soient pas écrasés par son poids. Ce traitement est peut-être pire que la maladie. Étant donné la nature expérimentale de cette thérapie, il est sans doute possible de procéder autrement, sans utiliser d'asticots et donc sans avoir besoin de ferrer le cheval.

Les asticots n'ont besoin de rien d'autre que d'oxygène et de leur buffet de tissus infectés et nécrosés. Leur action est surtout bénéfique aux endroits où la circulation est la moins bonne. En page 45, sous « Forme et état de l'os du pied » vous avez pu lire que, entre autres, la nécrose des tissus est provoquée par le fait que les vaisseaux sanguins sont comprimés.

On utilise le plus communément l'asticothérapie dans le cadre d'une fourbure lorsque l'os du pied est infecté (ostéomyélite). On opère alors une ouverture dans la paroi du sabot pour que les asticots puissent atteindre la partie malade. Dans les cas graves de perforation de la sole, avec surinfection et abcès chroniques de la sole, il semblerait que l'asticothérapie apporte de bons résultats.

## HIRUDOTHÉRAPIE

La hirudothérapie (thérapie par les sangsues) est un deuxième type de biochirurgie. Les sangsues médicinales sont utilisées pour soigner de nombreuses maladies depuis des milliers d'années. La salive des sangsues contient des substances aux propriétés anticoagulantes, antibiotiques, analgésiques et anti-inflammatoires. Certaines de ces substances sont également extraites des sangsues à des fins médicales.

La médecine alternative montre un renouveau d'intérêt pour l'hirudothérapie, qui peut être utilisée comme alternative aux médicaments chimiques ou phytothérapeutiques, avec les caractéristiques listées ci-dessus. En outre, on obtient avec les sangsues les mêmes bénéfices que ceux que la saignée est supposée apporter.

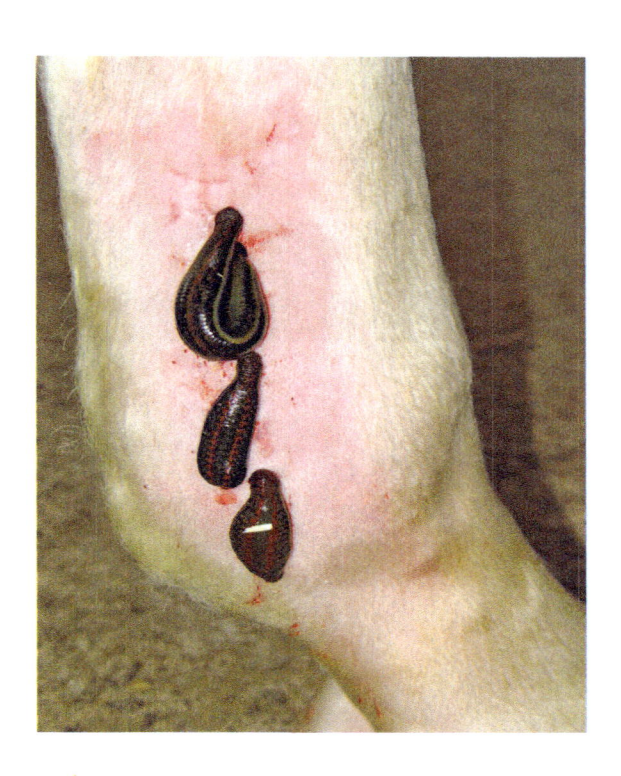

Hirudothérapie
*(photo : Kathmann Vital)*

### Inconvénients et complications
L'hirudothérapie a les Inconvénients et complications suivants :
- La morsure de la sangsue est douloureuse, provoque des démangeaisons et des réactions allergiques ne sont pas exclues.
- L'hirudothérapie réduit la pression sanguine, mais ce n'est pas le but recherché
- Peut engendrer de l'anémie.

- Des éléments pathogènes peuvent être transmis, dont une bactérie vivant dans les intestins de la sangsue et susceptible de provoquer de graves infections.
- Peut donner de la fièvre.
- Une fois les sangsues enlevées, la plaie reste ouverte et saigne pendant assez longtemps du fait de l'agent anticoagulant hirudine, sécrété par la sangsue. Quand la plaie se referme enfin, du tissu cicatriciel peut se former.

Ce traitement présente donc un certain nombre d'inconvénients, alors qu'il existe des solutions modernes permettant d'éviter ce type de complications. Si cette approche peut avoir un effet positif du fait de son action et des substances impliquées, il reste à savoir si la fin justifie les moyens.

# THÉRAPIES COMPLÉMENTAIRES ET ALTERNATIVES

Vous savez maintenant que vous devez vous concentrer sur l'élimination des causes primaires et facilitantes de la fourbure et traiter ses complications. Plus loin dans cet ouvrage, vous apprendrez comment le fait d'améliorer les conditions de vie du cheval peut contribuer à accélérer sa guérison. Parallèlement aux changements de style de vie, vous disposez d'une large palette de thérapies complémentaires et alternatives.

Parmi les thérapies complémentaires et alternatives visant à réduire l'inflammation, la douleur ou l'œdème, améliorer la circulation ou restaurer l'équilibre de l'organisme, on trouve l'homéopathie, l'aromathérapie, la thérapie par les fleurs de Bach, l'électrothérapie ou la thérapie magnétique. Le reiki, la thérapie cranio-sacrée, la biorésonance, la lithothérapie et la guérison spirituelle ont aussi la réputation d'être bénéfiques, de soutenir le processus de guérison, voire de guérir la fourbure.

Le but de cet ouvrage n'est pas de débattre de toutes ces possibilités, ni d'évaluer leur valeur thérapeutique sur une base scientifique. Si vous êtes à l'aise avec ce type de traitements, pensez à les utiliser pour soigner ou même prévenir une fourbure. Faites juste en sorte qu'ils n'interfèrent pas avec le processus de traitement décrit dans ce livre. Méfiez-vous également de la présence de « deux capitaines sur le navire », car des thérapeutes aux avis contradictoires n'accéléreront certainement pas la guérison du cheval.

Essayez de ne pas perdre de vue la réalité des faits. L'acupuncture peut aider à réduire un œdème. Il est scientifiquement prouvé qu'elle a des effets positifs sur le métabolisme du glucose.

Mais si un cheval présente une forte résistance à l'insuline, il faut vraiment changer son régime alimentaire et lui faire faire plus d'exercice.

Certaines thérapies alternatives dont l'efficacité a été démontrée en tant qu'approches complémentaires seront présentées ci-après. Mais il n'y a pas de preuve, autre qu'anecdotique, que l'une de ces thérapies puisse à elle seule soigner une fourbure.

## ACUPUNCTURE, ACUPRESSURE, SHIATSU

L'acupuncture, l'acupressure et le shiatsu peuvent renforcer les effets bénéfiques d'un traitement (conventionnel) et en limiter les effets secondaires. Ce, grâce au fait que ces techniques contribuent à soulager la douleur en stimulant la sécrétion d'endorphines. Elles permettent également d'améliorer la circulation sanguine et de réduire l'œdème.

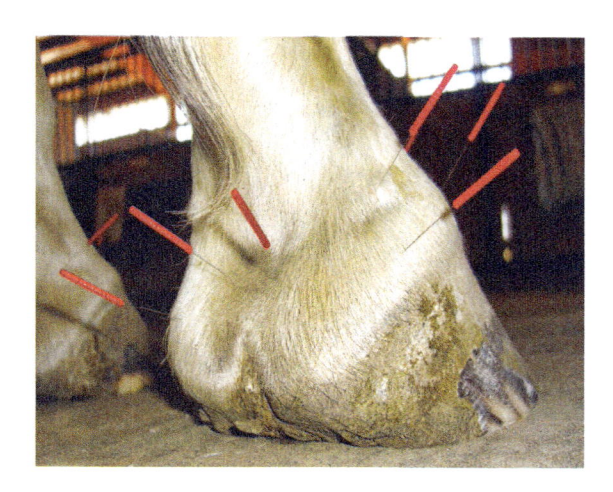

Acupuncture
*(photo : Lisa Lancaster)*

Toutefois, aux chapitres précédents, nous avons expliqué qu'un apport trop important de MMP est une cause possible de fourbure. Cet apport est provoqué par une augmentation de la circulation sanguine. Il faudra donc éviter de traiter un cheval par l'une des techniques ci-dessus durant la phase de développement ou la phase aiguë de la maladie, pour éviter de stimuler encore plus la circulation sanguine.

## MASSAGE

La posture adoptée par un cheval en crise de fourbure provoque souvent des douleurs musculaires. Un bon massage peut le soulager. Il s'agira de chercher à sentir si certains muscles sont durcis et tendus. Les muscles du poitrail, du dos et de l'arrière-main peuvent être particulièrement douloureux.

Frotter les muscles pour les réchauffer en utilisant les deux mains, puis commencer à masser. Un simple pétrissage des muscles est déjà efficace. Effectuer des percussions douces sur les muscles fessiers est aussi une autre technique simple. Faire attention à ne pas frapper sur les articulations ou autres parties sensibles.

Une tension chronique dans les épaules finit par augmenter la tension du tendon fléchisseur profond du doigt. Voici une technique simple permettant de relâcher les muscles et les tissus conjonctifs : soulever l'antérieur et le tirer gentiment vers l'avant. Soutenir la jambe en-dessous du genou et sous le sabot. Un peu d'entraînement peut être nécessaire, mais lorsque c'est bien fait, on se rend compte que le cheval commence à étirer son avant-bras de lui-même. Maintenir le sabot aligné avec l'épaule et près du sol. Étirer la jambe ainsi environ quatre fois, puis reposer le pied doucement sur le sol. On peut étirer les deux antérieurs chaque jour.

Toutefois, un cheval souffrant d'une grave fourbure n'appréciera pas cet exercice qui l'oblige à rester sur trois jambes et augmente la tension sur le tendon fléchisseur profond du doigt.

Manipuler un animal qui souffre n'est pas sans risque, alors soyez prudents. Si le cheval montre des signes d'inconfort pendant le massage, il faut arrêter immédiatement. On peut réessayer le même massage un peu plus tard, mais plus en douceur. Si le cheval n'apprécie toujours pas, alors il faut arrêter complètement. On peut bien sûr – ce qui est encore mieux – faire appel à un ostéopathe équin ou à un thérapeute spécialisé dans le massage des chevaux.

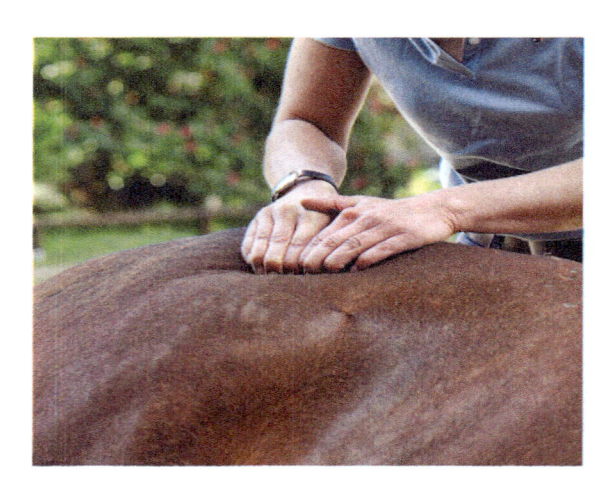

## HUILES ESSENTIELLES

Les huiles essentielles de romarin ou de genévrier peuvent être utilisées pour stimuler la circulation sanguine. Comme indiqué précédemment, augmenter la circulation sanguine n'est pas bénéfique dans les deux premières phases de la fourbure. Toutefois, à la phase chronique, les pieds en tirent un grand profit.

N'utiliser que des huiles essentielles pures. Mélanger 10 gouttes d'huile essentielle de romarin avec 5 gouttes d'huile essentielle de genévrier dans 100 ml d'huile de jojoba. Effectuer un massage tonique de toute la jambe avec ce mélange chaque jour en répartissant l'huile de haut en bas jusqu'à la couronne. Le sabot lui-même ne devrait pas être traité. En cas d'irritation de la couronne, on peut augmenter la quantité d'huile de jojoba à 150 ou 200 ml.

| Massage
*(photo : Wide open pets)*

## PHYTOTHÉRAPIE

Les herbes ne sont pas nécessairement plus inoffensives que les médicaments chimiques. Que la substance antibiotique active soit extraite d'une plante ou préparée en laboratoire ne change rien au fait que l'on administre un antibiotique. Il faut toujours faire appel à un phytothérapeute avant d'utiliser des plantes à visée thérapeutique.

Voici quelques plantes fréquemment utilisées avec un but thérapeutique :
- Le sarrasin, l'ortie, l'achillée millefeuille, l'aubépine et le gaillet gratteron stimulent le flux sanguin vers les sabots.
- L'églantier contient beaucoup de vitamine H (B8, biotine).
- Le chardon, la gentiane, les feuilles de laurier et de noisetier augmentent la production de globules rouges.
- Le pissenlit contient les vitamines A, B1-2-3-5-6-9, C, E, H, P, du phosphore, du potassium, du manganèse, du magnésium et du zinc. En outre, on dit qu'il a des propriétés détoxicantes du foie et des reins. Comme indiqué précédemment, le pissenlit contient des quantités assez élevées de GNS (env. 27 %), y compris les fructanes inuline et oligofructose.
- L'ortie stimule la circulation sanguine et contient beaucoup de silice.
- La cannelle et le fenugrec pourraient avoir une influence positive sur le métabolisme du glucose. Nous verrons plus loin pourquoi il vaut mieux ne pas en donner.
- Le psyllium blond a un effet positif sur la glycémie et le taux d'insuline.

L'ortie stimule la circulation et contient de la silice
*(photo : Theodore Webster)*

Saule-amandier
*(photo : Robert Vidéki)*

- La pulpe de betterave (sans mélasse) stimule l'excrétion d'ammoniac et donc soulage le foie. Elle contient très peu de GNS et fournit un bon substitut (temporaire) à l'herbe.
- Le curcuma peut être utilisé pour ses propriétés anti-inflammatoires et il est connu pour être un puissant antioxydant. Les sources scientifiques se contredisent l'une l'autre en ce qui concerne sa capacité supposée à abaisser les taux de glucose et d'insuline dans le sang.

Comme on l'a dit précédemment, administrer des médicaments analgésiques n'est pas recommandé. Vous pouvez cependant offrir à votre cheval des branches de saule. En effet, le saule-amandier en particulier contient beaucoup de salicine, un analgésique naturel. Le cheval peut en grignoter l'écorce quand il en a envie. La salicine est mauvaise pour l'estomac, donc n'en donnez pas trop.

# COMPLÉMENTS ALIMENTAIRES, HORMONES ET AUTRES REMÈDES

Pour soutenir le processus de guérison ou prévenir une rechute de la maladie, il est (ou semble) parfois utile de donner des compléments alimentaires, des hormones ou d'autres remèdes (principalement des médicaments). La gamme des produits disponibles est tellement large qu'il est impossible de tous les citer. Ci-après, plusieurs produits et substances utilisés couramment seront présentés, ainsi que deux médicaments relativement nouveaux. Des preuves scientifiques existent pour certains d'entre eux. Pour d'autres, comme le magnésium, seules existent des preuves anecdotiques. Tous les fabricants (de produits pharmaceutiques) diront que leurs produits font une réelle différence dans le traitement ou la prévention de la fourbure. Toutefois, dans le cadre de recherches et de tests approfondis, les médicaments n'ont pas tous démontré leur efficacité.

## COMPLÉMENTS ALIMENTAIRES

Toutes sortes de compléments alimentaires sont prescrits et vendus. Toutefois, des doutes subsistent quant à l'utilité et à la nécessité de telles substances. En ce qui concerne certains compléments, il se pourrait même qu'ils produisent l'effet opposé à celui recherché. La plupart des substances dont le cheval a besoin sont ingérées via la nourriture, la pierre à lécher ou produites par son propre organisme. Les compléments alimentaires qui stimulent la pousse de la corne et améliorent sa qualité ne sont pas importants dans les premières phases de la maladie.

> Un fabricant peut mettre sur le marché toute une gamme de compléments contenant vitamines et minéraux, en y ajoutant quelques herbes connues pour leur effet positif sur la fourbure. Mais un nom de produit contenant les mots « fourbure » ou « sabot » ne garantit pas son efficacité.

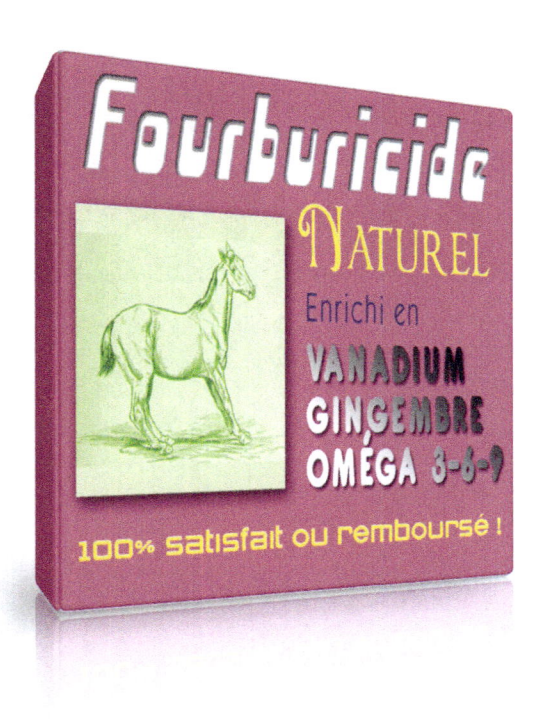

Un excédent de certaines vitamines ou minéraux peut être aussi préjudiciable qu'une carence. Ne donnez aucun complément tant que vous ne savez pas si le cheval en a besoin, en faisant une prise de sang ou une analyse de crin par exemple.

Les compléments alimentaires comprennent :
- Vitamines et minéraux
- Acides gras Oméga-3
- Produits favorisant la croissance de la corne.

## VITAMINES ET MINÉRAUX

### CHROME, MAGNÉSIUM ET VANADIUM

Le chrome, le magnésium et le vanadium sont des minéraux qui semblent avoir des effets bénéfiques sur la résistance à l'insuline chez les chevaux. Cela est dû au fait qu'ils augmentent la sensibilité des cellules musculaires à l'insuline. L'effet du magnésium peut être inhibé par une trop grande quantité de potassium dans le sol (voir encadré « Potassium », page 187). Les fertilisants ou des niveaux d'acidité (pH) du sol inadéquats peuvent aussi faire baisser le taux de magnésium dans le sang. Trop de calcium ou de phosphore empêche l'absorption du magnésium.

### Effets secondaires

Normalement, le magnésium ne surcharge pas les reins, mais ceci ne s'applique pas aux chevaux qui ont des problèmes rénaux. Trop de magnésium peut, en combinaison avec une forte acidité au niveau des intestins, causer la formation de calculs intestinaux (entérolithes). La diarrhée est un autre effet secondaire.

Cure miracle ?

*ALTERNATIVES PHYTOTHÉRAPEUTIQUES*

On peut complémenter l'alimentation avec des plantes comme la cannelle, le fenugrec, l'actée à grappes noires et le gattilier dont les propriétés ressemblent à celles du magnésium. Mais du fait que ces plantes contiennent des phytoestrogènes, leur utilisation n'est pas conseillée en cas de risque de fourbure ou si la maladie est déclarée (voir « Taux d'oestrogènes élevés », page 91). L'actée à grappes noires peut même être toxique et causer de problèmes hépatiques.

> PHYTOESTROGÈNE
> Substance produite par certaines plantes et qui produit un effet semblable à celui de l'œstrogène du fait de la similarité de leurs structures chimiques.

Actée à grappes noires
*(photo : David Stephens)*

### LES DIFFÉRENTS SELS DE MAGNÉSIUM

Les composés biologiques du magnésium, comme le magnésium chélaté sont absorbés plus efficacement par l'organisme du cheval.

L'oxyde de magnésium, inorganique, est utilisé par beaucoup de propriétaires, mais son taux d'absorption est bas. Selon certaines recherches, l'absorption est pratiquement quatre fois moins bonne que celle des autres sels. En outre, l'oxyde de magnésium a un effet laxatif.

L'utilisation de sulfate de magnésium (sel anhydre d'Epsom) n'est pas recommandée. Il contient peu de magnésium élémentaire, est très mal absorbé et irrite fortement les intestins.

L'aspartate et le glutamate de magnésium sont neurotoxiques et peuvent endommager le cerveau et le système nerveux s'ils sont utilisés sur le long terme.

De ce point de vue, le pissenlit est une plante sans danger qui contient des taux relativement élevés de magnésium, mais aussi beaucoup de GNS (27%) dont pas mal d'amidon. Les acides gras Oméga-3, la vitamine A (des pissenlits) et la vitamine D (lumière du soleil) peuvent avoir un effet bénéfique également.

### Déterminer une carence

Une carence en magnésium ne peut pas se détecter par une analyse de sang. On peut évidemment mesurer le taux de magnésium dans le sang, mais c'est surtout un indicateur de la quantité de magnésium présente dans la nourriture que le cheval a absorbée juste avant que le test soit effectué. Une biopsie musculaire donnera des informations plus précises quant aux réserves de magnésium présentes dans l'organisme.

> ▶ Les chevaux ne risquent pas d'avoir des carences en magnésium juste parce qu'ils en absorbent peu. Dans une recherche scientifique, on a essayé de provoquer une carence en magnésium chez des chevaux jeunes et en pleine croissance. Il était étonnant de constater qu'il a fallu enlever le magnésium du régime alimentaire pendant très longtemps pour que l'on commence à observer une carence. La raison semble résider dans le fait qu'une absorption trop importante de calcium interfère avec l'absorption du magnésium. Des taux élevés de calcium dans l'organisme peuvent même déclencher une sécrétion de magnésium par les reins.

### Manganèse

Une carence en manganèse pourrait jouer un rôle dans le développement d'une résistance à l'insuline et d'ostéoporose. Assurez-vous de ne donner du manganèse que si une carence a été réellement prouvée chez le cheval. Les vitamines et minéraux mentionnés ci-dessus ne sont pas une cure miracle. Si la résistance à l'insuline n'est pas la cause de la fourbure, ils n'auront que peu voire pas du tout d'effet.

### Vitamine E et sélénium

Une carence en vitamine E peut survenir chez un cheval atteint de fourbure, en raison de l'inflammation des lamelles. Les chevaux qui en manquent, seront plus sujets à développer d'autres carences en parallèle. Si vous décidez de complémenter l'alimentation de votre cheval avec de la vitamine E, faites-le préférablement en combinaison avec un supplément en sélénium.

> ▶ Il ne faut pas surdoser le sélénium, au risque de provoquer une intoxication chronique, dont l'une des complications possibles est la fourbure.

Ne donnez de la vitamine E que lorsqu'une carence a été déterminée par un vétérinaire. Faites au moins deux tests sanguins différents, car la concentration de vitamine E tend à fluctuer.

*Une profonde rainure horizontale sur la paroi du sabot indique une intoxication au sélénium (photo : N.A. Irlbeck)*

### Acides gras Oméga-3

Les acides gras Oméga-3 ont des propriétés anti-inflammatoires. Ils semblent également réduire la vasoconstriction et ont une influence positive sur la pression sanguine. Les chevaux qui ont suffisamment d'Oméga-3 sont moins sujets à des problèmes d'hypertension. Cette dernière pourrait contribuer à l'augmentation des MMP et de leurs activateurs, comme indiqué en page 55, sous « Théorie enzymatique ». Selon cette théorie, la vasoconstriction ne constitue pas un problème durant la phase de développement. Dans ce cadre, les Oméga-3 ont à la fois un effet désiré et indésirable. Les Oméga-3 réduisent la production de l'enzyme ADAMTS-4, destructrice de cartilage. Enfin, ils réduisent la propension à la formation des microthromboses.

Le cheval obtient les Omégas-3 à partir de l'herbe verte. En hiver ou si vous permettez votre cheval brouter moins, les graines de lin sont une excellente source d'Oméga-3. Supplémenter n'est généralement pas nécessaire.

*La graine de lin est une source d'Oméga-3*

## Produits favorisant la croissance de la corne

Il existe certaines substances qui pourraient avoir un effet positif sur la croissance de la corne. Parmi elles on trouve :
- La méthionine, acide aminé riche en soufre qui a une influence sur la densité du tissu corné.
- Le soufre, qui prévient les dysfonctionnements dans la production de kératine.
- Le zinc, qui a une influence sur la dureté de la corne.
- La vitamine H (B8/biotine), également soufrée, qui influence la croissance de la corne.

La pulpe de betterave contient de la méthionine
*(photo : Haiku farm)*

Il est vrai que pour guérir une fourbure, il faut qu'une paroi entièrement nouvelle puisse pousser. Lorsque les causes primaires ont été éliminées et que l'alimentation a été optimisée, on peut alors donner au cheval tout ce dont il a besoin pour que la corne de ses sabots pousse en bonne santé. En outre, on peut se poser la question de savoir si la corne a vraiment besoin de pousser plus vite. Si le sabot pousse de façon saine, la patience est plus importante que les compléments alimentaires mentionnés ci-dessus.

# HORMONES

Dans certains cas, les vétérinaires peuvent prescrire des hormones de synthèse pour intervenir sur le système endocrinien du cheval. Celles-ci sont :
- Les hormones thyroïdiennes
- Les agonistes de la dopamine et antagonistes de la sérotonine.

### Hormones thyroïdiennes

Comme cela a été exposé au chapitre « Théories et causes », on a longtemps pensé que la fourbure était causée par une réduction de la fonction thyroïdienne. En effet, l'augmentation de la production de glucocorticoïdes endogènes (corticostéroïdes naturels sécrétés par les glandes surrénales) perturbe la fonction de la glande pituitaire ce qui, à son tour, influence négativement la glande thyroïde. Mais en réalité, la glande thyroïde elle-même va très bien et le fait de prescrire des hormones thyroïdiennes de synthèse en pensant que la thyroïde ne fonctionne pas correctement est un non-sens.

### Lévothyroxine

La lévothyroxine (aussi appelée L-thyroxine ou T4 synthétique) est une hormone thyroïdienne de synthèse qui, lorsqu'elle est donnée à haute dose, augmente la fonction de la thyroïde. Cela augmente le rythme métabolique avec pour résultat une perte de poids. C'est pour cette raison qu'elle est appelée ironiquement « régime en tablette ». Des études montrent qu'elle augmente la sensibilité à l'insuline.

Il va sans dire que pour combattre le surpoids, mieux vaut adapter le régime alimentaire et faire faire plus d'exercice. Malgré tout, dans certains cas, ce médicament peut être utile. Un cheval fourbu qui doit absolument perdre du poids, mais qui ne peut pas bouger à cause de la douleur pourrait tirer parti de ce médicament. Le régime alimentaire doit, bien sûr, être ajusté pendant le traitement à la lévothyroxine. N'oublions pas que ce médicament augmente l'appétit, une grande vigilance est donc de mise avec les chevaux qui restent au pré. Une fois que le cheval arrive de nouveau à se déplacer, l'utilisation de la lévothyroxine doit être réduite graduellement. Une durée de quatre semaines est conseillée pour sevrer le cheval du médicament en réduisant la dose petit à petit. Pendant cette phase ou après l'arrêt du médicament, on peut s'attendre à une reprise de poids à cause du ralentissement du métabolisme.

> ➤ N'administrer de la lévothyroxine que sous la supervision d'un vétérinaire qui connaît bien ce médicament, et uniquement, comme indiqué précédemment, si l'exercice et la réduction de l'apport alimentaire n'ont (vraiment !) pas eu d'effet. Faire perdre du poids à un cheval nécessite souvent autant d'autodiscipline que si on doit en perdre soi-même. Les médicaments ne devraient jamais se substituer à la discipline.

### AGONISTES DE LA DOPAMINE ET ANTAGONISTES DE LA SÉROTONINE

Ces médicaments sont donnés aux chevaux souffrant de PPID et de SME pour respectivement activer les récepteurs dopaminergiques et désactiver les récepteurs sérotoninergiques. Les vétérinaires essaient ainsi de limiter la production d'ACTH. Des agonistes de la dopamine sont parfois administrés en combinaison avec des inhibiteurs d'enzymes, ce qui ralentit la dégradation de la dopamine. Les signes cliniques sont réduits, mais ces médicaments ne résolvent pas le problème principal. À long terme, ils peuvent même provoquer des dommages au foie.

Les produits les plus souvent prescrits sont le pergolide (sous forme de mésilate), commercialisé sous le nom de Prascend®. L'utilisation de bromocriptine n'est pas recommandée à cause de ses effets secondaires.

## REMÈDES CURATIFS

Parmi ceux-ci, certains apportent des solutions mais d'autres ne font qu'étouffer ou masquer les signes cliniques. Ils comprennent :
- Les antibiotiques
- Les analgésiques et anti-inflammatoires
- Les bêtabloquants
- Les hypotenseurs
- Les anticoagulants
- Les vasodilatateurs
- Les antidiabétiques
- Les antihistaminiques
- Les antioxydants
- La toxine botulique.

> Tous les médicaments ont des effets secondaires potentiels. Dans le cas des chevaux atteints de fourbure, les effets secondaires peuvent aggraver le problème.

## Antibiotiques

Des médicaments antibiotiques sont souvent prescrits pour réduire l'inflammation. Un des signes cliniques de la fourbure étant une inflammation stérile (sans que des bactéries soient impliquées), l'utilisation d'antibiotiques est dans ce cas totalement inutile. En outre, les antibiotiques tuent également les bonnes bactéries présentes dans le corps du cheval. Toutefois, dans le cas d'une perforation de la sole accompagnée d'une infection, un traitement antibiotique est souvent nécessaire.

## Analgésiques et anti-inflammatoires

La plupart des médicaments analgésiques sont également anti-inflammatoires. On les appelle aussi AINS (Anti-Inflammatoires Non-Stéroïdiens). Ceux que l'on prescrit souvent contiennent de la phénylbutazone (« bute » ou PBZ) comme l'Equipalazone®, de la flunixine méglumine (Banamine®) et du Kétoprofène® (AINS de l'acide propionique). Ces substances sont appelées AINS non-sélectifs.

Les analgésiques masquent la douleur et l'inflammation, et permettent au cheval de bouger plus ou de manière différente de ce qui est bénéfique pour lui. La connexion lamellaire, qui a déjà été compromise, continuera à être endommagée par la surcharge sur les sabots, en particulier si ces derniers n'ont pas été parés correctement.

Complications possibles dues à une (sur-)consommation de AINS :
- Ulcères d'estomac
- Colite
- Problèmes hépatiques
- Problèmes rénaux
- Rétention de fluides
- Oedème
- Risque de microthromboses.

Les ulcères d'estomac sont partiellement évitables avec des médicaments permettant de protéger la paroi de l'estomac. Une « nouvelle génération » d'AINS sélectifs est maintenant disponible : la suxibuzone et le firocoxib (Previcox®). Ces substances causent moins d'effets secondaires y compris moins de problèmes d'estomac. Toutefois, les AINS sélectifs peuvent causer des problèmes au niveau du cœur.

Les problèmes générés par les AINS mentionnés plus haut, à savoir masquer l'inflammation et la douleur et donc risquer une surcharge sur des sabots déjà mal en point sont identiques dans le cas d'une prise d'AINS sélectifs. Idem pour les remèdes à base de plantes comme le produit appelé NoBute® qui contient de l'harpagophytum (griffe du diable).

> Il ne faut pas donner de produits contenant de l'harpagophytum à une jument en gestation, car cela pourrait provoquer une fausse-couche.

> **PROBLÈMES GASTRO-INTESTINAUX, AINS NON-SÉLECTIFS ET ASPIRINE**
>
> Les COX (cyclo-oxagénases) sont des enzymes présentes en cas d'inflammation. Certains AINS non-sélectifs peuvent inhiber les COX. On distingue deux types de COX : COX-1 et COX-2. Les AINS non-sélectifs et l'aspirine ne font pas la distinction entre ces deux types.
>
> Les COX-1 ont non seulement une influence positive sur l'inflammation, mais sont également importants pour la fonction normale du tractus gastro-intestinal. Le fonctionnement de l'intestin est perturbé par l'action inhibitrice de l'enzyme engendrée par les AINS non-sélectifs. l'inflammation affecte l'activité naturelle de l'enzyme COX-1 de façon non intentionnelle.

> ▶ On ajoute souvent du sucre à ces produits pour les rendre plus appétissants, mais il ne faut pas oublier qu'un cheval atteint de fourbure ne devrait jamais manger de sucre, sous quelque forme que ce soit.

A part les inconvénients évoqués, les analgésiques ont aussi des effets positifs. Trop de douleur stimule la production des hormones adrénaline, noradrénaline et dopamine, appelées aussi catécholamines. Ces hormones provoquent une augmentation de la glycémie et une vasoconstriction. Il faut en tenir compte lorsque l'on décide de donner des analgésiques.

Les patches au fenantyl utilisés pour les humains commencent aussi à être utilisés sur les chevaux. Ces patches agissent sur le système nerveux central en relâchant lentement du fenantyl, puissant analgésique de la famille des opioïdes, comme la morphine. On en connaît peu les effets secondaires. L'inconvénient des patches est que le dosage du médicament ne peut pas être ajusté. La substance active s'accumule dans le tissu adipeux sous-cutané et reste active quelque temps encore après que le patch ait été enlevé. Autre inconvénient : la température ambiante influence l'effet de ce médicament.

> ▶ Lorsque l'on doit faire face à une fourbure, il y a un choix souvent difficile à faire concernant l'administration ou non de analgésiques. Dans cette prise de décision, il faut faire la part entre ce qui est « humain » et ce qui va profiter au cheval. L'effet antidouleur ne doit certainement pas être surévalué. Les analgésiques ne sont pas « bons » ou « mauvais » en soi. Le principe de base devrait être le suivant : ne pas les utiliser, sauf si cela empêche la guérison.

## Bêtabloquants

Ces substances empêchent les nerfs de transmettre les signaux de douleur. Alors que l'effet analgésique des AINS non-spécifiques ne doit pas être surestimé, l'effet des bêtabloquants ne doit assurément pas être sous-estimé. Un cheval à qui l'on a donné ce type de substance ne pourra plus sentir aucune douleur. Les risques d'endommager le fragile tissu lamellaire sont grands. Un vétérinaire devra avoir de solides arguments pour justifier l'utilisation d'un médicament bêtabloquant.

## Hypotenseurs

La pression sanguine joue un petit rôle dans la théorie enzymatique. Le fait d'abaisser la pression sanguine durant la phase aiguë ou celle du développement de la maladie pourrait ralentir quelque peu le processus. Mais l'effet est probablement assez réduit également. Dans la théorie vasculaire, un abaissement de la pression sanguine permettrait de prévenir la fuite de lymphe au niveau des capillaires, réduisant ainsi le risque de formation d'un œdème entre la paroi et l'os du pied. Toutefois, l'augmentation de la pression sanguine dans les capillaires n'est pas une cause mais juste l'une des nombreuses conséquences de la fourbure. Des médicaments hypotenseurs sont donc utilisés pour soulager ce signe clinique. L'ail a également la propriété de faire baisser la tension et il est souvent donné en alternative. Mais ce n'est pas une bonne idée car l'ail est mauvais pour les reins.

## Anticoagulants

Comme indiqué précédemment, on pense souvent de manière erronée que les médicaments anticoagulants ont pour effet de rendre le sang plus fluide. Si l'on inhibe les propriétés de coagulation du sang, les plaies superficielles vont en effet saigner plus longtemps. C'est ce qui donne l'impression que le sang est moins épais malgré que ce ne soit pas le cas. Par ailleurs, l'épaisseur du sang n'est pas le problème et les chercheurs se contredisent sur ce point. A partir d'une fourbure de grade 3 sur l'échelle de Obel, on peut éventuellement prescrire des anticoagulants comme l'héparine pour prévenir la formation de caillots sanguins ou pour dissoudre ces microthromboses.

## Aspirine

L'aspirine est aussi prescrite comme anticoagulant. Elle a un effet inhibiteur sur l'agrégation des plaquettes sanguines. Cet effet est de courte durée, car l'aspirine est dégradée assez rapidement dans l'organisme du cheval. Lorsque l'on administre en même temps des AINS non-spécifiques et de l'aspirine, l'effet anticoagulant est encore moins fort. Dans le cas d'une rotation ou d'un affaissement de l'os du pied, l'aspirine ne devrait jamais être utilisée. Le bord de l'os du pied peut causer des dommages aux vaisseaux sanguins dans le derme solaire. L'effet anticoagulant de l'aspirine peut causer des hémorragies considérables.

## Vasodilatateurs

### Pentoxifylline

La pentoxifylline est prescrite pour dilater les vaisseaux sanguins, pour empêcher l'agglomération des cellules sanguines et pour réduire la formation de microthromboses. Son effet est minime.

### Acépromazine

L'acépromazine est un sédatif qui a un effet vasodilatateur et réduit la pression sanguine. On ne sait pas si son action atteint les lamelles dermiques. Il faudrait donc l'injecter directement dans une veine et non pas l'administrer par voie orale ou par injection intramusculaire. En cas de PPID, si du pergolide a été administré au cheval, il faut absolument éviter de lui administrer de l'acépromazine. Le pergolide est un agoniste de la dopamine, alors que l'acépromazine est un antagoniste.

### Arginine

L'arginine, qui est un acide aminé, a un effet vasodilatateur qui est utilisé dans les cas de fourbure dite d'hiver par exemple (voir page 91).

## Antidiabétiques

Les substances utilisées dans le traitement du diabète de type 2 chez les humains et qui ont également un effet sur la résistance à l'insuline chez les chevaux sont la metformine et la pioglitazone.

### Metformine

Cette substance inhibe la formation de glucose à partir des protéines et de la graisse présentes dans le foie. En outre, la metformine favorise l'assimilation du glucose par les cellules musculaires. On pense qu'elle inhibe également l'absorption du glucose dans l'intestin grêle. A cause de ces effets, la glycémie est mieux régulée, ce qui augmente la sensibilité de l'organisme à l'insuline.

Toutefois, seule une quantité limitée de la substance active atteint réellement le foie du cheval lorsqu'elle est administrée par voie orale, ce qui constitue un inconvénient. Lorsqu'on l'administre pendant une longue période, son efficacité diminue encore plus. Par ailleurs, comme l'intestin grêle a absorbé moins de sucres, ces derniers restent dans le bol alimentaire et continuent leur parcours dans le tractus digestif. A ce jour, on ne connaît pas encore très bien l'effet d'une plus grande quantité de sucres au niveau du caecum et du gros intestin. Cela pourrait produire une acidification du milieu, avec les conséquences décrites en page 94, sous « Acidose ».

> ➤ Ce qui a été dit pour la lévothyroxine s'applique également à la metformine : il ne faut utiliser ce médicament qu'une fois que l'adaptation du régime alimentaire et l'augmentation de l'exercice physique se sont avérés insuffisants pour régler le problème de la résistance à l'insuline.
> Les chevaux rendus incapables de bouger suffisamment par la douleur peuvent tirer avantage de cette substance. Une fois que le mouvement est à nouveau possible, il faut les sevrer graduellement. Il faut en parler avec un vétérinaire, lorsque l'on pense que le cheval pourrait en tirer profit.

### Pioglitazone

La pioglitazone est une autre substance augmentant la sensibilité à l'insuline dont l'utilisation est testée sur les chevaux. Les résultats des tests laissent encore beaucoup de questions en suspens. Par ailleurs, cette substance semble être carcinogène.

### Antihistaminiques

L'histamine endogène joue un rôle dans les cas d'inflammation et de blessure. Elle a un effet vasodilatateur puissant. Les antihistaminiques sont souvent utilisés pour essayer de produire une vasoconstriction pour réduire l'apport des TIMP, des MMP et de leurs activateurs. L'histamine semble aussi jouer un rôle dans la production d'ACTH. En administrant des médicaments antihistaminiques, on tente indirectement de réduire la production de cette hormone chez les chevaux atteints de PPID.

### Antioxydants

Les radicaux libres sont des sous-produits moléculaires du métabolisme normal, d'un processus inflammatoire, de l'absorption de médicaments, de résidus de pesticides dans la nourriture, d'un exercice physique astreignant, du stress, de l'obésité et de l'adiposité. Ils peuvent avoir toutes sortes d'effets négatifs. On soupçonne les radicaux libres d'affaiblir les vaisseaux sanguins et de détruire certaines enzymes. Toutefois, la preuve scientifique permettant de conclure que l'absorption d'antioxydants viendrait contrecarrer les dommages causés par les radicaux libres reste à trouver.

La plupart des antioxydants généralement utilisés seraient bénéfiques dans d'autres domaines également, comme la circulation et la pression sanguine, la détoxication du foie et l'amélioration des taux de lipides dans le sang.

Les antioxydants les plus connus sont :
- Le diméthylsulfoxyde (DMSO)
- La diméthylglycine (DMG)
- La vitamine E et le sélénium (efficaces aussi sur la surdose de fer, entre autres)
- La vitamine C (produite par le cheval lui-même)
- Le méthyl-sulfonyle-méthane (MSM)
- Le coenzyme Q10
- Le superoxyde dismutase (SOD)
- Le zinc
- Le cuivre
- Le soufre.

Le soufre est un antioxydant

### Toxine botulique

La toxine botulique, commercialisée sous le nom de Botox®, est injectée dans le muscle fléchisseur profond du doigt pour le paralyser partiellement. Ceci a pour résultat de réduire la force de traction du tendon fléchisseur profond du doigt sur l'avant du sabot afin de favoriser le processus de guérison. Ce traitement est encore en phase expérimentale. Les chevaux sont beaucoup plus sensibles que les humains à l'effet de la toxine botulique. Le risque d'une surdose n'est pas impossible.

## REMÈDES PRÉVENTIFS

On peut prévenir une rechute chez les chevaux sujets à développer ce type de maladie en leur administrant un ou plusieurs des produits suivants :
- Des antibiotiques
- Des probiotiques
- Des huiles
- Des remèdes nettoyant l'intestin
- Une solution tampon.

> ▸ Il est clair que l'on ne pourra pas s'appuyer uniquement sur ce type de remèdes pour guérir la fourbure. On ne soulignera jamais assez l'importance de découvrir et d'éliminer les causes primaires de la maladie.

### Antibiotiques

Bien qu'on ait vu précédemment que la fourbure est stérile et qu'il est inutile de prescrire des médicaments antibiotiques, ils peuvent être utilisés, dans la phase aiguë d'une fourbure, pour réduire la présence excessive de streptocoques et de bacilles d'acide lactique dans le gros intestin. Le Founderguard® est un produit couramment utilisé et qui contient de la virginiamycine. Toutefois, ce type d'antibiotique a été utilisé par les éleveurs de bétail depuis 30 ans et les bactéries ont commencé à développer des résistances. Le Founderguard n'est pas disponible dans tous les pays, mais on peut le commander sur internet.

### Probiotiques

Les probiotiques sont des bactéries vivantes et des levures qui peuvent être données pour restaurer l'équilibre acido-basique et bactérien au niveau des intestins. La question reste ouverte de savoir si ces micro-organismes atteignent réellement l'intestin et ne sont pas tués dans l'estomac avant d'y arriver. Les bactéries utilisées comme probiotiques sont les mannan-oligosaccharides, la levure de bière et les bacilles d'acide lactique.

### Huiles

Dans le cas où le cheval a mangé trop de grains, il est important de prévenir une colique en lui donnant de l'huile de paraffine ou de l'huile végétale. À part leur effet laxatif, ces huiles permettent aussi de bloquer l'absorption des toxines par la paroi de l'intestin.

> ▸ Administrer d'autres laxatifs durant la phase aiguë n'est pas recommandé, car beaucoup de chevaux à ce stade souffrent déjà de déshydratation.

### REMÈDES NETTOYANT L'INTESTIN

Le charbon actif et la terre à foulon (ou argile smectique) ont de puissantes propriétés nettoyantes de l'intestin. Ne faites pas l'expérience sur vous-mêmes. En outre, il est important que le cheval reçoive un dosage approprié.

Hippo-Ex-Laminitis® est un produit qui a pour but de restaurer l'équilibre de la flore intestinale et de soutenir le rôle du foie en agissant comme détoxifiant.

### SOLUTION TAMPON

L'acidité de l'intestin peut être réduite en insérant une solution tampon ou un régulateur d'acidité par le biais d'une canule ou par chirurgie, à travers la paroi abdominale. En intervenant sur l'acidité intestinale à un stade précoce, on essaie d'empêcher le déclenchement d'événements en chaîne. Ce traitement est encore à un stade expérimental mais jusqu'ici, il n'a pas permis d'éviter le déclenchement d'une fourbure. Par contre, il a prouvé être une méthode qui retarde fortement le déclenchement de la maladie, donnant ainsi au propriétaire et aux professionnels des soins aux chevaux plus de temps pour mettre en place un traitement.

L'administration orale d'une solution tampon comme le bicarbonate de sodium (aussi appelé bicarbonate de soude) dans de l'eau froide peut, dans un cas d'urgence comme la consommation excessive de grains, contribuer à prévenir une chute trop drastique du pH intestinal. L'eau froide va aussi ralentir un peu le processus de fermentation. Toutefois, il n'est pas certain que le bicarbonate de sodium atteigne le côlon avant d'être absorbé. Il existe une autre forme de bicarbonate de sodium qui passe à travers l'estomac et l'intestin grêle, contenue dans le produit appelé EquiShure®. Il n'est pas disponible dans tous les pays, mais on peut le commander en ligne. Il a été prouvé que si on l'administre via une sonde nasogastrique, on augmente encore son efficacité.

## EUTHANASIE

Aucun cheval n'est jamais mort d'une fourbure. Ce sont la sévérité et la durée de la maladie ou les complications associées à l'absence de perspective de guérison qui rendent nécessaire, à un certain moment, de se demander s'il est toujours éthiquement acceptable de laisser le cheval vivre. Les chevaux ne peuvent pas représenter leurs propres intérêts. La responsabilité de décider d'euthanasier un cheval est toujours la vôtre en tant que propriétaire. Vous connaissez votre cheval comme nul autre ; vous connaissez son histoire et reconnaissez les anomalies dans ses caractéristiques comportementales normales. Vous êtes le premier à évaluer la qualité de vie de votre cheval. Bien que la décision finale vous appartienne, dans la plupart des cas, le vétérinaire est le mieux placé pour faire des commentaires éclairés sur l'équilibre entre le pronostic de la maladie et le bien-être du cheval. Il peut mettre la situation de votre cheval dans une perspective plus large et la comparer avec celle d'autres chevaux qu'il a vus et soignés.

Un bon vétérinaire fait une évaluation objective grâce à laquelle il examinera encore une fois la nature et la gravité des causes, la boiterie et les complications. Il évaluera de manière critique les méthodes de traitement choisies et leur succès. Une bonne gestion de la douleur est très importante ici. Ce vétérinaire idéal consulte les autres praticiens qui traitent votre cheval, comme le professionnel des soins aux sabots. Si tout va bien, il est assez honnête pour voir dans quelle mesure vous êtes capable de fournir les soins nécessaires. Si, pour une raison quelconque, il n'est pas possible d'aider votre cheval de façon adéquate, il n'est pas juste de le laisser souffrir. C'est à vous de décider quel sera le résultat dans ce cas.

Le bon vétérinaire décrit ici ne fait que des déclarations sur les intérêts et le bien-être de votre cheval. Les conséquences pour votre carrière en tant que cavalier de concours, maintenant que votre cheval est moins utilisable dans ce cadre, ne sont pas de son ressort, ni de sa responsabilité. De plus, il n'y a aucun lien émotionnel qui lui empêcherait de faire une évaluation objective, ce qui est presque toujours le cas pour le propriétaire du cheval.

C'est une décision difficile, que le propriétaire met bien plus de temps à prendre que ce que le vétérinaire juge souhaitable pour le bien-être du cheval. Heureusement, il sait que cela fait partie de son travail. Il vous donnera le temps de réfléchir à ses conseils. Au cours de ce processus, vous ne devriez pas hésiter à lui demander plusieurs fois de soutenir ses arguments. Si nécessaire, demandez l'avis d'un autre vétérinaire.

Si vous ne pouvez vraiment pas vous séparer de votre cheval, les soins terminaux ou palliatifs peuvent toujours être une option. Mais ce n'est pas sûr que ce soit dans l'intérêt de votre cheval.

# PRÉVENTION

Si vous lisez ce livre, c'est sans doute parce que votre cheval est fourbu ou que vous avez à soigner un cheval fourbu. C'est pourquoi la plus grande partie de cet ouvrage est dédiée au traitement. Mais la prévention est tout aussi importante, surtout pour éviter des rechutes. Pratiquement tout ce qui est énoncé à ce chapitre et au suivant concernant l'alimentation, l'exercice, l'hébergement et l'interaction sociale peut être considéré comme faisant partie des mesures de prévention.

## CHEVAUX À RISQUE

Pour être préventif, il faut commencer par définir si le cheval en question appartient à un groupe à risque. À cette fin toutes les informations qui vont suivre méritent une attention particulière.

Groupes à risque :
- Les poneys Welsh, Exmoor, Shetland et New Forest, les cobs, les Appaloosa et les Islandais.
- Les chevaux âgés, étant donné qu'ils peuvent avoir été exposés à des facteurs de risque sur une plus longue période que des chevaux plus jeunes et ont souvent déjà souffert d'une fourbure dans le passé.
- Certaines lignées dans d'autres races.
- Les chevaux de trait lourds.
- Les chevaux obèses, résistants à l'insuline, souffrant d'un SME ou de PPID.
- Les chevaux souffrant d'une autre maladie, d'une infection aiguë ou chronique ailleurs dans l'organisme.
- Les juments qui viennent de mettre bas.

Le risque de fourbure est plus élevé après la mise bas
*(photo : Haiku farm)*

## MESURES PRÉVENTIVES

Que le cheval appartienne ou non à un groupe à risque, les mesures préventives suivantes lui seront utiles :
- Lui créer des conditions de vie aussi naturelles que possible.
- Lui donner une alimentation pauvre en GNS.
- Surveiller son poids et la distribution de la graisse sur le corps.
- Un CNS plus grand que 3, combiné à une EEC de plus de 6 signifie 75% de chances de développer une fourbure.
- Complémenter son alimentation avec du magnésium si le cheval résistant à l'insuline y répond bien.
- S'assurer qu'il fasse suffisamment d'exercice physique et que cet exercice soit bien adapté à ses besoins.
- Le garder pieds nus.

- Éviter toute source de toxines.
- Prévenir l'apparition d'une fourbure traumatique en évitant de le faire porter une charge trop importante.
- Ne pas faire reproduire avec des chevaux appartenant à des groupes à risques qui ont déjà souffert de fourbure plus d'une fois ou pour des raisons inexpliquées.

## RISQUE DE RECHUTE

Il faut s'occuper des chevaux qui ont déjà eu une fourbure avec une attention particulière. Ils ont de grandes chances d'en avoir une autre, pour les raisons suivantes :
- Les lamelles endommagées ou en phase de guérison sont plus sensibles aux causes facilitantes d'une fourbure.
- Ils sentiront plus vite la douleur au niveau des sabots du fait que les tissus et les nerfs sont endommagés. La douleur cause une augmentation de la glycémie et une vasoconstriction.
- Une sole comprimée protège moins et le cheval souffrira plus.
- Toutes les causes primaires ou facilitantes n'ont pas été éliminées.

## JOURNAL DE BORD

Si, malgré tous les efforts fournis, le cheval devait souffrir de crises fourbure répétées, c'est qu'un aspect de la situation n'a pas été traité par le propriétaire et/ou par le professionnel des soins aux sabots et/ou par le vétérinaire. Dans ce cas, le fait d'avoir tenu un journal de bord dans lequel on a noté tous les aspects suivants peut être d'une grande aide :
- Changements dans l'alimentation
- Conditions climatiques particulières
- Changements dans les conditions de vie
- Heures de sorties au pré
- Quantité d'exercice physique
- Vaccins, médicaments, vermifuges
- Changements sensibles dans l'attitude et le comportement du cheval.

Au fil du temps, on peut découvrir des éléments qui aideront à trouver la cause cachée. Il ne faut pas considérer plus d'un élément à la fois et se concentrer sur celui-ci, avant de passer au suivant une fois qu'il a été possible de l'éliminer des causes probables. Inscrire également toutes les recherches dans le journal de bord.

*(photo : Linda Lebesque)*

## Chapitre 7
# CONDITIONS DE VIE

Domestiquer un cheval constitue une violation de l'essence même de son être. Tous ceux qui ont pu observer un troupeau de chevaux sauvages dans leur environnement naturel savent combien nous sommes loin du compte dans notre manière de les héberger et ce malgré toutes nos bonnes intentions.

Le cheval est un animal social qui a besoin d'espace et de plus d'interaction sociale que celle que nous l'autorisons à avoir. Un cheval sauvage choisit librement sa nourriture. Nous le privons de ce choix. Un cheval sauvage peut aller où il veut quand bon lui semble. Mais pas avec nous. Alors lorsque l'on aborde les conditions de vie, la marge d'amélioration est donc grande.

Ce chapitre, ainsi que les sections précédentes à propos du parage, de l'activité physique et de la liberté de mouvement sont sans doute les parties les plus importantes de ce livre. Si les conditions de vie d'un cheval domestique étaient semblables à celles d'un cheval sauvage, sa santé s'améliorerait sans doute beaucoup plus rapidement, profitant d'une bonne circulation sanguine au niveau des pieds, d'un métabolisme plus sain et d'un bon équilibre entre stress et détente. Ne sous-estimez pas le pouvoir d'auto-guérison d'un cheval, car un animal qui vit dans des conditions optimales est plus résistant, jouit d'un système immunitaire plus performant et d'une plus grande énergie vitale. Il répondra donc mieux aux traitements et guérira plus rapidement. En bref, plus les conditions de vie d'un cheval sont proches des conditions naturelles, plus il a de chances de guérir.

## UN PROCESSUS PLUTÔT QU'UNE FINALITÉ

Malheureusement, nous ne pouvons pas offrir à notre cheval ces conditions idéales. Décider d'héberger un tel animal signifie, par définition, limiter sa liberté et les options dont il dispose. Nous montons sur son dos, notre espace, notre temps et nos ressources sont limités, et nous ne sommes jamais vraiment capables de comprendre son être véritable. Ce que nous pouvons faire, par contre, c'est essayer de répondre au mieux à ses besoins en adaptant les conditions de vie que nous lui offrons.

Pour commencer, il faut cesser de considérer les adaptations nécessaires comme un objectif à atteindre absolument. Cet état d'esprit ne fera que souligner nos manques et nous poussera à abandonner nos efforts et à nous satisfaire de l'état actuel des choses en pensant que « après tout, il y a bien pire que ça ».

Si vous choisissez plutôt de réorienter ce que vous faisiez jusqu'ici, chaque petite étape sera un pas en direction du mieux. Ce sera beaucoup plus motivant et vous serez plus enclins à persévérer et à garder vos yeux ouverts sur de nouvelles opportunités. Si vous projetez par exemple de donner plus de liberté de mouvement à votre cheval, quelques heures au paddock le matin représenteront déjà une amélioration par rapport à 23 heures sur 24 dans un box. Votre ligne de conduite sera bien sûr de lui donner encore plus d'espace et de mouvement, mais vous pourrez être satisfait de ce premier pas dans la bonne direction et réfléchir à la réalisation de l'étape suivante.

Celle-ci serait, en toute logique, d'offrir à votre cheval un accès permanent au pré, puis une vie en troupeau toute l'année, sur plusieurs hectares de terrain.

Avec un peu d'imagination et en vous associant à d'autres propriétaires de chevaux, vous pouvez faire de grandes choses. Si vous n'arrivez pas à la perfection dans la direction choisie, il n'y a pas mort d'homme, tant et aussi longtemps que vous faites de votre mieux et gardez un esprit critique.

Si, réellement, vous n'arrivez pas à offrir à votre cheval ce dont il aurait besoin selon vous, si aucune solution créative ne peut être trouvée, il vaut alors peut-être mieux lui trouver un autre propriétaire ou soigneur, soit temporairement, soit définitivement.

Heureusement, il est rare d'avoir à prendre une telle décision. Dans ce chapitre, vous pourrez lire comment faire pour améliorer la façon dont vous hébergez votre cheval, gérez son pâturage, lui fournissez une interaction sociale et, le plus important, la façon dont vous le nourrissez.

Un pas dans la bonne direction
*(photo : Novus)*

# NUTRITION ET GESTION DU PÂTURAGE

De nombreux livres et sites internet traitent de ce qu'implique une alimentation saine et naturelle du cheval. Les informations contenues dans les pages qui suivent se limiteront aux aspects nutritionnels en relation avec la fourbure.

Il est très utile d'analyser tous les aspects de l'alimentation de votre cheval. Plus son régime sera conforme à sa nature, plus le cheval sera résistant et en bonne santé.

## DIGESTION

La partie la plus importante de la digestion chez le cheval se déroule dans le gros intestin et le caecum. Les fibres de cellulose brute, l'hémicellulose et la lignine (les trois types de glucides structurés) sont digérées à ce niveau par différents types de bactéries et d'organismes unicellulaires. La cellulose, composée d'une longue chaîne de glucides, est désintégrée en glucose par les bactéries. Ce glucose est transformé par fermentation par les bactéries en acides gras volatiles. Ces acides gras sont importants pour le système digestif du cheval. Dans son foie, les acides gras sont à nouveau convertis en glucose.

Si le régime du cheval ne contient pas suffisamment de cellulose, une partie de la population bactérienne mourra de faim, ce qui va compliquer la digestion d'un nouvel apport de cellulose.

Les glucides non-structuraux (GNS) sont digérés plus tôt, au niveau de l'intestin grêle. Comme on l'a vu en page 66, sous « Déséquilibre de la flore intestinale », le cheval ne peut métaboliser ces sucres rapides qu'à une vitesse limitée.

Petit rappel :
- L'intestin grêle n'est pas capable de digérer de grandes quantités de GNS.
- Les fructanes ne sont que partiellement digérés dans l'intestin grêle. Ils sont principalement digérés dans le côlon.
- Les GNS non-digérés passent dans le gros intestin.
- Les bactéries du gros intestin se multiplient rapidement pour assurer la dégradation des sucres et de l'amidon.
- Pendant ce processus, des taux trop élevés d'acide lactique sont sécrétés, causant une baisse drastique du pH dans le gros intestin.
- Les microbes digérant la cellulose meurent dans cet environnement trop acide.

Il n'y a pas que les concentrés, la mélasse, l'herbe, les fruits, les racines et le grain qui sont riches en GNS. Certaines variétés de plantes comme le pissenlit, le chiendent, le bec-de-grue ou le trèfle des prés sont aussi connues pour avoir des taux élevés de fructanes. En outre, le fructane contenu dans le pissenlit a un degré de polymérisation bas. Même les plantes desséchées peuvent contenir des taux de GNS très élevés pour un cheval à risque de fourbure. La fétuque

Le pissenlit contient des taux élevés de GNS

des prés par exemple, est un type de graminée qui retient très bien les nutriments. La couleur verte des plantes est due à la protéine chlorophylle et ne donne pas une indication du taux de GNS.

Fétuque des prés
(photo : Ivan Procházka)

En dehors des graminées ou de l'herbe, les chevaux sauvages mangent des plantes aromatiques, des écorces, des feuilles, des racines et même des fruits et des fruits à coque. La composition de leur régime alimentaire dépend de ce qu'il y a sur le terrain selon l'endroit où ils se trouvent et la période de l'année. On se trompe souvent en pensant que toutes ces choses que le cheval peut manger sont essentielles pour sa santé. Par exemple, il est vrai que certains chevaux mangent des baies et des fruits à coque, mais cela ne signifie pas qu'ils ne peuvent pas survivre sans en manger. La plus grande partie de leur nourriture est à peu près toujours la même : des plantes riches en cellulose.

> Toutes ces possibilités de choix dont bénéficient les chevaux dans leur alimentation leur permet d'assimiler des substances ayant un effet antibiotique, analgésique ou détoxifiant. En page 147, sous « Phytothérapie », vous pourrez en savoir plus sur l'utilisation des plantes à ces fins

Ce régime relativement monotone apporte cependant au cheval suffisamment de vitamines, minéraux et acides aminés. La plus grande partie des vitamines dont le cheval a besoin, notamment les vitamines $B_1$, $B_6$, $B_{12}$, C et K sont produites par des bactéries vivant dans leur gros intestin.

La santé du cheval dépend fondamentalement de l'équilibre de sa flore intestinale et du niveau constant de son pH intestinal. Les sucres rapides, ainsi que les médicaments, les vermifuges, etc. peuvent déséquilibrer à la fois la flore et le pH des intestins.

## RÉGIME ARTIFICIEL ET MODE D'ALIMENTATION TROP ÉLOIGNÉS DU NATUREL

Le régime et le mode d'alimentation des chevaux domestiqués n'ont souvent plus rien de naturel. Voici quelques exemples.

### GLYCÉMIE

Le métabolisme du cheval n'est pas en mesure de gérer une glycémie (taux de sucre dans le sang) en dent de scie. Ces pics sont créés par la distribution des aliments en rations mal calculées et mal réparties, c'est-à-dire trop grandes et pas assez nombreuses. La variation de la glycémie que cela entraîne, provoque chez le cheval une sensation de faim. Le métabolisme va s'y adapter en stockant les sucres sous forme de graisse. Le cheval finira en surpoids.

### GLUCIDES NON-STRUCTURAUX

Presque tous les aliments proposés dans le commerce sont à base de céréales ou contiennent de la mélasse, voire les deux. Les GNS qui s'y trouvent posent un réel problème. Sur le long terme, ils rendent les chevaux sensibles aux coliques, aux coups de sang et à l'obésité.

À court terme, ils perturbent la flore intestinale et le pH du gros intestin, comme vous avez pu lire plus haut. Le lien entre ce type d'aliments et la fourbure est évident.

### ENNUI ET MANQUE

Les chevaux se mettent à ronger ou grignoter tout ce qu'ils trouvent à cause de l'ennui ou parce qu'ils ne reçoivent pas ce dont ils ont besoin.

Par exemple, on voit souvent des chevaux ronger la porte en bois de leur box quand leur alimentation ne contient pas assez de cellulose. D'autres se retrouvent pratiquement sur le béton à force de manger toute la paille de leur box.

### FER

L'eau de surface ou tirée de la nappe phréatique peut contenir trop de fer. Le fer se transforme en radical libre quand il est consommé en trop grandes quantités. Un excès de fer va empêcher la bonne absorption du cuivre et du zinc en se liant à ces minéraux et en compliquant leur passage à travers la paroi de l'intestin. Le cuivre et le zinc sont importants pour le cheval. Le cuivre est nécessaire aux sabots et aux tendons, et agit comme antioxydant. Le zinc renforce la corne. Enfin, une surdose de fer est aussi associée aux coups de sang.

> ➤ Ne vous inquiétez pas si l'eau a une couleur de rouille. Le fer est moins nocif lorsqu'il est oxydé.

## Besoins nutritionnels

Le système digestif du cheval est incapable de répondre à des changements soudains de régime alimentaire. Il faut y penser lorsque le cheval est vendu à un nouveau propriétaire, changé de pré ou mis dans un pré fraîchement fertilisé, ou encore lorsqu'il est mis au pré après avoir été gardé au box pendant l'hiver.

> ▶ Une brusque transition d'un pâturage illimité à une alimentation à base de concentrés est chose courante dans la vie des chevaux domestiqués. Mais au cours des quatre jours suivant cette transition, l'acidité du gros intestin va subir de gros changements qui vont modifier la quantité de bacilles d'acide lactique et de streptocoques.

Alimentation non-naturelle à base de concentrés

## Mauvaise qualité de la nourriture

Exemples d'aliments de mauvaise qualité :
- Foin vieux ou moisi
- Foin contenant du gravier, du sable ou d'autres saletés
- Bactéries nocives dans l'ensilage (voir page 176).

Foin moisi
*(photo : Kate Light)*

# AMÉLIORATIONS POSSIBLES

Voici quelques suggestions pour améliorer l'alimentation du cheval. Leur principal objectif est d'obtenir une digestion optimale et de guérir ou prévenir l'apparition d'une fourbure.

## Généralités

Évitez les brusques changements de régime alimentaire. Si vous devez changer d'aliment, faites une transition aussi graduelle que possible, afin que la flore intestinale de votre cheval ait le temps de s'adapter.

Si votre cheval a une activité physique intense, choisissez des sources de calories contenant des fibres à digestion lente, telles que la pectine et l'(hémi)cellulose, contenues dans la farine de soja, la pulpe de betterave ou le foin de luzerne (alfalfa). Il va sans dire que si votre cheval est fourbu, il ne doit pas avoir une activité physique trop soutenue avant d'être complètement guéri.

Les chevaux doivent disposer en permanence de fourrage riche en fibres pour satisfaire leurs besoins en fibres alimentaires. Lorsque les fibres sont en quantité insuffisante, les chevaux broutent sans cesse. Dans les cas les plus graves, ils rongeront les poteaux des barrières ou tout autre morceau de bois disponible.

> ▶ Riche en fibre ne signifie pas nécessairement pauvre en GNS.

### Eau
Assurez-vous que le cheval ait toujours accès à de l'eau fraîche et évitez qu'elle ne contienne :
- Des algues
- Des feuilles mortes
- Des insectes morts
- Du crottin ou de l'urine
- De la rouille provenant des conduites ou des abreuvoirs.

Il est possible de faire analyser l'eau que boit votre cheval. L'eau de surface peut contenir trop de nitrite, nitrate, composés ammoniacaux, de fer et de sel. Dans ce cas, il serait plus judicieux de lui donner de l'eau de pluie ou du robinet. Mais n'oubliez pas que l'eau du robinet peut contenir du chlore.

On peut analyser l'eau pour connaître sa teneur en minéraux, mais aussi pour détecter des traces de métaux lourds et de bactéries nocives.

Abreuvoir rouillé et manque d'eau fraîche
*(photo : Sabine Baron)*

### Eau de captage
Les puits peu profonds (jusqu'à 20 mètres) présentent des risques particulièrement élevés de contaminations de toutes sortes. Soyez extrêmement vigilants quand le puits se trouve à proximité d'une fosse à lisier. L'eau tirée des puits plus profonds contient souvent des taux élevés de fer, de sodium, de sels fluorés, de chlore et d'ammonium.

### Eau de pluie
La qualité de l'eau de pluie doit aussi être surveillée. Le zinc dont sont fabriquées les tôles utilisées pour les toitures, les gouttières et les descentes d'eau pluviale se retrouve en fortes quantités dans l'eau de pluie collectée. Même de vieux abreuvoirs en zinc peuvent provoquer ce type de pollution.

### Eau de surface

L'eau des ruisseaux, des canaux, des rivières et autres est souvent contaminée par le lisier, les fertilisants, les pesticides ou le dépôt illégal de produits chimiques. Des algues toxiques et des salmonelles sont également souvent présentes dans l'eau de surface. En fait, c'est l'eau la moins bonne pour votre cheval.

Contamination de l'eau de surface
*(photo : Sabine Baron)*

## Foin

Si vous avez le choix, optez pour du foin de luzerne ou du foin de graminées égrainé ou encore du foin de deuxième ou de troisième coupe (voir encadrés, page 174). Ces types de foins sont généralement appelés foins à chevaux.

Le foin devrait provenir d'un terrain raisonnablement fertilisé et coupé lorsque les taux de GNS sont bas. Il vous serait peut-être utile de discuter avec un agriculteur pour décider, à l'avance, du meilleur moment pour faucher et ramasser le foin qu'il vous livrera.

Vous pouvez faire analyser les taux de GSEt (glucides solubles à l'éthanol), d'amidon et de fructanes dans un laboratoire de recherches sur l'agriculture. Un foin avec moins de 10% de GSEt dans la matière sèche est relativement sûr pour des chevaux atteints de fourbure.

Le foin de luzerne est un bon choix car il contient moitié moins de GNS et est riche en magnésium. Toutefois il est également riche en protéines, ce qui n'est pas recommandé pour certains chevaux. Le foin de graminées égrainé, au contraire, contient très peu de protéines. En combinant ces deux types de foins, on peut ajuster les taux de protéines. Choisissez du foin de luzerne avec peu de feuilles et beaucoup de tiges.

Foin grossier
*(photo : Cynthia Cooper)*

> **LES DIFFÉRENTES COUPES DE FOIN**
>
> La première coupe contient la plante entière, y compris les sommités fleuries et les épis de graines. La plante a complété un cycle de croissance complet. Elle est très nutritive du fait que les nutriments sont stockés dans les graines. Une première coupe aura été faite dans des conditions qui lui laissent un taux élevé de GNS.
>
> Une fois que la plante a repoussé, elle peut être coupée une deuxième fois. La plante sera plus petite que lors de la première coupe. Le stade de la floraison ou de l'épiaison n'aura pas forcément été atteint. Le rendement de la deuxième coupe est moindre, ainsi que la valeur nutritionnelle du fourrage. Idem pour une troisième coupe.

> **FOIN DE GRAMINÉES ÉGRAINÉ**
>
> C'est un résidu des cultures de graminées. Ce type de fourrage est obtenu après le battage des graines. Il ne reste donc que la tige et les feuilles des graminées qui fourniront un foin égrainé appelé foin de graminées. Les graines, qui contiennent la plus grande quantité de GNS, sont récoltées pour le marché des semences. Les tiges sont principalement constituées de cellulose et fournissent un fourrage peu énergétique parfait pour les chevaux atteints de fourbure.

Certains propriétaires ne donnent que du vieux foin, en pensant qu'il contient moins de GNS, mais ce n'est pas le cas. Un foin de l'année précédente est simplement plus pauvre en vitamines, ce qui est dommage.

Dans certains endroits, il est possible d'acheter du foin récolté dans des réserves naturelles. Habituellement, le sol de ces zones n'a pas été fertilisé depuis longtemps. La valeur nutritionnelle, les taux de GNS, de minéraux et d'oligo-éléments contenus dans les plantes qui y poussent sont généralement inconnus et peuvent varier d'une balle à l'autre. Ce foin peut également contenir des plantes indésirables (mauvaises herbes), voire toxiques.

### Pâturages

Pensez à resemer vos pâturages avec un mélange spécial pour chevaux (voir encadré, page 176).

Les chevaux qui restent toute l'année dehors sur des terrains qui ne sont pas fertilisés et à qui l'on donne du fourrage supplémentaire en hiver s'adaptent beaucoup mieux aux changements progressifs de la valeur nutritionnelle de l'herbe.

> ➤ Comme indiqué précédemment, il faut tenir compte de tous les facteurs de croissance des plantes. Le risque d'avoir des taux élevés de GNS dans les plantes est plus élevé dans des pâtures pauvres.

## ANALYSE DES TAUX DE GNS DANS LES ALIMENTS ET LE FOURRAGE

Taux de GNS :

| | | | |
|---|---|---|---|
| • Farine de soja | 6% | • Foin d'avoine | 22% |
| • Foin de luzerne | 11% | • Son de blé | 31% |
| • Paille de blé | 12% | • Avoine | 54% |
| • Pulpe de betterave | 12% | • Orge | 62% |
| • Foin de chiendent | 14% | • Mélasse | 62% |
| • Foin de graminées égrainé | 14% | • Maïs | 73% |

Ce sont des valeurs moyennes. Pour certains aliments de cette liste, les maxima sont proches de la moyenne. Au contraire, la paille de blé et la pulpe de betterave peuvent contenir jusqu'à 17% de GNS dans certaines circonstances. Le son de blé et son taux de 30% n'est pas une nourriture appropriée, même comme friandise, car il peut atteindre des taux de 40% de GNS ou plus.

Autres types d'aliments contenant des GNS :

- Les céréales, les granulés et autre types de bouchons, mélanges ou concentrés (sauf si indiqué explicitement et honnêtement autrement sur l'emballage)
- Le pain
- Les carottes
- Les pommes et autres fruits (buissons de mûres !)
- Le trèfle et la vesce.

Les aliments contenant des taux élevés de GNS ne sont définitivement pas adéquats pour des chevaux sujets à la fourbure, notamment les chevaux en phase aiguë de la maladie. Ne leur donnez même pas une demi-poignée de grain ou une petite pomme parce qu'ils ont l'air trop tristes.

Pour leur faire avaler des médicaments, on utilise en général la pulpe de betterave, bien que certaines marques contiennent jusqu'à 17% de GNS, ce qui est trop élevé. Demandez à votre fournisseur qu'il vous indique quelle pulpe peut être utilisée en toute sécurité. Le taux de GSE de la pulpe de betterave peut être diminué encore plus en la faisant tremper (voir encadré « Faire tremper le foin », page 111).

Dans l'analyse moderne du fourrage (foin et fourrage vert), une tendance positive se développe, à savoir la spécification des contenus en GNS. Un taux de 14% peut être composé de 10% de GSEt et d'amidon et de 4% de fructanes, ou vice-versa. Les GSEt et l'amidon sont surtout digérés dans l'intestin grêle par des enzymes et ont un impact beaucoup plus important sur la glycémie et le taux d'insuline que n'en a le fructane qui lui, est digéré dans le gros intestin par des micro-organismes. Ainsi, deux lots de foin présentant à peu près les mêmes taux de GNS peuvent avoir un effet très différent sur un cheval résistant à l'insuline. Une bonne analyse du fourrage permettra de déterminer les quantités de GSEt, d'amidon et de fructane. De cette façon, le choix pourra se porter sur un foin dont le contenu en GSEt et en amidon sera le plus bas.

Certains types d'amidon sont digérés dans le gros intestin et ont donc moins d'influence sur la glycémie. Mais la plupart des analyses de fourrage ne font pas la distinction entre les différents types d'amidon.

> **RÉENSEMENCER VOS PÂTURAGES**
>
> Enlevez toute la vieille couverture herbeuse. Faites analyser le sol et prendre toutes les informations utiles au sujet de la fertilisation. A faire tous les cinq ans. Semez un mélange de prairie spécial chevaux contenant des types de graminées pauvres en GNS. Donnez le temps aux plantes nouvellement semées de se fortifier avant de permettre aux chevaux d'y avoir accès. Attendez au moins six mois ou jusqu'au moment où le pré a été fauché deux fois.
>
> Pour recouvrir les endroits nus, le ray-grass fonctionne très bien. Malheureusement il contient beaucoup de GNS.

## Ensilage, préfané et paille

### Ensilage

L'ensilage est un fourrage qui passe par un stade de fermentation permettant de le conserver, avant que les balles ne soient entourées de plastique étanche, lorsque l'humidité dépasse encore 70% environ. Le fourrage ensilé est très riche en protéines et lors de la digestion, celles-ci sont dégradées en sous-produits ammoniaqués, ce qui peut surcharger le foie et les reins et perturber la flore du gros intestin. Si vous décidez de donner du fourrage ensilé, utilisez les mêmes critères de sélection que pour le foin sec, il doit donc :

- Contenir beaucoup de tiges et être assez grossier
- Être de deuxième ou troisième coupe
- Être pauvre en GNS
- Avoir une teneur en matière sèche aussi élevée que possible
- Être aussi pauvre en protéines que possible.

Compte tenu des caractéristiques de l'ensilage, ces deux derniers critères seront difficiles à satisfaire.

Le processus de fermentation réduit assez fortement les taux de GSEt et de fructanes. Toutefois, une réduction supplémentaire de ces GSE est non seulement inutile, mais également dangereuse, car tremper ou mouiller ce foin peut provoquer une deuxième fermentation et engendrer une augmentation des bactéries nocives.

Lorsque l'ensilage est fait à l'ancienne, le fourrage est conservé sous une bâche, en plusieurs couches superposées. Les différentes coupes effectuées compensent les différences de valeur nutritionnelle. Il est hautement recommandé de faire analyser cette dernière afin de déterminer les taux de GNS. Toutefois, d'autres types de fourrage sont plus adaptés que l'ensilage pour le cheval.

### Préfané

Le préfané (aussi appelé haylage ou enrubannage) est constitué de fourrage dont le taux d'humidité se situe entre 40% et 60%, et qui se présente en grosses balles enrubannées de plastique. Il contient donc un pourcentage de matière sèche plus élevé que l'ensilage. Il est coupé plus tard, lorsque l'herbe est plus haute, son taux de protéine est donc moins élevé que celui du fourrage ensilé.

Comme pour l'ensilage, le préfané subit une fermentation qui, bien que moins importante, permet de réduire la quantité de GSEt et de

| Ensilage à l'ancienne | Préfané |

fructanes par rapport au foin sec qui serait récolté au même endroit. Il va sans dire que les mêmes critères de sélection indiqués précédemment s'appliquent au préfané.

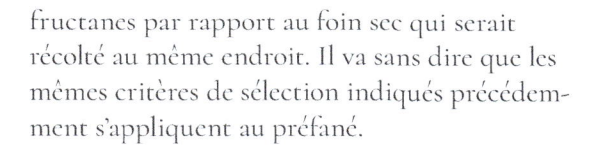

> L'ensilage et le préfané peuvent héberger une bactérie appelée Clostridium botulinum. Cette bactérie vit dans les cadavres des petits animaux de prairie et est dangereuse pour les chevaux, car elle sécrète une toxine qui provoque le botulisme. Dans un environnement hautement protéiné et pauvre en oxygène, tel que celui de l'ensilage ou du préfané, la bactérie se multiplie. Vérifiez bien l'absence d'animaux morts dans votre foin.

### Paille
La digestion de grandes quantités de paille entraîne la production de composés ammoniacaux qui surchargent le foie et les reins.

### Aliments complémentaires
Un cheval en bonne santé qui a accès à de l'herbe et à du fourrage de bonne qualité, qui dispose d'une pierre à lécher et d'eau fraîche et pure à volonté, n'a pas besoin d'aliments complémentaires. Un cheval malade peut tirer parti de certaines plantes éventuellement présentes dans son pré. Si vous voulez utiliser des plantes pour améliorer la santé de votre cheval, consultez un herboriste ou un phytothérapeute. En page 147, sous « Phytothérapie », vous pourrez lire quelques informations sur l'utilisation de certaines plantes.

> Aussi friand que soit votre cheval de pommes, carottes, céréales, morceaux de sucre, biscuits vitaminés et autres récompenses, il n'en a pas besoin. Si votre cheval est fourbu ou sensible à la fourbure, ces petits extras sont particulièrement mauvais pour lui.

### Pierre à lécher

Le sodium est un minéral qui fait souvent défaut dans l'environnement du cheval. Mettez à sa disposition une pierre à lécher contenant sel, minéraux et oligo-éléments. Pour les chevaux fourbus, une pierre à lécher pauvre en calcium est préférable. En effet, trop de calcium empêche l'absorption de magnésium, un minéral dont les chevaux fourbus ont un grand besoin (voir « Vitamines et minéraux », page 149).

Les pierres fabriquées avec du sel de l'Himalaya contiennent trop peu de zinc, de cuivre et de manganèse. Leur attrait réside probablement dans le fait qu'elles ont survolé la moitié du globe en avion. Les pierres à lécher aromatisées à la pomme ou contenant de la mélasse devraient rester dans le magasin. Les chevaux doivent lécher la pierre pour répondre à un besoin en sel et en minéraux et pas parce qu'ils en aiment le goût.

Pierre à lécher
*(photo : Karin Schouwenburg)*

### Compléments alimentaires

En général, des compléments alimentaires ne sont pas nécessaires. Toutes les vitamines essentielles, y compris la vitamine H (B8, biotine) peuvent être soit extraites d'une alimentation équilibrée, soit produites dans le gros intestin du cheval (voir « Compléments alimentaires », page 148).

### Perdre du poids

Mieux vaut tard que jamais, il est toujours utile de faire maigrir les chevaux en surpoids. Soyez prudent, la perte de poids doit être progressive (voir « Comment faire perdre du poids a votre cheval », page 147).

### Distribution de nourriture

On peut bien souvent améliorer la façon dont la nourriture est distribuée aux chevaux. Ne donnez jamais de foin sur une surface sableuse. Utilisez des caisses à foin qui réduisent la vitesse d'ingestion du fourrage. Elles sont faciles à fabriquer à l'aide d'une caisse et d'une grille que l'on pose sur le foin. Assurez-vous que cette grille soit placée correctement et que les chevaux ne peuvent

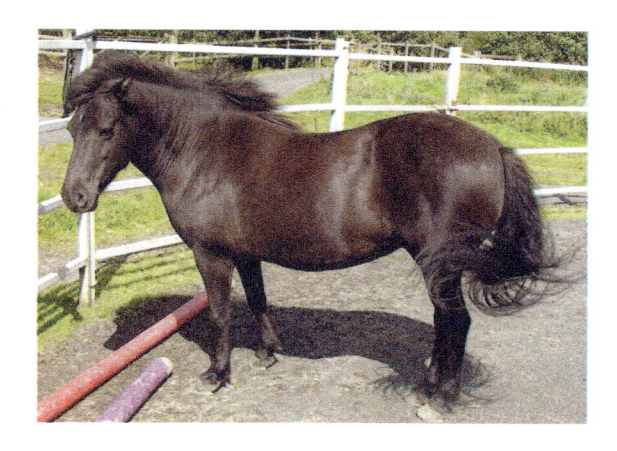

Cheval obèse qui devrait
perdre du poids
*(photo : Janice Hutchinson)*

Coussin à foin
*(photo : Tracy Dunn)*

pas rester coincés dedans. Avec un peu de créativité, un sac ou un coussin à foin peuvent aussi être fabriqués assez facilement.

Les chevaux devraient manger et boire au niveau du sol. N'accrochez pas les râteliers, mangeoires, pierres à lécher ou abreuvoirs aux clôtures des parcs ou au mur du box. Toutefois, comme le fait de manger au niveau du sol met plus de pression sur l'avant des sabots, les chevaux souffrant d'une grave fourbure apprécieront de recevoir leur nourriture à hauteur de poitrail pendant quelques temps. Placez les râteliers à foin, l'eau et les pierres à lécher aussi loin que possible les uns des autres. Cela obligera le cheval à se déplacer. Cependant, si le cheval a de la peine à marcher à cause de la douleur, il faut qu'il puisse atteindre sa nourriture sans devoir faire trop d'efforts.

Caisse à foin avec système de grille
pour ralentir la prise de nourriture
*(photo : Marja van Run)*

## RÉDUIRE L'APPORT EN GLUCIDES NON-STRUCTURAUX

Dans les pages qui suivent, nous verrons différentes manières de réduire la consommation de glucides non-structuraux.

> ▸ Si votre cheval est au pré toute l'année, vous allez avoir du mal à réduire sa consommation de GNS. Un paddock paradise avec moins d'herbe est plus facile à gérer et ressemble aux conditions de vie en liberté. Vous en apprendrez plus sur le paddock paradise plus loin dans cet ouvrage.

### GÉNÉRALITÉS

Le taux de GNS du fourrage vert (y compris les plantes aromatiques et les graminées) fluctue continuellement. Des facteurs naturels, météorologiques et environnementaux peuvent tripler les quantités. Ces facteurs extérieurs jouent un rôle beaucoup plus important que la prédisposition génétique de certains types de plantes. Il peut être judicieux de donner du foin aux chevaux qui sont au pré lorsque l'herbe contient des taux élevés de GNS.

L'herbe qui pousse rapidement contient moins de GNS, car ces derniers sont utilisés par la plante pour croître. Durant la nuit, le taux de GNS de la plante diminue petit à petit. En l'absence de lumière, il n'y a pas de photosynthèse et donc pas de production de GNS (voir « Photosynthèse », page 68). La plante continue à convertir le sucre en éléments de croissance. Permettre aux chevaux d'aller au pré seulement la nuit est donc une option.

### MUSELIÈRE DE PÂTURAGE

L'extrémité des feuilles d'herbe contient moins de GNS. Une muselière de pâturage (appelé aussi panier de régime) empêche le cheval de brouter l'herbe située près du sol. Le cheval broute moins vite. La nourriture entre plus lentement et de façon continue dans le tractus digestif. Le cheval peut rester plus longtemps au pré et avoir donc plus d'activité physique.

La muselière doit être bien ajustée et avoir une fermeture de sécurité pour éviter que le cheval ne se blesse dans le cas où la muselière s'accrocherait quelque part. Normalement, elle ne doit pas empêcher le cheval de boire. Assurez-vous que c'est bien le cas.

Muselière de pâturage
(photo : Alexas fotos)

Certains chevaux n'aiment pas la muselière et refusent de manger, alors que d'autres ne comprennent pas qu'ils peuvent toujours le faire. Rassurez-les en poussant quelques brins d'herbe à travers les trous. Les orifices de la muselière peuvent être partiellement ou complètement fermés avec du ruban adhésif. Le cheval fera ainsi de l'exercice sans pouvoir brouter beaucoup.

Le fait de porter une muselière peut stresser le cheval. Il faut éviter cela, en particulier pour les chevaux souffrant de PPID. Ils ont déjà un taux élevé de cortisol et le stress l'augmentera encore plus (voir « Stress », page 93).

Certains chevaux deviennent si habiles à brouter malgré leur muselière qu'il faudra les empêcher de manger par d'autres moyens que nous verrons un peu plus loin. Vérifiez régulièrement que la muselière est attachée correctement. Lorsqu'un cheval habitué à brouter avec une muselière la perd, il risque de se mettre à trop manger, avec les conséquences que cela implique. Si la muselière de pâturage pose problème, le cheval sera peut-être mieux dans un paddock avec du foin que dans un pré avec sa muselière sur le nez.

Les variétés de plantes qui poussent dans un pré influencent également l'efficacité d'une muselière de pâturage. Certaines variétés de graminées sont plus savoureuses que d'autres. Par exemple, les chevaux préfèrent la fétuque des prés au ray-grass anglais. La fétuque pousse plus droite et est donc plus facile à manger avec une muselière. Si cette variété plus goûteuse pousse abondamment dans votre pré, la muselière de pâturage sera sensiblement moins efficace.

## Gestion de pâturage

L'herbe courte et surpâturée contient des taux élevés de GNS. Essayez toujours d'éviter que votre pré soit surpâturé. Certaines variétés de plantes sont plus résistantes et survivent mieux que les autres, mais elles sont également les plus riches en GNS.

Les sommités fleuries des graminées contiennent beaucoup de GNS. Pour éviter que votre cheval ne soit dans un pré en fleurs, une bonne gestion du pâturage s'impose. Proposez chaque jour une bande d'herbe différente, divisez le pré en parcelles et effectuez des rotations ou restreignez les périodes de pâturage au moment de la floraison. Si vous n'avez pas d'autres possibilités vous pouvez également envisager de tondre l'herbe.

### TONDRE SON PRÉ

Faites attention avec cette pratique. L'herbe courte reçoit plus de lumière, ce qui augmente la production de sucres. Les feuilles de plantain, de trèfle et de pissenlit poussent à plat sur le sol et ne sont donc pas touchées par les lames de la tondeuse. Elles contiennent cependant beaucoup de fructane. Les chardons, également riches en fructane, font de nouvelles pousses une fois qu'ils ont été tondus

Il va sans dire que les résidus d'herbe tondue ne doivent pas être donnés aux chevaux.

#### Pâturage en bande
Grâce à une clôture électrique, une zone de pâturage peut être déplacée quotidiennement, être agrandie ou rapetissée en fonction des besoins.

#### Rotation de pâturage
Selon la taille du pré, vous pouvez le diviser en un maximum de six parcelles. Laissez les chevaux brouter chaque parcelle jusqu'à ce que l'herbe ait une hauteur de 4 cm environ. En passant la tondeuse, les pousses des racines et les drageons sont stimulés et se multiplient. Enlevez les crottins et les mauvaises herbes après que les chevaux ont été déplacés. La parcelle peut ensuite être fertilisée et laissée au repos pour qu'elle repousse. Environ trois semaines après l'avoir tondue et fertilisée, l'herbe est à nouveau prête à être broutée.

#### Limiter l'accès au pré
Les chevaux sujets à fourbure (en surpoids, issus de races à risque, souffrant de SME ou de PPID) ne devraient pas être laissés trop longtemps au pré. On préfèrera même ne pas les y mettre du tout. Ne leur permettez de brouter que lorsque les taux de GNS sont bas. Le reste du temps, ils peuvent rester sur des paddocks de sable, dans le manège ou pourquoi pas dans une cour clôturée de fil électrique.

Vous serez surpris de voir combien les chevaux sont inventifs lorsqu'il s'agit d'attraper une touffe d'herbe par-delà la clôture. Utilisez du fil électrique pour les garder à distance ou supprimez cette tentation en recouvrant l'herbe de spray, d'un tapis contre les mauvaises herbes ou de plastique.

Brouter inventivement
*(photo : Rainer Maiores)*

Séparer les chevaux de leur troupeau peut les rendre nerveux. Le stress causé par l'anxiété de la séparation aura des effets négatifs sur le processus de guérison. Outre l'augmentation du taux de cortisol (voir « Stress », page 93), un cheval séparé de ses congénères risque d'être trop agité et de se déplacer de manière compulsive à la recherche de son troupeau. Faites en sorte qu'il puisse toujours voir ses amis et laissez-le en compagnie de l'un d'entre eux, d'un mouton ou d'une chèvre. Toutefois, ne laissez un compagnon à proximité d'un cheval atteint de fourbure aiguë qu'à condition que ce dernier puisse se déplacer. Autrement, ce compagnon pourrait l'obliger à bouger au-delà de ce que nécessite un bon rétablissement. Dans la partie « Interaction sociale » (page 191) nous vous en dirons plus à ce propos.

> ➤ Surveillez de près votre cheval lorsqu'il peut de nouveau être au pré sans restriction d'aucune sorte. Au premier signe de fourbure ou de détérioration de son état, vous devrez de nouveau limiter son accès au pré.

## DES PONEYS QUI APPRENNENT VITE

En 2011, une étude sur la quantité d'herbe et de foin absorbée par des poneys soumis à une restriction de pâturage a fait apparaître des faits surprenants. Au cours de la première semaine, les poneys, qui avaient accès au pré pendant trois heures chaque jour, ont mangé une quantité équivalente à environ 0,5% de leur poids corporel. Six semaines plus tard, la quantité ingérée dans le même laps de temps avait doublé, pour atteindre presque 1% de leur poids corporel. Ainsi, durant ces six semaines, les animaux avaient appris qu'il leur fallait se dépêcher de manger tant qu'ils étaient au pré.

En 2012, une autre étude a montré que le fait de restreindre le pâturage n'a pas d'effet négatif sur l'acidité intestinale, tant et aussi longtemps que la restriction ne dépasse pas douze heures.

(photo : Jennifer Wilkening)

## CONDITIONS MÉTÉOROLOGIQUES

Un beau ciel bleu après une nuit glacée ? Personne au pré ! En effet, une température nocturne inférieure à 5 °C augmente considérablement le risque que l'herbe soit plus riche au matin.

> ▶ Au moins trois nuits à des températures de plus de 5 °C sont nécessaires avant que les chevaux puissent retourner brouter dans leur pré en toute sécurité dès le matin, sans qu'il faille leur donner un complément de foin.

Au cours d'une longue période de sécheresse, spécialement si le soleil brille tous les jours, les taux de GNS contenus dans l'herbe augmentent considérablement. Certaines variétés de plantes produiront plus de monosaccharides, d'autres produiront plus de fructanes. Lorsque la pluie revient, la nouvelle pousse contiendra des taux élevés de GNS également. Petite règle de base : ne permettez à vos chevaux de retourner au pré qu'une fois que les brins d'herbe ont fait deux nouvelles feuilles au moins.

Herbe endommagée par la sécheresse
(photo : Katie Fitzgerald)

Lorsque les journées sont ensoleillées et que les nuits sont chaudes, les taux de GNS augmentent régulièrement au cours de la journée. Ces jours-là, le matin est le meilleur moment pour mettre vos chevaux au pré. Lorsque les journées sont chaudes mais que le ciel est couvert, les taux de GNS baissent tout au long de la journée. Lorsqu'il fait ce temps-là, c'est l'après-midi ou le soir qu'il vaut mieux sortir votre cheval au pré.

### Ombre

La lumière joue un rôle important dans la photosynthèse. Les prairies plus ombragées sont donc souvent moins riches. Les arbres et les abris peuvent offrir de l'ombre, mais faites attention aux types d'arbres auxquels vos chevaux ont accès. Le sol sous un chêne ou sous un hêtre peut être jonché de glands ou de faînes. Il vaut mieux les entourer d'une barrière.

Plantez des arbres à croissance rapide comme le bouleau, le saule, le peuplier ou l'érable. Le février d'Amérique, aussi appelé février à trois épines, est un arbre à croissance rapide dont le feuillage dense formé de petites feuilles offre beaucoup d'ombre. Il existe des variétés sans épines.

Avoir des arbres sur vos prairies offre un autre avantage. Leurs racines empêchent la couche supérieure de terre fertile d'être emportée par les pluies.

Le fait de faire paître les chevaux dans une forêt est une excellente alternative également. Cessez de penser que seul un pré est un environnement approprié pour les chevaux. Toutefois, dans le cas où peu d'herbe pousse dans la forêt, assurez-vous que les chevaux reçoivent assez de fourrage.

Une forêt permet en outre aux chevaux de faire plus d'exercice, car c'est un terrain plus accidenté qu'une prairie. Mais faites attention à la présence éventuelle de tout ce qui pourrait être potentiellement dangereux, comme des plantes toxiques, des terriers de lapins et des obstacles tels que souches ou vieilles barrières. Protégez les arbres aux racines peu profondes des dommages causés par les pieds des chevaux en les entourant d'une clôture électrique.

Une parcelle boisée comme alternative pour abriter le cheval

### Foin, herbe, plantes aromatiques et mauvaises herbes

On peut faire analyser le taux de GNS du foin dans un laboratoire de recherche sur le sol et les cultures. Si cela n'est pas possible, essayez de déterminer la réaction de votre cheval en l'observant. Les chevaux sujets à fourbure montrent assez rapidement des signes précurseurs, comme par exemple une réduction ou un agrandissement de la circonférence de leur encolure (voir « Évaluation du chignon », page 79).

En faisant tremper le foin avant de le donner, on peut diminuer son contenu en GNS (voir « Faire tremper le foin », page 111).

> ▶ Les foins d'avoine et d'orge sont habituellement considérés comme sans risque puisque la plus grande partie des sucres se trouve dans les grains. Toutefois, les grains d'avoine et d'orge sont récoltés lorsqu'ils sont pleins d'amidon et des concentrations élevées de GSE restent dans les tiges.

**TAUX DE GLUCIDES NON-STRUCTURAUX CONTENU PAR DIFFÉRENTS TYPES DE PLANTES**
A ce propos, les sources se contredisent l'une l'autre. Ainsi, ne vous focalisez pas seulement sur la variété des plantes, mais prenez en considération tous les aspects décrits dans ce chapitre lorsque vous évaluez si vos prés représentent un risque potentiel.

Ray-grass d'Italie
*(photo : Jirí Kamenícek)*

Brome
*(photo : Radim Paulic)*

Fétuque des prés
*(photo : Václav Hrdina)*

### TAUX DE GNS PAR TYPE D'HERBE

| ÉLEVÉ |
|---|
| • Ray-grass anglais et d'Italie |
| • Brome |
| • Fétuque élevée |
| • Fétuque des prés |
| **MOYEN** |
| • Pâturin des prés |
| **BAS** |
| • Dactyle |
| • Fléole en particulier la fléole des prés |
| • Fétuque rouge |
| • Houlque laineuse |
| • Vulpin des prés |

Les variétés de plantes sauvages poussant naturellement dans certaines régions sont évidemment bien adaptées aux conditions locales et sont habituellement moins riches en GNS.

Les variétés de plantes cultivées sont souvent spécialement sélectionnées pour contenir des taux élevés de GNS pour nourrir les animaux produisant du lait ou de la viande. Le ray-grass anglais en est une. Pensez à réensemencer votre pâturage avec un mélange fait pour les chevaux (voir encadré « Réensemencer vos pâturages », page 176).

### Plantes aromatiques et mauvaises herbes

Les plantes aromatiques et les mauvaises herbes peuvent contenir des concentrations élevées de GNS. Enlevez régulièrement les mauvaises herbes de vos prés. Les moutons peuvent être d'une aide appréciable dans cette tâche.

Désherbant écologique
*(photo : Ulrich Leone)*

### Fertilisation

Les sols pauvres peuvent augmenter le risque d'avoir des taux de GNS élevés dans les plantes. Un manque de nutriments les empêche de pousser correctement, ce qui engendre une accumulation de GNS. Des carences en nitrogène et en phosphore jouent un rôle particulièrement important dans ce phénomène.

Faites analyser votre sol et demandez conseil quant à la fertilisation. Indiquez clairement que le terrain est utilisé comme pâturage à chevaux. Les taux de potassium doivent être analysés avec attention, en particulier pour les prés sur lesquels broutent des chevaux sujets à la fourbure (voir encadré « Potassium »).

> ▶ Fertiliser un terrain réduit le taux de GNS contenu dans chaque plante, mais augmente la quantité de plantes. Gardez à l'esprit qu'au final, la quantité de GNS peut aussi augmenter si la densité herbeuse est plus élevée. En pratiquant le pâturage en bande, en utilisant une muselière de pâturage et en réduisant le temps passé au pré, la consommation d'herbe peut être contrôlée

Malheureusement, les différents laboratoires offrent des résultats de tests et des opinions différents. Assurez-vous que les analyses de minéraux comme le calcium, le magnésium, le sodium et le soufre (et si possible le cobalt, le cuivre, le fer et le manganèse) sont compris dans les tests, ainsi que l'analyse de l'acidité (pH) du sol. N'oubliez pas de demander que l'on vous explique aussi les résultats des analyses.

## POTASSIUM

Trop fertilisé pendant des années avec des fertilisants à la fois naturels et artificiels, le sol peut contenir trop de potassium. Les fientes de poule séchées, en particulier, contiennent des taux élevés de potassium.

Trop de potassium dans le sol, et donc aussi dans les plantes, empêche ces dernières d'absorber correctement le calcium et le magnésium. Ceci engendre un déséquilibre de la production de protéines par l'organisme de la plante avec pour conséquence la production de quantités trop importantes de GNS.

Pour les chevaux c'est exactement la même chose et leur donner, dans ce cas, un supplément de magnésium sera moins efficace, puisque leur organisme ne pourra pas l'absorber correctement en raison du surplus de potassium.

Consultez un laboratoire d'analyse des sols pour des conseils en fertilisation permettant de garder les taux de potassium aussi bas que possible, sans provoquer de carence de cet élément. Une fois que le taux de potassium a pu être rééquilibré, le taux de magnésium de la plante augmentera, ainsi que la capacité d'absorption du magnésium chez le cheval.

L'acidité du sol est facile à améliorer en y mettant de la chaux. Le pH des pâturages à chevaux devrait se situer entre 6,5 et 7,2, mais tend à s'acidifier avec le temps. Les sols limoneux et argileux sont plus faciles à garder à un pH adéquat que les sols sableux ou sablonneux.

Épandre du compost (fait maison) ou de préférence de l'humus (matière organique décomposée de manière naturelle), est un moyen assez sûr de fertiliser votre sol. Le désavantage réside dans le fait que la composition de ce type de produits ne peut pas être ajustée aux carences du sol.

Les plantes pauvres en GNS (en particulier la fléole des prés, la fétuque rouge en le dactyle) ne prospèrent pas sur des sols pauvres ou carencés en calcium.

Fétuque rouge
*(photo : Lubomír Klátil)*

### SÉCHERESSE

Trop peu d'eau empêche les plantes de croître correctement. On peut combattre la sécheresse en irriguant ou en plantant des arbres, étant donné que leurs racines permettront de garder l'humidité dans le sol.

La production d'un pré ayant une salinité trop élevée est comparable à celle d'un sol trop sec. D'ailleurs, les deux vont souvent de pair, puisque dans un sol sec, la salinité augmente. Pour déterminer la salinité d'un sol, on tient compte de tous les sels minéraux qui s'y trouvent. Ces derniers proviennent généralement des engrais qui ont été épandus par le passé, qu'ils soient chimiques ou biologiques, ainsi que du compost et de l'humus.

En période de sécheresse, lorsque l'eau s'évapore du sol, la concentration en sels augmente. Les racines des plantes sont endommagées car l'eau de leurs cellules est extraite par le sol salin. La plante ne peut alors plus absorber suffisamment d'eau. Arroser régulièrement permet d'éviter que la terre et les plantes ne se dessèchent complètement.

Les laboratoires d'analyse du sol peuvent tester des échantillons de terre pour évaluer leur contenu en sels. Si vous savez que votre terrain a été fertilisé de façon intensive pendant de nombreuses années, cela pourra déjà donner une idée de la situation.

### FACTEURS EXTÉRIEURS

L'herbe peut subir des dommages suite à des gelées inattendues, une averse de grêle, le piétinement, les insectes, etc. Lorsque ces agressions ont lieu en période de floraison, les graines ne peuvent pas se développer et les GNS resteront dans les tiges.

## HÉBERGEMENT

Nous avons abordé le sujet des pâturages du point de vue du régime alimentaire du cheval. A présent, nous allons considérer le pré comme un moyen d'héberger les chevaux.

L'environnement dans lequel vous mettez vos chevaux doit être bien entendu sécurisé, exempt d'objets dangereux ou de clôtures sur lesquels ils pourraient se blesser. Nous nous limiterons ici aux conseils concernant la fourbure.

### BOX

Le repos au box n'est pas une solution en cas de fourbure. En fait, il peut faire partie des causes de la maladie. Le box limite les mouvements du cheval et empêche une bonne circulation sanguine au niveau des sabots. En outre, rester au box stresse le cheval, avec tous les effets négatifs que cela engendre.

*Le repos au box peut contribuer à l'apparition d'une fourbure*
*(photo : Justyna Furmanczyk)*

Lorsque les risques liés aux GNS sont gérables, les chevaux peuvent rester au pré 24/24, dès le moment où ils disposent d'un abri naturel ou artificiel. Si vous ne disposez pas de pré, mettez votre cheval dans le paddock ou le manège aussi souvent que possible.

En l'absence de paddock, vous pouvez créer une solution temporaire acceptable en installant une clôture électrique autour d'une portion de terrain. Si tout cela est impossible, vous pouvez essayer de réunir plusieurs boxes pour créer un espace plus grand.

> ➤ Si vous n'avez pas d'autre option que d'offrir à votre cheval un confinement solitaire en box, pensez à la possibilité de demander à quelqu'un d'autre, dans un autre endroit, de prendre soin de lui temporairement.

### Litière

Que ce soit en box ou en stabulation libre, on conseille de ne mettre de la litière que sur une moitié de la surface ou seulement dans un coin. De cette façon, les chevaux peuvent décider par eux-mêmes s'ils l'utilisent ou pas. Ils préfèrent souvent les surfaces dures aux tapis moelleux. Par contre, les chevaux qui peuvent à peine rester debout à cause de la douleur préféreront une litière confortable pour se coucher. Assurez-vous qu'elle reste propre. La sciure de bois absorbe fortement l'humidité a la réputation de dessécher les sabots. Lorsque vous rentrez le cheval au box, n'ôtez pas la boue qui se trouve sous ses sabots et la sciure absorbera l'humidité de la terre plutôt que celle de la corne.

> ➤ Les recommandations faites pour le design des paddock paradises incluent généralement un point d'eau pour éviter que les sabots des chevaux ne soient trop secs. Toutefois, de récentes études ont montré que le fait de marcher dans l'eau n'a que peu d'influence sur le taux d'humidité de la corne du sabot.

### Sol

Si l'endroit où vous hébergez votre cheval est composé de surfaces variées, assurez-vous qu'il ne doive pas traverser des endroits recouverts de gravier ou de pierres. En effet, en cas de fourbure, la sole sera trop fine et trop sensible pour ce type de terrain et cela risque de lui faire mal.

Les caisses, filets ou coussins à foin, l'eau et les pierres à lécher devraient être placés aussi loin que possible les uns des autres.

Vous avez pu lire plus haut que le fait d'héberger votre cheval dans un endroit boisé est une très bonne idée.

Un pré ne devra pas être trop humide, car l'herbe sera alors piétinée et détruite dans la terre molle. Installez un système de drainage efficace.

### Paddock paradise

Le paddock paradise est un concept développé par Jaime Jackson et constitue une très bonne façon d'héberger vos chevaux. À la base, il s'agit d'une large piste créée autour de la propriété avec des points d'accès à des zones ou des enclos plus vastes. Ce système de parcours stimule le cheval à bouger. Le concept s'appuie sur l'observation des chevaux sauvages qui, dans leur environnement, suivent toujours les mêmes chemins pour se déplacer vers les zones de pâturage, les points d'eau, les sources de minéraux et autres endroits dignes d'intérêt.

Promenade dans un paddock paradise
*(photo : Marja van Run)*

Dans un paddock paradise, il est possible de recréer toutes sortes d'éléments naturels et de d'obstacles pour obliger les chevaux à bouger, car le mouvement améliore la circulation sanguine, régule l'usure et la croissance des sabots. Parallèlement, le concept assure une meilleure santé physique et mentale en général.

Quelques idées :
- Disposez les points de distribution de foin, les abreuvoirs et les pierres à lécher, aussi éloignés que possible les uns des autres.
- Offrez des abris ouverts ou naturels.
- Intégrez des haies et des lignes d'arbres.
- Créez des dénivelés.
- Offrez des surfaces différentes comme des pavés, des dalles de béton, du gravier ou des cailloux.

| Prés en rotation | Abreuvoir |
| Chemin | Caisse à foin |
| Carrière | Pierre à lécher |
| Gravier/cailloux | Haie |
| Abri | Arbre |
| Ruisseau | Barrière fermée |

Exemple d'un paddock paradise

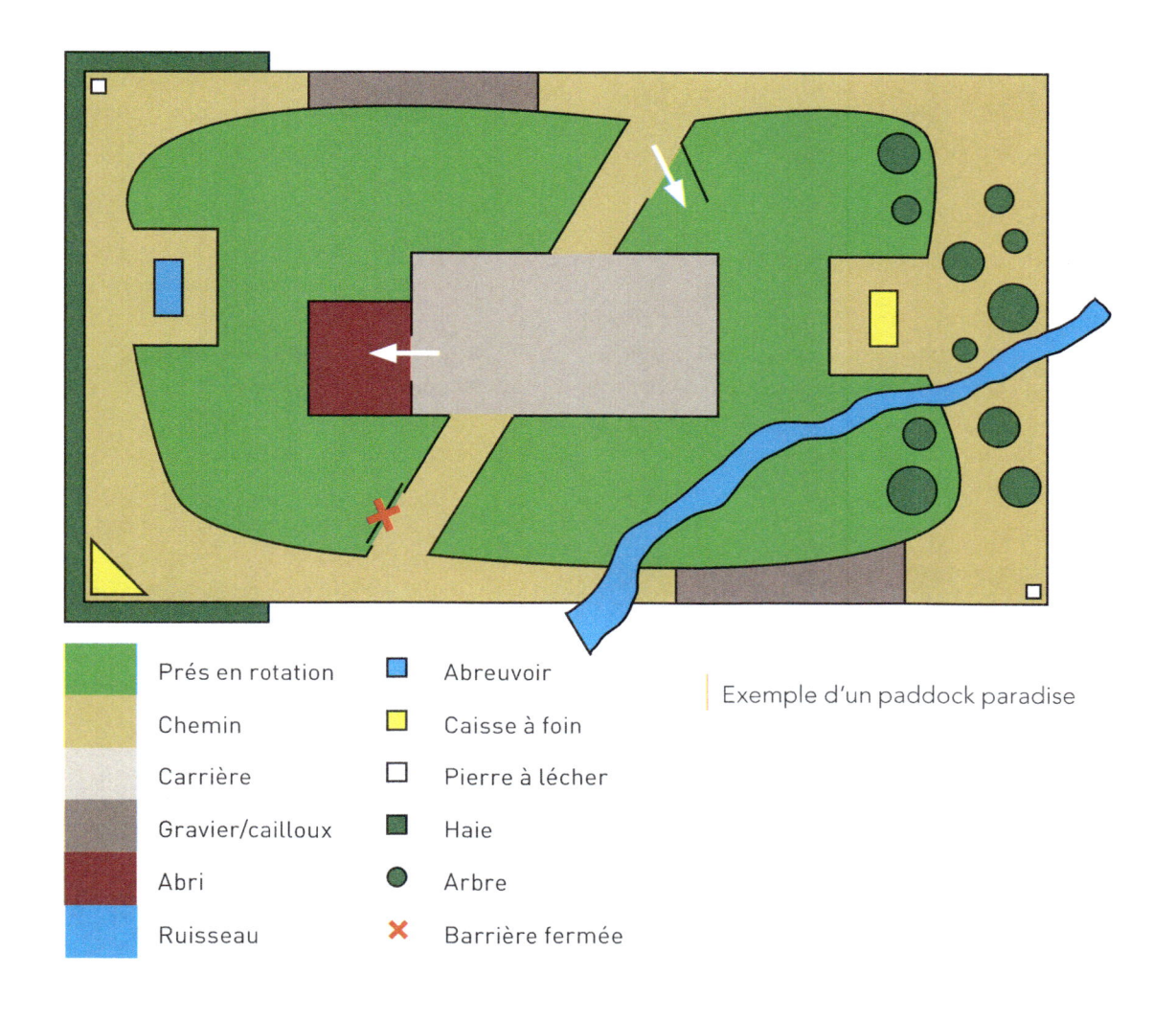

## INTERACTION SOCIALE

Dès que le cheval atteint de fourbure arrive de nouveau à se déplacer, il faut lui donner de la compagnie. Choisissez un cheval tranquille, de préférence un animal avec lequel votre patient aura déjà tissé des liens. Si possible, réintroduisez le cheval dans son troupeau. Assurez-vous que le troupeau n'est pas trop grand. Chaque cheval a besoin d'au moins un demi-hectare.

Si cela n'est pas possible, vous pouvez lui offrir la compagnie d'un mouton ou d'une chèvre. Les chevaux s'entendent bien aussi avec les ânes. Toutefois, la compagnie de ces derniers augmente le risque d'infection par des vers des poumons chez le cheval. En vermifugeant avec de l'ivermectine ou de la moxidectine, ce risque peut être contrôlé.

> Lorsqu'il s'agit de vers des poumons, ne vous fiez pas aux coprologies car les œufs de ces vers ne se retrouvent pas dans les crottins.

Pour un cheval souffrant de fourbure, l'interaction sociale revêt une grande importance. Non seulement elle contribue à un environnement plus naturel et oblige le cheval à se déplacer, mais elle lui permet aussi de se sentir mieux. Et qui se sent mieux, guérit plus vite.

Les interactions sociales entre le cheval et les personnes qui en prennent soin sont également importantes. Ne laissez pas votre cheval malade seul face à ses difficultés. Lui donner les traitements et faire les tests nécessaires est évidemment d'une importance capitale, mais le cheval guérira plus vite s'il reçoit aussi toute votre affection. Faites-lui sentir que vous vous battez ensemble contre la maladie. Si vous pensez que cela ne fera pas de différence pour lui, observez au moins comment votre propre motivation et persévérance seront plus fortes.

Les chevaux sont très attachés aux relations sociales qu'ils entretiennent avec un congénère, un âne, une chèvre ou un mouton. Les séparer peut être stressant. Si votre cheval doit aller en clinique, pensez à emmener aussi son compagnon hennissant, brayant ou bêlant.

| Qui se sent mieux, guérit plus vite
*(photo : Hanna Dalberg)*

| Les chevaux sont très attachés aux relations sociales

## Chapitre 8

# ÂNES

> Malgré l'existence de nombreuses différences entre les chevaux et les ânes, ces derniers sont encore bien trop souvent considérés comme de petits chevaux difficiles et bruyants aux grandes oreilles. Vétérinaires, professionnels des soins aux sabots et propriétaires sont les premiers responsables de cette disgrâce, qui est non seulement injustifiée, mais porte également préjudice aux ânes.

Les ânes sont, tout comme les chevaux, susceptibles d'être atteints d'une fourbure. Ce dernier chapitre traitera spécifiquement des différences fondamentales entre les ânes et les chevaux en termes de diagnostic, de traitement et de prévention de cette maladie. En ce qui concerne les mulets et les bardots, certains aspects sont encore légèrement différents. Les bardots (étalon x ânesse) ont des caractéristiques plus proches de celles de l'âne, alors que les mulets (baudet x jument) seront plus proches du cheval. Les onagres et autres variétés d'ânes sauvages ne seront pas abordés dans cet ouvrage pour des raisons pratiques.

Mulet
*(photo : Mulography)*

# DIFFÉRENCES PHYSIOLOGIQUES

Les différences physiologiques les plus importantes entre ânes et chevaux dans le contexte de la fourbure sont les suivantes :
- Température corporelle
- Pouls
- Fréquence respiratoire
- Évaluation de l'état corporel.

### Température corporelle
Les ânes ont une température corporelle plus basse que celle des chevaux. Un âne adulte a une température corporelle moyenne de 36,8 °C, alors que celle d'un cheval se situe à presque un degré de plus, soit 37,7 °C. On a vu qu'une température plus élevée ou de la fièvre peut être un signe clinique de fourbure aiguë, mais il ne faut pas oublier de prendre en considération la différence de température initiale plus basse chez l'âne.

### Pouls
Un pouls tapant et plus rapide que d'habitude constitue un autre signe clinique de la fourbure aiguë. Le pouls normal d'un âne adulte se situe entre 36 et 48 pulsations par minute, alors que le rythme cardiaque normal du cheval se situe entre 28 et 40 pulsations par minute.

### Fréquence respiratoire
Les ânes ont un fréquence respiratoire également plus rapide, soit entre 12 et 28 respirations par minute, contre 8 à 14 chez le cheval.

Âne avec une EEC de 5
*(photo : The Donkey sanctuary)*

### ÉVALUATION DE L'ÉTAT CORPOREL

L'évaluation de l'état corporel (EEC) est un système d'évaluation utilisé pour déterminer la condition physique d'un cheval. Un score trop élevé entraîne un risque accru de développer une fourbure. Cette échelle d'évaluation utilisée pour les chevaux ne convient pas aux ânes, car le chiffre indiquant une condition « idéale » du cheval équivaut à « gros » pour un âne. Beaucoup d'ânes sont en surpoids sans que leur propriétaire ne s'en aperçoive. Vous trouverez sur la page 196 le tableau de l'évaluation de l'état corporel adapté aux ânes.

## DIFFÉRENCES PHYSIOPATHOLOGIQUES

En ce qui concerne la physiopathologie (physiologie des fonctions pathologiques) des différences peuvent être trouvées dans les contextes suivants :
- Hydratation
- Tolérance à la douleur
- Syndrome métabolique équin/SME (voir page 77)
- PPID (voir page 83)
- Hyperlipidémie (voir page 94)
- Fourbure traumatique.

### HYDRATATION

Les ânes sont adaptés à la vie dans le désert et leurs besoins en eau différent de ceux des chevaux. Chez les ânes, les signes de déshydratation tardent à être visibles. Ainsi, l'hydratation et la perte de fluides par l'urine ou les crottins doivent être surveillées très attentivement lorsqu'ils sont malades.

## ÉVALUATION DE L'ÉTAT CORPOREL (EEC) POUR LES ÂNES

|  | ENCOLURE | GARROT | DOS ET REINS | CÔTES | ARRIÈRE-MAIN |
|---|---|---|---|---|---|
| **1. MAIGRE** | Cou fin, structure osseuse facilement palpable. Point de rencontre abrupt entre encolure et épaule. Épaule osseuse. | Structure osseuse proéminente et facilement palpable. | Colonne vertébrale proéminente. Les trois apophyses épineuses sont faciles à sentir au toucher. | Chaque côte est visible et facilement palpable. | Les os de la hanche sont visibles et facilement palpable. |
| **2. PASSABLE** | Les muscles sont faiblement développés par-dessus la structure osseuse. Petit décalage au niveau du point de rencontre de l'encolure et de l'épaule. | Structure osseuse légèrement recouverte, bien que toujours palpable. | Apophyses épineuses palpables avec une pression légère. | Côtes non visibles, mais elles peuvent encore être senties au toucher. | Faible couverture musculaire et os de la hanche facilement palpables. Muscles peu développés. |
| **3. BON** | Bon développement musculaire. Os palpables sous une légère couche de graisse/muscle. L'encolure se fond harmonieusement dans l'épaule. | Bonne couverture musculaire/graisseuse du garrot qui se fond harmonieusement dans le dos. | Bon développement musculaire de chaque côté de la colonne et apophyses épineuses ne sont plus palpables. | Côtes recouvertes d'une fine couche de graisse/muscle et palpables par pression légère. Ventre ferme avec un bon tonus musculaire. | Bonne couverture musculaire de l'arrière-main. Os de la hanche palpables par légère pression. |
| **4. GRAS** | Cou épais, chignon dur, épaule recouverte d'une couche de graisse régulière. | Garrot élargi. Os palpables par pression ferme. | Apophyses épineuses palpables seulement par pression ferme. Léger sillon au niveau de la colonne. | Côte palpables seulement par pression ferme au niveau du dos. Côtes ventrales plus facilement palpables. Ventre grossi. | Arrière-main arrondi, os palpables seulement par pression ferme. Dépôts de graisses réguliers. |
| **5. TRÈS GRAS** | Cou épais, chignon présentant des renflements de graisse qui peuvent tomber d'un côté. Épaule arrondie et renflements de graisse. | Garrot élargi. Os mpalpables. | Dos élargi. Apophyses impalpables. Sillon profond au niveau de la colonne et renflements de graisse de chaque côté. | Gros dépôts de graisse irréguliers couvrant la partie dorsale des côtes et parfois la partie ventrale. Côtes impalpables. Ventre pendant. | Os de la hanche impalpables. Amas de graisse peuvent retomber de chaque côté de l'attache de la queue. Amas de graisse irréguliers et proéminents. |

### TOLÉRANCE À LA DOULEUR

Les ânes ont une tolérance à la douleur plus élevée que celui des chevaux. Ils montrent rarement qu'ils ont mal du fait de leur nature stoïque, même lorsque leurs limites ont été atteintes. Les gens ne savent peut-être tout simplement pas reconnaître leurs expressions de douleur. Quoi qu'il en soit, cela peut compliquer la vie du vétérinaire ou du professionnel des soins aux sabots lors d'un examen physique.

Le propriétaire d'un âne peut mettre du temps à remarquer que quelque chose ne va pas. Ce qui fait que l'on voit plus souvent une perforation de la sole chez un âne fourbu que chez un cheval. Les causes primaires comme une colique ou une infection passent souvent inaperçues du fait que l'âne souffre en silence.

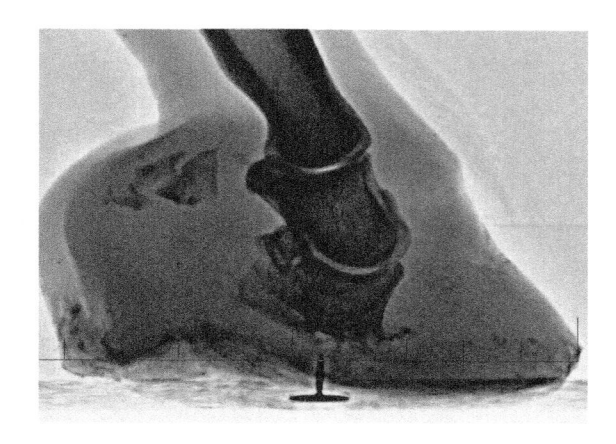

Déformation de l'os du pied à un stade avancé
*(photo : Alfons Geerts)*

### SME

Au cours de son évolution, le métabolisme de l'âne s'est parfaitement adapté aux rudes conditions de son habitat en Afrique du Nord. Son système digestif est donc fait pour digérer des aliments pauvres en GNS et composés en majorité de fibres brutes à digestion lente.

Malheureusement, de nos jours les ânes sont condamnés à une vie oisive de tondeuse écologique, ce qui provoque chez beaucoup d'entre eux un syndrome métabolique équin (SME). Cette maladie, décrite en détail en page 77, rend les ânes plus sensibles à la fourbure. Il nous faut comprendre que de ce point de vue-là, les chevaux et les ânes réagissent de la même façon. Nous devons apporter aux ânes les conditions d'hébergement, de mouvement et de nourritures qui leur conviennent.

### PPID

Comme indiqué précédemment, l'ACTH est une hormone sécrétée par la glande pituitaire qui contrôle la production de cortisol. Une élévation du taux de cortisol augmente le risque d'apparition d'une fourbure. Les vétérinaires utilisent souvent un tord-nez lorsqu'ils doivent soigner un âne et l'utilisation d'un tel instrument provoque instantanément chez l'âne une forte augmentation du taux d'ACTH dans le sang. Ceci influence les résultats des tests effectués pour déterminer la présence d'un PPID.

Les signes cliniques d'un PPID sont moins visibles chez un âne, en particulier au début de la maladie. Ainsi, la fourbure peut être la conséquence d'un PPID, sans que le propriétaire sache que son âne en est atteint.

### Hyperlipidémie

La vasoconstriction causée par une hyperlipidémie peut causer ou aggraver une fourbure. Le risque d'hyperlipidémie est plus élevé chez les ânes que chez les chevaux, car ils perdent l'appétit (anorexie) en réponse à la douleur. Une brutale diminution dans la prise d'aliments provoque une hyperlipidémie ce qui, chez les ânes, peut rapidement provoquer une défaillance des organes, voire la mort. Chez les ânes, l'hyperlipidémie survient souvent pendant ou après une période de stress.

### Fourbure traumatique

Dans le cas d'une fourbure traumatique, les tissus du pied sont endommagés à cause d'une surcharge. Un ou plusieurs pieds peuvent être surchargés pour soulager une autre partie du corps qui fait mal, par exemple en raison d'une lésion nerveuse, d'une fracture ou d'une infection articulaire. On rencontre fréquemment cette cause particulière de fourbure chez les ânes. Leur tolérance à la douleur élevée combiné à leur sensibilité à certains problèmes de pied comme la maladie de la ligne blanche ou les infections fongiques, font que l'on ne se rend pas compte qu'ils souffrent d'une fourbure traumatique.

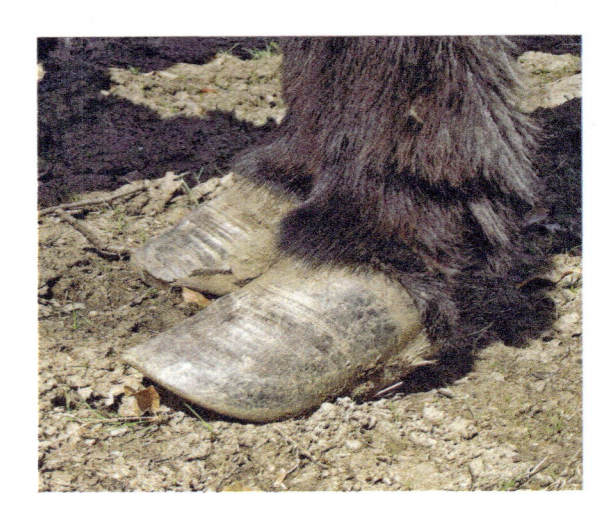

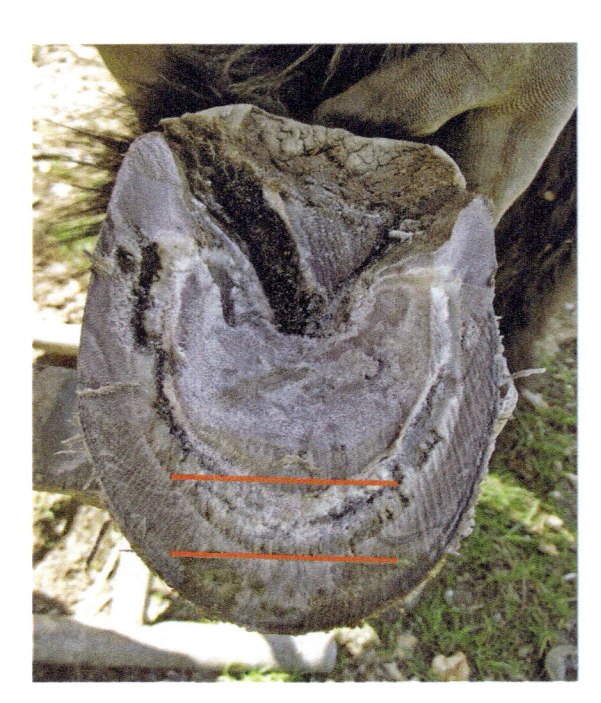

| Fourbure traumatique
*une paroi trop longue agit sur la connexion lamellaire comme un levier*

# COMPORTEMENT

Comme beaucoup le savent, les ânes peuvent être difficiles. Toutefois, une grande partie de ce comportement difficile peut être expliquée. Penchons-nous sur quatre aspects du comportement de l'âne :
- Maniabilité
- Manipulation des pieds
- Mécanisme de défense
- Comportement social.

## Maniabilité

En général, les ânes ne sont pas manipulés aussi souvent que les chevaux car ils sont rarement utilisés pour le sport ou le loisir. De petits changements de l'état de santé ou de la condition physique d'un âne qui vit au pré passeront donc plus facilement inaperçus que chez un cheval que l'on manipule et utilise tous les jours. Toutefois, ces petits changements sont souvent des signes précurseurs - et d'autant plus importants - qui montrent que l'animal est en train de développer une fourbure ou en souffre déjà.

## Manipulation des pieds

Soigner un âne peut être compliqué, en particulier lorsqu'il souffre, parce que ces animaux sont moins bien entraînés, voire pas du tout préparés à se laisser manipuler. De plus, l'âne ne se sent pas en sécurité lorsqu'il n'a pas ses quatre pieds par terre. Lorsque vous prenez un de ses pieds, laissez-lui le temps de retrouver son équilibre, en particulier si ses pieds lui font mal. Il est important de bien garder la jambe soulevée alignée sous son corps, du fait de l'étroitesse de son squelette. Si vous la déviez sur le côté, l'âne perd rapidement son équilibre et se met en situation de défense, comme on le verra ci-dessous.

Aidez un âne à trouver son équilibre

## Mécanisme de défense

Alors que l'instinct des chevaux les pousse à la fuite, les ânes sont plus enclins à répondre à une menace en se figeant sur place. Ainsi, vouloir forcer un âne à faire quelque chose provoque souvent chez lui une réaction contraire. Et on risque fort de le voir passer à l'attaque. Les ânes montrent beaucoup moins de signes d'avertissement que les chevaux. Un âne fourbu et qui a mal est en état de grand stress. Alors qu'il semble statufié, il va envoyer un coup de pied sans sommation pour se débarrasser de celui qui le soigne, considéré comme un assaillant.

Un âne est capable de donner un coup de pied très latéral et peut même vous frapper à la tête avec son postérieur, alors que vous tenez un de ses antérieurs. Vous risquez aussi de vous faire frapper au front même si vous tenez le postérieur aussi plié que possible.

Au lieu d'opter pour la bataille, l'âne peut toutefois décider de fuir. Une fois sa décision prise, il sera très difficile de le faire changer d'avis. Parer un âne fourbu dans un pré ouvert est donc une très mauvaise idée. Il vaut mieux opter pour un endroit clos et sécurisé. Les ânes acceptent plus facilement que les chevaux d'être attachés court. Par contre, un tord-nez est moins efficace pour un âne. Enfin, pour tenir un âne en toute sécurité, tenez sa tête fermement sous votre bras et serrez une oreille à la base.

## COMPORTEMENT SOCIAL

Les ânes sont, encore plus que les chevaux, des animaux très sociables. Ils développent des relations étroites avec leurs congénères, avec des chevaux, voire avec des chèvres ou des moutons. Malheureusement, la plupart du temps ils sont laissés tous seuls. Cela entraîne un stress chronique qui engendre des problèmes hormonaux ou circulatoires et un déséquilibre de glycémie. Ces trois problématiques, comme vous l'avez déjà lu précédemment, sont fortement corrélées au développement d'une fourbure.

Les ânes sont des animaux sociables
*(photo : Heather Adams)*

Immobiliser un âne correctement

# SABOTS

Bien que la fourbure ne soit pas une maladie du pied, ses symptômes les plus graves et les plus visibles se localisent à ce niveau. Afin d'interpréter correctement les signes d'une fourbure chez un âne, il est nécessaire de savoir ce qui suit.

## ANNEAUX DE FOURBURE
Les anneaux horizontaux (anneaux de fourbure) visibles sur la paroi du sabot sont moins marqués sur les sabots des ânes que sur ceux des chevaux.

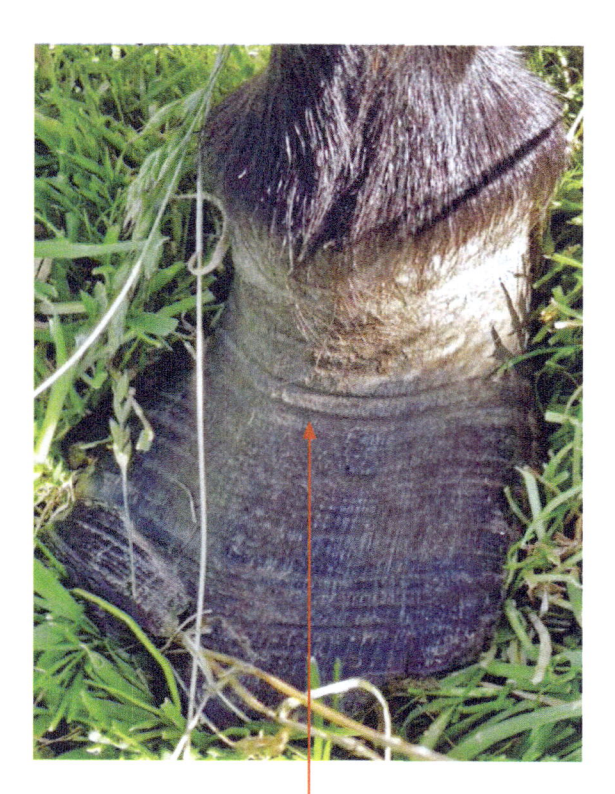

## OS DU PIED
L'os du pied d'un âne a une forme légèrement différente de celle du cheval. Il est plus long plus étroit, en forme de U. Il est important de garder cela en mémoire lorsque vous analysez des radiographies.

## CONNEXION LAMELLAIRE
La connexion lamellaire du pied d'un âne est constituée de moins de lamelles que chez le cheval. C'est pourquoi chez les ânes, une séparation de la ligne blanche, une rotation ou un affaissement de l'os du pied apparaîtront plus facilement.

## MALADIE DE LA LIGNE BLANCHE
Les ânes sont également plus sensibles à la maladie de la ligne blanche, qui est une atteinte de cette partie du pied par des bactéries et des champignons.

| Anneaux de fourbure

| Maladie de la ligne blanche

### Sole
Chez l'âne, la sole pousse pratiquement aussi vite que la paroi. Il vous faudra trouver un professionnel des soins aux sabots qui a de l'expérience avec les ânes.

### Parage
Le parage effectué sur les sabots des ânes montre souvent une inclinaison trop raide de la paroi. Si l'os du pied a basculé, il va donc comprimer encore plus la sole et provoquer une douleur accrue. Chez les ânes, l'objectif du parage est de garder l'os du pied presque parallèle au sol, comme chez les chevaux.

Nombreux sont les ânes qui ne reçoivent pas suffisamment de soins aux sabots et ceci pour les trois raisons suivantes. Comme la sole pousse rapidement, on a l'impression que la paroi ne dépasse qu'un petit peu. En réalité, la paroi et la sole peuvent, toutes les deux, être trop longues de plusieurs centimètres.

Beaucoup de professionnels des soins aux sabots trouvent les ânes compliqués et difficiles à gérer et il peut être difficile d'en trouver un qui veuille bien s'occuper d'eux. Enfin vient la valeur attribuée à l'âne. Lorsqu'il n'est que le copain de pré du cheval que l'on monte, il sera en bas de la liste des priorités. Le propriétaire ne voudra pas dépenser beaucoup d'argent pour son âne. Et si le professionnel des soins aux sabots lui dit qu'un âne n'a besoin que de deux parages par année, le propriétaire aura tendance à suivre cet avis alors que les sabots d'un âne devraient être parés aussi souvent que ceux d'un cheval.

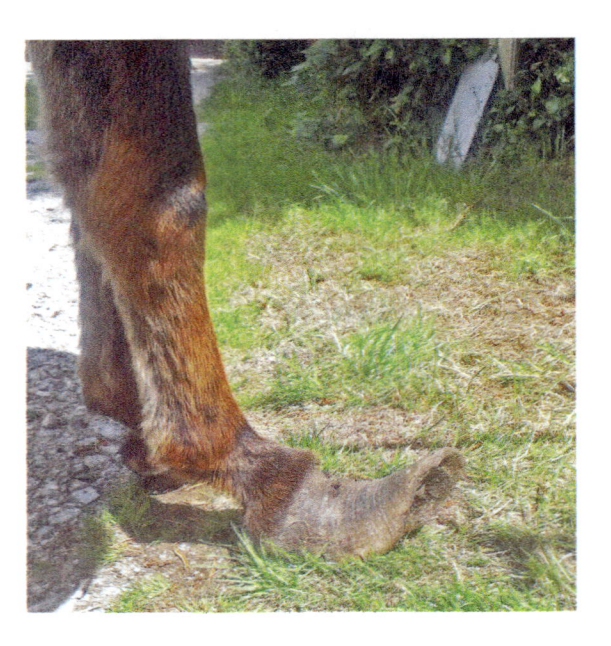

Grave manque d'entretien des pieds

## NUTRITION

### Choix de la nourriture

Les ânes recherchent une plus grande variété d'aliments et sont plus regardants dans leurs choix que les chevaux. Ils cherchent des aliments riches en fibres et pauvres en GNS. Ils sont capables de mieux digérer ce type de nourriture que les chevaux. Du fait de l'efficacité de leur système digestif, les ânes domestiques risquent plus de devenir obèses dans nos prés bien trop riches et l'obésité est un risque notoire de fourbure. Limiter le pâturage par rotation, pâturage en bande, restriction du temps passé au pré ou l'utilisation d'une muselière de pâturage sont des choses plus nécessaires encore chez les ânes que chez les chevaux.

### Plantes toxiques

Etant donné que l'âne cherche une plus grande variété de plantes, le risque d'ingestion de plantes toxiques est un peu plus élevé. Les toxines présentes dans ces plantes provoquent des lésions ou causent des dysfonctionnements qui peuvent faciliter l'apparition d'une fourbure.

Ne sous-estimez jamais l'ingéniosité d'un âne. S'il peut s'échapper, il s'échappera. Vous n'aurez alors aucun contrôle sur ce qu'il mange (et en quelle quantité).

## MÉDICAMENTS

Les médicaments ne sont pas toujours administrés à l'âne à la dose voulue et son organisme répond différemment de celui d'un cheval à certaines substances. Par contre, il est moins sujet à souffrir d'effets secondaires, ce qui est un avantage. Certains médicaments analgésiques et anti-inflammatoires (AINS) sont dégradés si rapidement qu'ils en deviennent inutiles. A l'inverse, d'autres substances sont métabolisées tellement plus lentement chez l'âne que chez le cheval, que le risque de surdose est important.

# POSTFACE

Il est possible qu'après avoir lu ce livre, vous vous sentiez un peu submergé par toutes les informations reçues. Il se pourrait aussi que vous ne soyez pas entièrement d'accord avec ce qui a été exposé, notamment avec l'idée que même les cas de fourbure les plus graves peuvent se soigner sans ferrage, car cette idée fait l'objet d'une forte opposition.

Dites-vous plutôt qu'il y a plusieurs moyens d'arriver à la même solution. Si par exemple vous lisez qu'il n'est pas nécessaire de donner des médicaments anticoagulants, cela ne signifie pas qu'il est mauvais, par définition, de donner ces médicaments. Chacun des traitements, méthodes et adaptations apportées à l'hébergement et au régime alimentaire peut avoir un effet positif sur un individu, et pas sur un autre. Essayez donc simplement de tirer de ce livre ce que vous pensez être juste.
Et surtout, posez des questions critiques à tous ceux qui participeront à la guérison de votre cheval. Sans oublier de vous les poser à vous-même.

Une information vous a-t-elle manqué ou y a-t-il un sujet que vous auriez voulu approfondir ? Toute critique constructive est la bienvenue sur www.fourbure.fr ou fb.me/fourbure

De nouveaux articles apparaissent régulièrement sur fourbure.fr et fb.me/fourbure.

www.fourbure.fr        fb.me/fourbure

# REMERCIEMENTS

Peu de livres ont été écrits sans l'aide d'autres personnes. Dans le cadre de cet ouvrage, je souhaiterais remercier en premier lieu Cynthia Cooper, Gretschen Fathauer, Brian Hampson et Christoph von Horst. Brian et Christoph m'ont donné du matériel de grande valeur, alors que Cynthia et Gretschen m'ont fourni de nombreuses et magnifiques photos. En outre, Cynthia s'est montrée une intermédiaire active pour la recherche d'autres photographes et pour établir le contact avec les propriétaires de chevaux.

J'ai été touché par l'enthousiasme que de nombreuses personnes de par le monde ont manifesté en me permettant d'utiliser leur matériel photographique. Tout a été mis en œuvre pour identifier et contacter chaque détenteur de droits sur toutes les photos que contient cet ouvrage. Tous les photographes (et leurs sites internet) sont listés en page 218. Merci de me contacter via le site www.fourbure.fr si j'ai oublié quelqu'un.

Je tiens également à adresser mes remerciements à Frans Veldman, Koen Theys et Heleen Davies qui m'ont offert leurs critiques constructives et ont, de ce fait, largement contribué à faire en sorte que le contenu de ce livre soit complet, correct et d'actualité. Un grand merci à Marja van Run qui a fait de même pour les informations à propos du système paddock paradise. Mes remerciements vont enfin à Philip Johnson qui m'a très patiemment transmis son savoir à propos du PPID.

Un très grand merci aux traductrices Anouk Silvestrini en Catherine Taks pour le splendide travail qu'elles ont réalisé ensemble.

Tout au long de l'écriture de ce livre, j'ai été influencé par beaucoup de personnes. C'est évidemment un plaisir que de travailler avec mes clients, mais la raison qui me rend heureux de faire ce métier est le privilège que ceux-ci m'accordent en me laissant soigner leurs chevaux, ânes et poneys. Pour cela, ils ont ma plus profonde gratitude.

Clermont-Ferrand, juin 2020

Remco Sikkel

# SOURCES D'INFORMATIONS

## LIVRES

- Adams and Stashak's lameness in horses / Gary Baxter (ed.). - 2011, ISBN : 978-0-813-81549-7
- Color atlas of the horse's foot / Christopher Pollitt. - 2000, ISBN : 0-7234-1765-2
- Consumer's guide to alternative therapies in the horse / David Ramey. - 1999, ISBN : 1-58245-062-5
- Current therapy in equine medicine / Edward Robinson. - 2008, ISBN : 1-4160-5475-8
- Diagnosis and management of lameness in the horse / Michael Ross (et al.). - 2003, ISBN : 978-0-7216-8342-3
- Diseases and disorders of the horse / Derek Knottenbelt, Reginald Pascoe. - 2003, ISBN : 0-7020-2743-X
- Equine behavior : a guide for veterinarians and equine scientists / Paul McGreevy. - 2004, ISBN : 0-7020-2634-4
- Equine clinical nutrition : feeding and care / Lon Lewis. - 1995, ISBN : 0-8121-1636-4
- The equine distal limb : an atlas of clinical anatomy and comparative imaging / Jean-Marie Denoix. - 2000, ISBN : 1-84076001-x
- Equine exercise physiology : the science of exercise in the athletic horse / Kenneth Hinchcliff (et al.). - 2008, ISBN : 978-0-7020-2857-1
- Equine laminitis / James Belknap. - 2017, ISBN : 978-1-119-16909-3
- Equine laminitis : current concepts / Christopher Pollitt. - 2008, ISBN : 1-74151-651-x
- Equine laminitis : managing pasture to reduce the risk / Kathryn Watts. - 2010, ISBN : 1-74254-036-8
- Equine nutrition and feeding / David Frape. - 2010, ISBN : 1-4051-9546-0
- Equine pathology / James Rooney. - 1999, ISBN : 0-8138-2334-x
- Equine podiatry / Andrea Floyd. - 2007, ISBN : 0-7216-0383-1
- Equine science / Rick Parker. - 2007, ISBN : 1-4180-3254-9
- Essential fatty acid supplementation as a preventative for carbohydrate overload-induced laminitis / K. Neely, D. Herthel
- Explaining laminitis and its prevention / Robert Eustace. - 1996, ISBN : 0-9518974-0-3
- Feed your horse like a horse : optimize your horse's nutrition for a lifetime of vibrant health / Juliet Getty. - 2009, ISBN : 1-60844-214-4
- Forages : an introduction to grassland agriculture / Robert Barnes (ed.). - 2003, ISBN : 0-8138-0421-3

- Founder : prevention and cure the natural way / Jaime Jackson. - 2001, ISBN : 0-9658007-3-3
- Horse journal : guide to equine supplements and nutraceuticals / Eleanor Kellon. - 2008, ISBN : 1-59921-178-5
- The horse nutrition handbook / Melyni Worth. - 2010, ISBN : 1-60342-541-1
- Horse owner's veterinary handbook / Tom Gore, Paula Gore, James Giffin. - 2008, ISBN : 0-470-12679-5
- Horse owners guide to natural hoof care / Jaime Jackson. - 2002, ISBN : 0-9658007-6-8
- Improving the foot health of the domestic horse : the relevance of the feral horse foot model / Brian Hampson and Christopher Pollitt. - 2011, ISBN : 978-1-74254-319-2
- Insulin-induced laminitis : an investigation of the disease mechanism in horses / Melody de Laat (et al.). - 2011, ISBN : 978-1-74254-295-9
- Keeping a horse the natural way : a natural approach to horse management for optimum health and performance / Jo Bird. - 2002, ISBN : 0-7641-5411-7
- The lame horse / James Rooney. - 1998, ISBN : 0-929346-55-6
- Laminitis explained / David Ramey. - 2006, ISBN : 1-872119-55-7
- Making natural hoof care work for you / Pete Ramey. - 2003, ISBN : 0-9658007-7-6
- More insights into: laminitis in the Arabian horse / Tobias Reuben Menis. - 2012, ISBN : 1-4461-5693-1
- Natural methods for equine health and performance / Mary Bromiley. - 2009, ISBN : 1-4051-7929-5
- Paard natuurlijk : gezondere paarden en betere prestaties in sport en recreatie / Frans Veldman, Ilona Kooistra. - 2007, ISBN : 90-809285-3-4
- Practical guide to lameness in horses / Ted Stashak, Cherry Hill. - 1996, ISBN : 0-683-07985-9
- Preventing laminitis in horses : a practical guide to decreasing the risk of laminitis (founder) in your horse / Christine King, Richard Mansmann. - 2000, ISBN : 0-9674926-1-0
- Understanding equine medications : your guide to horse health care and management / Barbara Forney. - 2007, ISBN : 1-58150-151-x
- Understanding laminitis / Fran Jurga (et al.). - 1998, ISBN : 0-9390499-8-8
- Understanding the equine foot / Fran Jurga. - 1998, ISBN : 0-939049-96-1
- Veterinary advice on laminitis in horses / Rebecca Hamilton-Fletcher. - 2004, ISBN : 1-86054-247-6
- Who's afraid of founder? : laminitis demystified : causes, prevention, and holistic rehabilitation / Hiltrud Strasser. - 2003, ISBN : 978-0-9685988-4-9

## ARTICLES

- Acute equine laminitis: Exciting prospects afoot / S. Bailey, *Vet. J.* 206.2 (2015): 121-122
- Adiponectin and leptin are related to fat mass in horses / C. Kearns (et al.), *Vet. J.* 172.3 (2006): 460-465
- Adipokine, chemokine, and cytokine expression profiles in adipose tissue depots of lean and overweight ponies / P. Weber (et al.) *J. Equine Vet. Sci.* 33.10 (2013): 846
- The anatomy and physiology of the suspensory apparatus of the distal phalanx / C. Pollitt, *Vet. Clin. North Am. Equine Pract.* 26.1 (2010): 29-49
- Assessment of horse owners' ability to recognise equine laminitis: A cross-sectional study of 93 veterinary diagnosed cases in Great Britains / D. Pollard (et al.), *Equine Vet. J.* DOI: 10.1111/evj.12704
- Association of maximum voluntary dietary intake of freeze-dried garlic with Heinz body anemia in horses / W. Pearson (et al.), *Am. J. Vet. Res.* 66.3 (2005): 457-460
- Batimastat (BB-94) inhibits matrix metalloproteinases of equine laminitis / C. Pollitt (et al.), *Equine Vet. J.* 26 (1998): 119-124
- Burden of infection and insulin resistance in healthy middle-aged men / J. Fernández-Real (et al.), *Diabetes care* 29.5 (2006): 1058-1064
- Carbohydrate alimentary overload laminitis / C. Pollitt, *Vet. Clin. North Am. Equine Pract.* 26.1 (2010): 65-71
- Changes in proportions of dry matter intakes by ponies with access to pasture and haylage for 3 and 20 hours per day respectively, for six weeks / J. Ince (et al.), *J. Equine Vet. Sci.* 31.5 (2011): 283
- Chronic laminitis : managing the foundered horse / D. Walsh, *homesteadvet.net*
- Chronic progressive lymphedema in draft horses / V. Affolter, *Vet. Clin. North Am. Equine Pract.* 29.3 (2013): 589-605
- Clinical anatomy and physiology of the normal equine foot / C. Pollitt, *Equine Vet. Educ.* 4.5 (1992): 219-224
- Clinical and genetic investigation of Connemara hoof wall separation syndrome / C. Finnp (et al.), *J. Equine Vet. Sci.* 33.10 (2013): 857
- Clinical outcome of 14 obesity-associated laminitis cases managed with the same rehabilitation protocol / D. Taylor (et al.), *J. Equine Vet. Sci.* 33.10 (2013): 870
- Clinical presentation, diagnosis, and prognosis of chronic laminitis in Europe / R. Eustace, *Vet. Clin. North Am. Equine Pract.* 26.2 (2010): 391-405
- Clinical research abstracts of the British equine veterinary association congress 2015 / E. Hammersley (et al.), , *Equine Vet. J.* 48.24 (2015)
- Clinical updates I : Laminitis / J. Orsini, *J. Equine Vet. Sci.* 30.9 (2010): 455-459
- Clinical use of triamcinolone acetonide in the horse (205 cases) and the incidence of glucocorticoid-induced laminitis associated with its use / M. McCluskey (et al.), *Equine Vet. Educ.* 16.2 (2004): 86-89

- Comparison of hair follicle histology between horses with pituitary pars intermedia dysfunction and excessive hair growth and normal aged horses / M. Innera (et al.), *Vet. Dermatol.* 24.1 (2013): 212-217
- Comparison of insulin sensitivity of horses adapted to different exercise intensities / S. turner (et al.), *J. Equine Vet. Sci.* 31.11 (2011): 645-649
- Continuous digital hypothermia initiated after the onset of lameness prevents lamellar failure in the oligofructose laminitis model / A. van Eps (et al.), *Equine Vet. J.* 46.5 (2014): 625-630
- Comparison of Vitex agnus castus extract and pergolide in treatment of equine Cushing's syndrome / J. Beech (et al.), *Proc AAEP* (2002): 177
- A comparison of weight estimation methods in adult horses / E. Wagner (et al.), *J. Equine Vet. Sci.* 31.12 (2011): 706-710
- Comparison of weight loss, with or without dietary restriction and exercise, in standardbreds, Andalusians and mixed breed ponies / S. Potter (et al.), *J. Equine Vet. Sci.* 33.5 (2013): 339
- Contrasting structural morphologies of 'good' and 'bad' footed horses / R. Bowker, *Proc. Am. Assoc. Equine Pract.* 49 (2003): 186-209
- Corticosteroid-associated laminitis / S. Bailey, *Vet. Clin. North Am. Equine Pract.* 26.2 (2010): 277-285
- Cresty neck scoring : how to? / T. Cubitt, *poulingrain.com*
- Curcumin activates AMPK and suppresses gluconeogenic gene expression in hepatoma cells / T. Kim (et al.), *Biochem. Biophys. Res. Commun.* 388.2 (2009) 377-382
- Curcumin: from ancient medicine to current clinical trials / H. Hatcher (et al.), *Cell Mol. Life Sci.* 65.11 (2008): 1631-1652
- Current concepts on the pathophysiology of pasture-associated laminitis / R. Geor, *Vet. Clin. North Am. Equine Pract.* 26.2 (2010): 265-276
- Current understanding of the equine metabolic syndrome phenotype / R. Geor (et al.), *J. Equine Vet. Sci.* 33.10 (2013): 841-844
- Decreased expression of p63, a regulator of epidermal stem cells, in the chronic laminitic equine hoof / R. Carter (et al.), *Equine Vet. J.* 43.5 (2011): 543-551
- Diabetes, insulin resistance, and metabolic syndrome in horses / P. Johnson (et al.), *J. Diabetes Sci. Technol.* 6.3 (2012): 534-540
- Diagnosis and treatment of foot infections / B. Agne, *J. Equine Vet. Sci.* 30.9 (2010): 510-512
- Dietary fructan carbohydrate increases amine production in the equine large intestine : implications for pasture-associated laminitis / C. Crawford (et al.), *J. Anim. Sci.* 85.11 (2007): 2949-2958
- Dietary management of obesity and insulin resistance : countering risk for laminitis / R. Geor, *Vet. Clin. North Am. Equine Pract.* 25.1 (2009): 51-65
- Digital hypothermia inhibits early lamellar inflammatory signalling in the oligofructose laminitis model / A. van Eps (et al.), *Equine Vet. J.* 44.2 (2012): 230-237
- Documentation of the clinical outcome of four laminitis cases managed with the same hoof care and dietary management protocol / D. Taylor (et al.), *J. Equine Vet. Sci.* 30.2 (2010): 114-115
- The effect of airflow on thermographically determined temperature of the distal forelimb of the horse / S. Westermann (et al.), *Equine Vet. J. Equine Vet. J.* 45.5 (2013): 637-641

- Effect of continuous digital hypothermia on lamellar inflammatory signaling when applied at a clinically-relevant timepoint in the oligofructose laminitis model / K. Dern (et al.), *J. Vet. Intern. Med.* 32.1 (2018): 450-458
- Effects of a supplement containing chromium and magnesium on morphometric measurements, resting glucose, insulin concentrations and insulin sensitivity in laminitic obese horses / K. Chameroy (et al.), *Equine. Vet. J.* 43.3 (2011): 494-499
- Effects of clopidogrel and aspirin on platelet aggregation, thromboxane production, and serotonin secretion in horses / B. Brainard (et al.), *J. Vet. Intern. Med.* 25.1 (2011): 116-122
- Effect of environmental conditions on degree of hoof wall hydration in horses / B. Hampson (et al.), *Am. J. Vet. Res.* 73.3 (2012): 435-438
- The effect of hoof angle variations on dorsal lamellar load in the equine hoof / G. Ramsey (et al.), *Equine Vet. J.* 43.5 (2011): 536-542
- The effect of oral metformin on insulin sensitivity in insulin-resistant ponies / K. Tinworth (et al.), *Vet. J.* 191.1 (2012): 79-84
- The effect of soaking on carbohydrate removal and dry matter loss in orchardgrass and alfalfa hays / K. Martinson (et al.), *J. Equine Vet. Sci.* 32.6 (2012): 332-338
- The effect of soaking on protein and mineral loss in orchardgrass and alfalfa hay / K. Martinson (et al.), *J. Equine Vet. Sci.* 32.12 (2012): 776-782
- Effects of a "two-hit" model of organ damage on the systemic inflammatory response and development of laminitis in horses / E. Tadros (et al.), *Vet. Immunol. Immunopathol.* 150.1-2 (2012): 90-100
- Effects of incretin hormones on beta-cell mass and function, body weight, and hepatic and myocardial functions / S. Mudaliar (et al.), *Am. J. Med.* 123.3 (2010): S19-27
- Effects of industrial polystyrene foam insulation pads on the center of pressure and load distribution in the forefeet of clinically normal horses / J. Schleining (et al.), *Am. J. Vet. Res.* 72.5 (2011): 628-633
- Effects of intracecal buffer solution treatment in apoptosis of epidermal lamellar cells in horses with experimental laminitis / A. Souza (et al.), *J. Equine Vet. Sci.* 30.2 (2010): 113
- Effects of $\Omega$-3 (ln-3) fatty acid supplementation on insulin sensitivity in horses / T. Hess (et al.), *J. Equine Vet. Sci.* 33.6 (2013): 446-453
- Effects of oral administration of levothyroxine sodium on serum concentrations of thyroid gland hormones and responses to injections of thyrotropin-releasing hormone in healthy adult mares / C. Sommardahl (et al.), *Am. J. Vet. Res.* 66.6 (2005): 1025-1031
- Effect of orally administered sodium bicarbonate on caecal pH / E. Taylor (et al.), *Equine Vet. J.* 46.2 (2013): 223-226
- Effect of restricted grazing on hindgut pH and fluid balance / P. Sicilliano, *J. Equine Vet. Sci.* 32.9 (2012): 558-561
- Effectiveness of acupuncture in veterinary medicine: systematic review / G. Habacher (et al.), *J. Vet. Intern. Med.* 20,3 (2006): 480-488
- Effects of the insulin-sensitizing drug pioglitazone and lipopolysaccharide administration on insulin sensitivity in horses / J. Suagee (et al.), *J. Vet. Intern. Med.* 25 (2011): 356-364

- Efficacy of trilostane for the treatment of equine Cushing's syndrome / C. McGowen (et al.), *Equine Vet. J.* 35.4 (2003): 414-418
- Endocrine disorders and laminitis / E. Tadros (et al.), *Equine Vet. Educ.* 25.3 (2013): 152-162
- Endocrinopathic laminitis / C. McGowan, *Vet. Clin. North Am. Equine Pract.* 26.2 (2011): 233-237
- Endocrinopathic laminitis in the horse / P. Johnson (et al.), *Clin. Tech. Equine Pract.* 3.1 (2004): 45-56
- Endocrinopathic laminitis, obesity-associated laminitis, and pasture-associated laminitis / N. Frank, *Proc. Am. Assoc. Equine Pract.* 54 (2008): 341-346
- Endocrinopathic laminitis: reducing the risk through diet and exercise / N. Menzies-Gow, *Vet. Clin. North Am. Equine Pract.* 26.2 (2010): 371-378
- Epidemiological study of pasture-associated laminitis and concurrent risk factors in the South of England / N. Menzies-Gow (et al.), *Vet. Rec.* 167.18 (2010): 690-694
- Equine hyperlipaemia: a review / K. Hughes (et al), *Aus. Vet. J.* 82.3 (2004): 136-142
- Equine laminitis : a revised pathophysiology / C. Pollitt, *Proc. Am. Assoc. Equine Pract.* 45 (1999): 189-192
- Equine laminitis: what is all the hype about hyperinsulinaemic laminitis? / C. Wylie, *Vet. J.* 196.2 (2013): 139-140
- Equine metabolic syndrome / N. Frank, *Vet. Clin. North Am. Equine Pract.* 27.1 (2011): 73-92
- Equine metabolic syndrome : more unknowns than knowns / Kentucky Equine Research, *J. Equine Vet. Sci.* 26 (2006): 543-545
- Equine pituitary pars intermedia dysfunction / D. McFarlane, *Vet. Clin. North Am. Equine Pract.* 27.1 (2011): 93-113
- Estimation of the Body Weight of Icelandic Horses / G. Hoffmann (et al.), *J. Equine Vet. Sci.* 33.11 (2013): 893-895
- Evaluation of systemic immunological hyperreactivity after intradermal testing in horses with chronic laminitis / I. Wagner (et al.), *Am. J. Vet. Res.* 64 (2003): 279-283
- Expression of endothelin in equine laminitis / L. Katwa (et al.), *Equine Vet. J.* 31.3 (1999): 243-246
- De ezel, net even anders / Ellen Graaf-Roelfsema (et al.), *Diergeneeskundig Memorandum* 56.3 (2009): 1-76
- Factors involved in the prognosis of equine laminitis in the UK / P. Cripps (et al.), *Equine. Vet. J.* 31.5 (1999): 433-442
- Fecal pH and microbial populations in thoroughbred horses during transition from pasture to concentrate feeding / M. van den Berg (et al.), *J. Equine Vet. Sci.* 33.4 (2013): 215-222
- Feeding naturally / L. Ross-Williams, *naturalhorsetalk.com*
- Fructose-induced leptin resistance exacerbates weight gain in response to subsequent high-fat feeding / A. Shapiro (et al.), *Am. J. Physiol. Regul. Integr. Comp. Physiol.* 295.5 (2008): 1370-1375
- Functional anatomy of the cartilage of the distal phalanx and digital cushion in the equine foot and a hemodynamic flow hypothesis of energy dissipation / R. Bowker (et al.), *Am. J. Vet. Res.* 59.8 (1998): 961-968
- Gastrointestinal derived factors are potential triggers for the development of acute equine laminitis / J. Elliott (et al.), *J Nutr.* 136.7 suppl. (2006): 2103S-2107S
- Glucose transport in the equine hoof / K. Asplin (et al.), *Equine Vet. J.* 43.2 (2011): 196-201

- The growth and adaptive capabilities of the hoof wall and sole : functional changes in response to stress / R. Bowker, *Proc. Am. Assoc. Equine Pract.* 49 (2003): 146-168
- Histological and morphometric lesions in the pre-clinical, developmental phase of insulin-induced laminitis in Standardbred horses / M. de Laat (et al.), *Vet. J.* 195.3 (2013): 305-312
- Histopathological examination of chronic laminitis in Kaimanawa feral horses of New Zealand / B. Hampson (et al.), *N. Z. Vet. J.* 60.5 (2012): 285-289
- Histopathology of equine hoof wall, skin and chestnut in acute spontaneous laminitis / O. Wattle (et al.), *J. Equine Vet. Sci.* 30.2 (2010): 116
- Home care for horses with chronic laminitis / J. Orsini (et al.), *Vet. Clin. North Am. Equine Pract.* 26.1 (2010): 215-223
- Home care nursing for the laminitic horse / J. Wrigley, *J. Vet. Sci.* 31.10 (2011): 605-609
- Hoof mass, motion and the mythos of P3 rotation / J. Jackson, *SRP Bulletin* 113 (2006)
- Hyperinsulinemic laminitis / M. de Laat (et al.), *Vet. Clin. North Am. Equine Pract.* 26.2 (2010): 257-264
- Hyperlipaemia in a donkey / J. Tarrant (et al.), *Aus. Vet. J.* 76.7 (1998): 466-469
- Influence of feeding status, time of the day, and season on baseline adrenocorticotropic hormone and the response to thyrotropin releasing hormone-stimulation test in healthy horses / E. Diez de Castro (et al.), *Domest. Anim. Endocrinol.* 48 (2014): 77-83
- The interaction of grazing muzzle use and grass species on forage intake of horses - a preliminary study / E. Glunk (et al.), *J. Equine Vet. Sci.* 33.5 (2013): 357
- Lamellar metabolism / O. Wattle, C. Pollitt, *Clin. Tech. Equine Pract.* 3.1 (2004): 22-33
- Laminar leukocyte accumulation in horses with carbohydrate overload-induced laminitis / R. Faleiros (et al.), *J. Vet. Intern. Med.* 25.1 (2011): 107-115
- Laminitis and the equine metabolic syndrome / P. Johnson (et al.), *Vet. Clin. North Am. Equine Pract.* 26.2 (2010): 239-255
- Laminitis attack : the first line of defense / D. Walsh (et al.), *safergrass.org*
- Laminitis in feral horses: where, when, and why? / B. Hampson, *J. Equine Vet. Sci.* 31.10 (2011): 594-595
- Laminitis in przewalski horses kept in a semireserve / K. Budras, *J. Vet. Sci.* 2.1 (2001): 1-7
- Laminitis : recognition of at-risk individuals, and methods of prevention / B. Ange, *J. Equine Vet. Sci.* 30.9 (2010): 471-474
- Laminitis theory : shots around the target / C. Pollitt, *laminitisreserach.org*
- Laminitis treatment : a natural medicine perspective / J. Harman, *Hoofcare & Lameness: J. Equine Foot* 73 (s.a.)
- Leidingwater, water uit de put of een stromend beekje : wat is de beste keuze voor jouw paard / H. Boon, *CAP* 5 (2010): 56-60
- Magnesium disorders in horses / A. Stewart, *Vet. Clin. North Am. Equine Pract.* 27.1 (2011): 149-163
- Managing hoof abscesses : options for treating this frequent and frustrating cause of lameness / S. O'Grady, *equipodiatry.com*
- Managing obesity in pasture-based horses / I. Becvarova (et al.), *Compend. Contin. Educ. Vet.* 34.4 (2012): 1-4
- Maggot debridement therapy for laminitis / S. Morrison, *Vet. Clin. North Am. Equine Pract.* 26.2 (2010): 447-450

- Medical acupuncture for equine laminitis / L. Lancaster, *J. Equine Vet. Sci.* 31.10 (2011): 604
- Metabolic predispositions to laminitis in horses and ponies: obesity, insulin resistance and metabolic syndromes / R. Geor, *J. Equine Vet. Sci.* 28.12 (2008): 753-759
- Microbial events in the hindgut during carbohydrate-induced equine laminitis / G. Milinovich (et al.), *Vet. Clin. North Am. Equine Pract.* 26.1 (2010): 79-94
- Morphometry and abnormalities of the feet of Kaimanawa feral horses in New Zealand / B. Hampson (et al.), *Aust. Vet. J.* 88.4 (2010): 124-131
- A multicenter, matched case-control study of risk factors for equine laminitis / P. Alford (et al.), *Prev. Vet. Med.* 49.3-4 (2001): 209-222
- Nutrition and exercise in the management of horses and ponies at high risk for laminitis / R. Geor, *J. Equine Vet. Sci.* 30.9 (2010): 463-470
- Overview of current laminitis research / S. Eades, *Vet. Clin. North Am. Equine Pract.* 26.1 (2010): 51-63
- Pasture-associated laminitis / R. Geor, *Vet. Clin. North Am. Equine Pract.* 25.1 (2009): 39-50
- Pasture management to minimize the risk of equine laminitis / K. Watts, *Vet. Clin. North Am. Equine Pract.* 26.2 (2010): 361-369
- Pasture nonstructural carbohydrates and equine laminitis / A. Longland (et al.), *J. Nutr.* 136.7 (2006): 2099-2100
- Pathophysiology and clinical features of pituitary pars intermedia dysfunction / D. McFarlane, *Equine Vet. Educ.* DOI: 10.1111/eve.12237
- Pathology of the distal phalanx in equine laminitis : more than just skin deep / J. Engiles, *Vet. Clin. North Am. Equine Pract.* 26.1 (2010): 155-165
- The perils of excess potassium / B. Lee, albrechtsanimals.typepad.com
- A potential link between insulin resistance and iron overload disorder in browsing rhinoceroses investigated through the use of an equine model / B. Nielsne (et al.), *J. Zoo Wildl. Med.* 43.3 (2012): 61-65
- Pregnancy-associated laminitis in mares / P. Johnson (et al.), *J. Equine Vet. Sci.* 29.1 (2009): 42-46
- A preliminary study into the use of manual lymphatic drainage to support recovery from laminitis / H. Powell, *J. Equine Vet. Sci.* 33.10 (2013): 872
- Preventing laminitis in the contralateral limb of horses with non-weight-bearing lameness / R. Redden, *Clin. Tech. Equine Pract.* 3.1 (2004): 57-63
- Primer on dietary carbohydrates and utility of the glycemic index in equine nutrition / P. harris (et al.), *Vet. Clin. North Am. Equine Pract.* 25.1 (2009): 23-37
- Prognostic indicators of poor outcome in horses with laminitis at a tertiary care hospital / J. Orsini (et al.), *Can Vet J* 51.6 (2010): 623-628
- Prosthetics : science, not science fiction / S. Wenholz, *The Horse* juli 01(2005)
- Psyllium lowers blood glucose and insulin concentrations in horses / S. Moreaux (et al.), *J. Equine Vet. Sci.* 31.1 (2011): 160-165
- Recent research into laminitis / P. Huntington (et al.), ker.com
- Regional intravenous limb perfusion compared to systemic intravenous administration for marimastat delivery to equine lamellar tissue / C. Underwood (et al.), *J. Vet. Pharmacol. Therap.* 38 (2015): 392-399

- A reproducible model for long-term rehabilitation of the foundered equine metabolic syndrome horse / D. Bicking, *J. Equine Vet. Sci.* 33.10 (2013): 870-871
- A retrospective evaluation of laminitis in horses / R. Hunt, *Equine. Vet. J.* 25.1 (1993): 61-64
- Review of equine piroplasmosis / L. Wise (et al), *J. Vet. Intern. Med.* 27 (2013): 1334-1346
- A review of factors affecting carbohydrate levels in forage / K. Watts (et al.), *J. Equine Vet. Sci.* 24.2 (2004): 84-86
- A review of recent advances and current hypotheses on the pathogenesis of acute laminitis / L. Katz (et al.), *Equine. Vet. J.* 44.6 (2012): 752-761
- A review of unlikely sources of excess carbohydrate in equine diets / K. Watts, *J. Equine Vet. Sci.* 25.8 (2005): 338-344
- Risk factors for development of acute laminitis in horses during hospitalization: 73 cases (1997-2004) / C. Parsons (et al.), *J. Am. Vet. Med. Assoc.* 230.6 (2007): 885-889
- Risk factors for equine laminitis: a systematic review with quality appraisal of published evidence / C. Wylie (et al.), *Vet. J.* 193.1 (2012): 58-66
- Ruwvoer : vaak onderschat, maar van onschatbare waarde / N. Rietman, *In de strengen* 67.21 (2005): 16-21
- Serum cortisol concentrations in response to incremental doses of inhaled beclomethasone dipropionate / B. Rush (et al.), *Equine. Vet. J.* 31.3 (1999): 258-261
- Short-term incubation of equine laminar veins with cortisol and insulin alters contractility in vitro: possible implications for the pathogenesis of equine laminitis / J. Keen (et al.), *J. Vet. Pharmacol. Ther.* 3 (2012)
- Some laminitis problems in horses may be caused by excessive iron intake / D. Pitzen, *naturalhorsetrim.com*
- Stress bij paarden / A. ten Napel, *holistischdierenarts.nl*
- The structure, innervation and location of arteriovenous anastomoses in the equine foot / C. Pollitt (et al.), *Equine. Vet. J.* 26.4 (1994): 305-312
- Supporting limb laminitis / A. van Eps (et al.), *Vet. Clin. North Am. Equine Pract.* 26.2 (2010): 287-302
- Treating laminitis : beyond the mechanics of trimming and shoeing / W. Baker, *Vet. Clin. North Am. Equine Pract.* 28.2 (2012): 441-455
- Using the Horse Grimace Scale (HGS) to assess pain associated with acute laminitis in Horses (Equus caballus) / Dalla costa (et al.), *Animals (Basel).* 3.6 (2016): 8
- Venograms for use in laminitis treatment / S. Eastman (et al.), *J. Equine Vet. Sci.* 32.11 (2012): 757-759
- What is the risk that corticosteroid treatment will cause laminitis? / E. Knowles, *Equine Vet. Educ.* 16.2 (2018): doi.org/10.1111/eve.12901
- What's new in laminitis research I - pathophysiology and prevention / J. Orsini (et al.), *J. Equine Vet. Sci.* 32.10 (2012): 641-647
- What's new in laminitis research II - advances in laminitis treatment / N. Grenager (et al.), *J. Equine Vet. Sci.* 32.10 (2012): 647-653
- When to euthanase / J. Yeates, *Vet. Rec.* 166 (2010), 370-371
- Winter care of the insulin resistant horse / E. Kellon, *naturalhorsejourney*

## SITES WEB

- animalhealthfoundation.com
- deepdyve.com
- hoofrehab.com
- hoofwear.com
- ironfreehoof.com
- j-evs.com
- jn.nutrition.org
- journalofanimalscience.org
- ker.com
- laminitisresearch.org
- naturalhorsetrim.com
- naturalhorseworld.com
- ncbi.nlm.nih.gov/pubmed
- paardenhoeven.info
- paardnatuurlijk.nl
- paddockparadijs.nl
- safergrass.org
- thehorse.com
- thelaminitissite.org

## PHOTOGRAPHES

- Advanced equine therapies
- Alexas fotos
- Alfons Geerts
- Andrew Grimm
- Brian Hampson
- Carlton veterinary hospital
- Caroline Wang-Andresen
- Cheryl Henderson
- Chris Pollitt
- Christoph von Horst
- Cindy Altorf
- Claudia Garner
- Cynthia Cooper
- David Stephens
- Deanna Fenwick
- The Donkey sanctuary
- Elizabeth Fish
- František Brabec
- František Pleva
- Gretschen Fathauer
- Haiku farm
- Hanna Dalberg
- Hasan Jerbi
- Heather Adams
- Heidi Billing
- Heleen Davies
- Helen Morrell
- Ilona Kooistra
- Ilse Bartholomeeusen
- Ivan Procházka
- Jamie Berning
- Jan Ševcík
- Janice Hutchinson
- Jennifer Wilkening
- Jirí Kamenícek
- John D. Baird
- The Japanese society of equine science
- Justyna Furmanczyk
- Karan Rawlins
- Karin Schouwenburg
- Kate Light
- Kathmann Vital
- Katie Fitzgerald
- Kim Hillegas

SOURCES D'INFORMATIONS

- Kim Starr
- Klaas Feuth
- Lacelynn Seibel
- Leslie Potter
- Lisa Lancaster
- Linda Lebesque
- Liz Jaynes
- Liz Kilroy
- The Liphook equine hospital
- Lubomír Klátil
- Lucy Priory
- Maria Alexandra
- Marion Ryan
- Marja van Run
- Mark DePaolo
- Marlou van Blitterswijk
- Mary Bayard Fitzpatrick
- Matthias Zomer
- Michael Kesl
- Michael Porter
- Mike Harris
- Mike van Dijk
- Milan Korínek
- Miran Rijavec
- Mulography
- Musée d'histoire naturelle, Berlin
- Myhre equine clinic
- N.A. Irlbeck
- Nicolette Kosterman
- Novus
- Patrick Brunner
- Pavel Buršík
- Pavel Šinkyrík

- Peter Kocna
- Petr Voboril
- Polyplas
- Radim Paulic
- Rainer Maiores
- Rebekah Wallace
- Robert Vidéki
- Rood & Riddle stem cell laboratory
- Rose Kingery-Potter
- Sabine Baron
- Sarah Bernier
- Scott Morrison
- Sherilyn Allen
- Simon Constable
- Sophie Gent
- Stacy Manson
- Stanislav Krejcík
- Tamara Horová
- Tanja Boeve
- Theodore Webster
- Tomas Figura
- Tomas Leibelt
- Tomáš Machácek
- Tracy Dunn
- Ulrich Leone
- University of Veterinary Medicine Hanover, Clinic for horses
- Václav Hrdina
- Vladimír Motycka
- Vladimír Nejeschleba
- Vojtech Herman
- W. Ellenberger
- Wide open pets

# NOMENCLATURE BOTANIQUE

La nomenclature botanique est la discipline qui nomme les plantes de manière formelle et scientifique. Vous trouverez ci-après les noms botaniques des plantes et des arbres mentionnés dans ce livre, ainsi que leurs noms vernaculaires sous « Autres dénominations ».

*(photo : Tomas Leibelt)*

## ACHILLÉE MILLEFEUILLE

Famille : Asteraceae
Genre : Achillea
Espèce : Achillea Millefolium

Autres dénominations : Millefeuille, Herbe aux militaires, Herbe aux coupures, Saigne-nez.

*(photo : Tamara Horová)*

## ACTÉE À GRAPPES NOIRES

Famille : Ranunculaceae
Genre : Actaea
Espèce : Actaea racemosa

Autres dénominations : Cimicaire à grappes, Chasse-punaise.

Azarolier
*(photo : Pavel Buršík)*

## AUBÉPINE

Famille : Rosaceae
Genre : Crataegus

Le genre Crataegus contient environ 200 espèces parmi lesquelles on trouve l'Azarolier (Crataegus Azarolus).

Autres dénominations : Pommette, Azarolier, Azérolier, Épine d'Espagne

*(photo : Lubomír Klátil)*

Bouleau jaune
*(photo : Radim Paulic)*

Brome des champs
*(photo : Radim Paulic)*

Chardon-Marie
*(photo : Milan Korínek)*

## BEC-DE-GRUE À FEUILLES DE CIGUË

Famille : Geraniaceae
Genre : Erodium
Espèce : Erodium Cicutarium

Autres dénominations : Bec-de-grue commun, Érodium commun, Érodium à feuilles de ciguë, Cicutaire.

## BOULEAU

Famille : Betulaceae
Genre : Betula

Le genre Betula contient 60 espèces dont le Bouleau jaune (Betula Alleghaniensis).

## BROME

Famille : Poaceae
Genre : Bromus

Le genre Bromus contient 170 espèces dont le Brome des champs (Bromus Avensis), le Brome cathartique (Bromus Catharticus) ou le Brome stérile (Bromus Sterilis).

## CHARDON

Famille : Asteraceae

La famille des Astéracées regroupe 14 genres, dont le Chardon-Marie (Silybum Marianum) et le Chardon penché (Carduus Nutans).

## CHIENDENT OFFICINAL

Famille : Poaceae
Genre : Elymus
Espèce : Elymus Repens

Autres dénominations : Chiendent rampant, Chiendent commun, Petit chiendent, Blé-rampant, Blé de chien.

*(photo : Radim Paulic)*

## CURCUMA

Famille : Zingiberaceae
Genre : Curcuma
Espèce : Curcuma Longa

*(photo : Kim Starr)*

## DACTYLE

Famille : Poaceae
Genre : Dactylis
Espèce : Dactylis Glomerata

Autre dénomination : Dactyle aggloméré

*(photo : Vojtech Herman)*

## EGLANTIER

Famille : Rosaceae
Genre : Rosa
Espèce : Rosa Canina

Autres dénominations : Rosier des chiens, Rosier des haies, gratte-cul. Appelé Cynorhodon en Suisse.

*(photo : Peter Kocna)*

Erable champêtre
(photo : Tomas Figura)

# ERABLE

Famille : Aceraceae (Sapindaceae APG III)
Genre : Acer

Le genre Acer contient 128 espèces dont l'Erable champêtre (Acer Campestre).

(photo : Michael Kesl)

# FENUGREC

Famille : Fabaceae
Genre : Trigonella
Espèce : Trigonella Foenum-Graecum

Autres dénominations : Trigonelle fenugrec, Trigonelle, Sénégrain.

(photo : Ivan Procházka)

# FÉTUQUE DES PRÉS

Famille : Poaceae
Genre : Festuca
Espèce : Festuca Pratensis

(photo : Václav Hrdina)

# FÉTUQUE ÉLEVÉE

Famille : Poaceae
Genre : Festuca
Espèce : Festuca Arundinacea

Autres dénominations : Fétuque faux roseau, Fétuque roseau.

## FÉTUQUE ROUGE

Famille : Poaceae
Genre : Festuca
Espèce : Festuca Rubra

Autre dénomination : Fétuque traçante

*(photo : Václav Hrdina)*

## FÉVIER D'AMÉRIQUE

Famille : Fabaceae
Genre : Gleditsia
Espèce : Gleditsia Triacanthos

Autres dénominations : Févier épineux, Févier à trois épines, Carouge à miel, Épine du Christ.

*(photo : Tomáš Machácek)*

## FLÉOLE

Famille : Poaceae
Genre : Phleum

Le genre Phleum regroupe 18 espèces parmi lesquelles la Fléole des prés (Phleum Pratense) et la Fléole des Alpes (Phleum Alpinum).

Fléole des pres
*(photo : Jan Ševcík)*

## GAILLET GRATTERON

Famille : Rubiaceae
Genre : Galium
Espèce : Galium Aparine

Autres dénominations : Gaillet accrocheur, Herbe collante, Rièble.

*(photo : Lubomír Klátil)*

## GATTILIER

Famille : Lamiaceae
Genre : Vitex
Espèce : Vitex Agnus-Castus

Autres dénominations : Arbre au poivre, Poivre de moine.

*(photo : František Pleva)*

## GENTIANE

Famille : Gentianaceae
Genre : Gentiana
Espèce : Gentiana

Le genre Gentiana contient 400 espèces dont la Gentiane printanière ou Gentiane de printemps (Gentiana Verna).

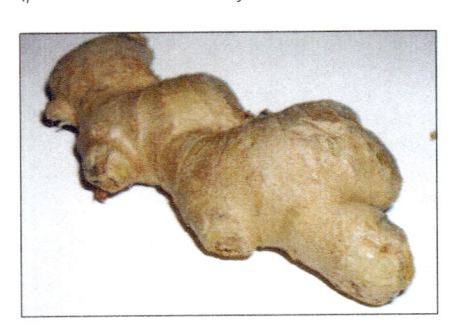

Gentiane printanière
*(photo : Vladimír Nejeschleba)*

## GINGEMBRE

Famille : Zingiberaceae
Genre : Zingiber
Espèce : Zingiber Officinale

*(photo : Miran Rijavec)*

## HOULQUE LAINEUSE

Famille : Poaceae
Genre : Holcus
Espèce : Holcus Lanatus

Autre dénomination : Foin de mouton

*(photo : Jirí Kamenícek)*

## IVRAIE MULTIFLORE

Famille : Poaceae
Genre : Lolium
Espèce : Lolium Multiflorum

Autres dénominations : Ivraie d'Italie, Ray-grass d'Italie.

*(photo : Jirí Kamenícek)*

## IVRAIE VIVACE

Famille : Poaceae
Genre : Lolium
Espèce : Lolium Perenne

Autres dénominations : Ray-grass anglais, Ray-grass commun, Bonne-herbe.

*(photo : Jirí Kamenícek)*

## JIAOGULAN

Famille : Cucurbitaceae
Genre : Gynostemma
Espèce : Gynostemma Pentaphyllum

Autre dénomination : Herbe de l'immortalité

*(photo : Petr Voboril)*

## LAURIER

Famille : Lauraceae
Genre : Cinnamomum

Le genre Cinnamomum regroupe plus de 300 espèces dont le Camphrier ou Arbre à camphre (Cinnamomum Camphora).

Camphrier
*(photo : Tamara Horová)*

Laurier noble
*(photo : Pavel Buršík)*

## LAURIER

Famille : Lauraceae

La famille des Lauracées contient plus de 50 genres et plus de 3000 espèces, dont le Laurier noble, appelé aussi Laurier vrai ou Laurier-sauce (Laurus Nobilis).

*(photo : Vladimír Motyka)*

## NOISETIER

Famille : Betulaceae
Genre : Corylus

Le genre Corylus regroupe 18 espèces parmi lesquelles on trouve le Noisetier commun, appelé aussi Coudrier ou Avelinier (Corylus Avellana).

Grande ortie
*(photo : Jirí Kamenícek)*

## ORTIE

Famille : Urticaceae
Genre : Urtica

Le genre Urtica contient 45 espèces dont la Grande ortie (Urtica Dioica) appelée aussi Ortie dioïque ou Ortie commune, l'Ortie brûlante (Urtica Urens) appelée aussi Ortie grièche ou Petite ortie.

*(photo : Kim Starr)*

## PÂTURIN DES PRÉS

Famille : Poaceae
Genre : Poa
Espèce : Poa Pratensis

# NOMENCLATURE BOTANIQUE

Peuplier blanc
*(photo : Jiří Kameníček)*

## PEUPLIER

Famille : Salicaceae
Genre : Populus

Le genre Populus regroupe 35 espèces dont le Peuplier blanc (Populus Alba).

Autres dénominations : Abèle, Peuplier à feuille d'érable, Peuplier argenté, Blanc de Hollande, Aube, Ypréau, Piboule.

*(photo : Stanislav Krejcík)*

## PISSENLIT

Famille : Asteraceae
Genre : Taraxacum

Le genre Taraxacum contient 34 espèces dont le Pissenlit (appelé aussi Dent-de-lion – Taraxacum Officinale) et le Pissenlit gracile ou Pissenlit à feuilles lisses (Taraxacum Erythrospermum).

Plantain lancéolé
*(photo : Pavel Šinkyrík)*

## PLANTAIN

Famille : Plantaginaceae
Genre : Plantago

Le genre Plantago regroupe 18 espèces dont le Plantain lancéolé (Plantago Lanceolata) appelé aussi Plantain étroit ou Herbe à cinq coutures ou Herbe à cinq côtes,

et le Grand plantain (Plantago Major), appelé aussi Plantain majeur ou Plantain des oiseaux.

*(photo : Stacy Manson)*

## PSYLLIUM BLOND

Famille : Plantaginaceae
Genre : Plantago
Espèce : Plantago Ovata

Autre dénomination : Herbe aux puces, Ispaghul, Plantago afra, Plantain brun, Plantain des indes, Plantain psyllium, Plantain pucier.

*(photo : Stanislav Krejcík)*

## SARRASIN

Famille : Polygonaceae
Genre : Fagopyrum
Espèce : Fagopyrum Esculentum

Autres dénominations : Blé noir, Blé de barbarie, Bucail, Carabin.

*(photo : Pavel Buršík)*

## SAULE À TROIS ÉTAMINES

Famille : Salicaceae
Genre : Salix
Espèce : Salix Triandra

Autres dénominations : Osier brun, Saule-amandier, Noir de Villaines

*(photo : František Brabec)*

## SAULE BLANC

Famille : Salicaceae
Genre : Salix

Le genre Salix regroupe 400 espèces dont le Saule blanc (Salix Alba)

*(photo : Lubomír Klátil)*

## TRÈFLE DES PRÉS

Famille : Fabaceae
Genre : Trifolium
Espèce : Trifolium Pratense

Autre dénomination : Trèfle violet

Gesse sans vrille
*(photo : Jan Ševcík)*

## VESCE, GESSE

Famille : Fabaceae
Genre : Vicia

Le genre Vicia regroupe 140 espèces dont le Gesse sans vrille ou Gesse de Nissole (Lathyrus Nissolia).

*(photo : Lubomír Klátil)*

## VULPIN DES PRÉS

Famille : Poaceae
Genre : Alopecurus
Espèce : Alopecurus Pratensis

Le nom générique Alopecurus signifie « queue de renard ».

# CHECK-LIST

## Propriétaire
Nom : _____
Adresse : _____
Ville : _____ Code postal : _____
Téléphone : _____
E-mail : _____ Portable : _____

## Vétérinaire
Nom : _____
Cabinet : _____
Adresse : _____
Ville : _____ Code postal : _____
Téléphone : _____
E-mail : _____

## Cheval
Nom : _____
Sexe : ☐ jument ☐ hongre ☐ étalon
Age : _____
Race : _____
Fourbu depuis : _____
Première fourbure ou nouvel épisode de fourbure après une rémission sans anti-douleurs d'au moins 14 jours ? ☐ oui ☐ non

Diagnostiqué par : ☐ vétérinaire ☐ professionnel des soins aux sabots
  ☐ dernier/autre professionnel des soins aux sabots
  ☐ propriétaire ☐ autre : _____

État des sabots :
```
┌─────────────────────────────────────────────────────────┐
│                                                         │
│                                                         │
│                                                         │
└─────────────────────────────────────────────────────────┘
```

Attitude et posture du cheval
(*par exemple campé du devant et sous lui du derrière, balancement de droite à gauche*) :

[ ]

Boiterie : Obel ☐ 1 ☐ 2 ☐ 3 ☐ 4
Taille de l'encolure :
Poids :
Méthode : ☐ balance ☐ Carrol & Huntington ☐ ruban de mesure
Surpoids : ☐ oui ☐ non
CNS :   ☐ 0 ☐ 1 ☐ 2 ☐ 3 ☐ 4
EEC :   ☐ 1 ☐ 2 ☐ 3 ☐ 4 ☐ 5 ☐ 6

Pathologies sous-jacentes :
☐ PPID (pituitary pars intermedia dysfunction)
☐ SME (syndrome métabolique équin)
☐ dysfonction rénale et/ou hépatique
☐ carences en vitamines et/ou minéraux
☐ maladie de Lyme/piroplasmose
☐ hyperlipidémie
☐ autre : _____

## PASSÉ DU CHEVAL

Chez propriétaire actuel depuis : _____
Le cheval a-t-il déjà fait une fourbure ? ☐ oui ☐ non
Si oui, quand ? _____
Guéri ? ☐ oui ☐ non

Prédisposition héréditaire (*par exemple race, lignée*) ? ☐ oui ☐ non

[ ]

Facteurs de stress :

[ ]

## Diagnostic

Ajoutez des photos, des rapports vétérinaires et des résultats des tests si possible.

Cause :

```
[                                                                    ]
```

Diagnostiqué par :  ☐ vétérinaire ☐ professionnel des soins aux sabots
                    ☐ dernier/autre professionnel des soins aux sabots
                    ☐ autre : _____

Description examen physique (*percuter l'avant de la paroi du sabot avec un petit marteau, pince à sonder, faire marcher le cheval sur un cercle ou le longer*) :

```
[                                                                    ]
```

Imagerie médicale :
☐ thermographie
☐ radiographie
☐ veinographie
Description succincte des résultats :

```
[                                                                    ]
```

Tests sanguins :
☐ insuline
☐ leptine
☐ glucose (tolérance)
☐ ACTH
☐ cortisol
Le PPID et/ou SME et/ou résistance à l'insuline, ont-ils été déterminés : ☐ oui ☐ non

Diagnostic différentiel :
☐ contusions solaires (bleimes)
☐ arthrite
☐ erreurs de parage ou de ferrage
☐ autre : _____

## COMPLICATIONS

Abcès : ☐ AG ☐ AD ☐ PG ☐ PD
(AG = antérieur gauche, AD = antérieur droit, PG = postérieur gauche, PD = postérieur droit)

Précisez (*par exemple AD couronne médiale*) :

[                                                              ]

Nécessite l'hospitalisation dans une clinique vétérinaire ? ☐ oui ☐ non
Cheval reçoit un traitement ? ☐ oui ☐ non
Description succincte du traitement : _____

Perforation de la sole : ☐ AG ☐ AD ☐ PG ☐ PD
Nécessite l'hospitalisation dans une clinique vétérinaire ? ☐ oui ☐ non
Cheval reçoit un traitement ? ☐ oui ☐ non
Description succincte du traitement : _____

Prolapsus de la couronne : ☐ AG ☐ AD ☐ PG ☐ PD
Nécessite l'hospitalisation dans une clinique vétérinaire ? ☐ oui ☐ non
Cheval reçoit un traitement ? ☐ oui ☐ non
Description succincte du traitement : _____

Maladie de la ligne blanche : ☐ AG ☐ AD ☐ PG ☐ PD
Cheval reçoit un traitement ? ☐ oui ☐ non
Description succincte du traitement : _____

Infection de la fourchette : ☐ AG ☐ AD ☐ PG ☐ PD
Cheval reçoit un traitement ? ☐ oui ☐ non
Description succincte du traitement : _____

Septicémie : ☐ oui ☐ non
Nécessite l'hospitalisation dans une clinique vétérinaire ? ☐ oui ☐ non
Cheval reçoit un traitement ? ☐ oui ☐ non
Description succincte du traitement : _____

## Traitement et prévention
Description traitement :

[                                                                          ]

Remèdes curatifs :
☐ antibiotiques
☐ analgésiques et anti-inflammatoires *(AINS, par exemple : phénylbutazone, flunixin méglumine, kétoprofène, suxibuzone, firocoxib, fentanyl)*
☐ bêtabloquants
☐ hypotenseurs
☐ anticoagulants *(par exemple : heparine, aspirine)*
☐ vasodilatateurs *(par exemple : pentoxifylline, acépromazine)*
☐ antidiabétiques *(par exemple : metformine, pioglitazone)*
☐ antihistaminiques
☐ inhibiteurs enzymatiques *(par exemple : marimastat, batimastat)*
☐ antioxydants *(par exemple : DMSO, DMG, MSM)*
☐ toxine botulique
☐ autre : _____

Remèdes préventifs :
☐ huile de paraffine ou huile végétale
☐ remèdes nettoyant l'intestin *(par exemple : charbon actif, terre à foulon, Hippo-ex-laminitis®)*
☐ probiotiques
☐ solution tampon *(par exemple : bicarbonate de sodium, Equishure®)*
☐ autre : _____

Suppléments :
- minéraux et vitamines
    ☐ chrome, magnésium, vanadium
    ☐ manganèse
    ☐ sélénium
    ☐ vitamine E
- acides gras/aminé
    ☐ oméga-3
    ☐ arginine

- substances favorisant la croissance de la corne
  - ☐ méthionine
  - ☐ soufre
  - ☐ zinc
  - ☐ vitamine H (B8/biotine)

Remèdes phytothérapeutique :
☐ liés à la résistance à l'insuline *(par exemple : cannelle, fenugrec, psyllium blond, curcuma)*
☐ analgésiques et anti-inflammatoires *(par exemple : harpagophytum, No-Bute®)*
☐ autre : _____

Hormones :
☐ hormones thyroïdiennes *(par exemple : lévothyroxine)*
☐ agonistes de la dopamine et antagonistes de la sérotonine *(par exemple : pergolide/Prascend®, permax, periactine, celance, bromocriptine)*

Thérapies complémentaires et alternatives :
☐ thérapie par le froid
☐ acupuncture, acupressure, shiatsu
☐ massage
☐ huiles essentielles : _____

Chirurgie :
☐ ténotomie, desmotomie
☐ résection de la paroi/couronne
☐ autre : _____

Protection des sabots :
☐ aucune (pieds nus)
☐ déferré
   depuis : _____
☐ semelles de secours
☐ hipposandales
marque/type : _____
depuis : _____
☐ fixation (sabots plâtrés)
   (depuis) quand : _____
   ☐ éléments soutenant la sole inclus dans le plâtre

Méthode de parage :

Analyse du sol, de l'herbe et du fourrage *(description succincte des résultats et conseils)* :

Nutrition *(par exemple foin trempé et pierre à lécher)* :

Changements dans les conditions de vie :
☐ le cheval a un compagnon *(par exemple un autre cheval, chèvre ou mouton)*
☐ gestion de pâturage
    ☐ le cheval est retiré du pré
    ☐ muselière de pâturage
    ☐ pâturage en bande, rotation de pâturage, accès au pré limité
    ☐ autre : _____
☐ paddock paradise
☐ autre : _____

## Accord en matière de communication

Quand, comment et par qui les progrès seront évalués *(par exemple toutes les deux semaines, par e-mail, copie conforme vétérinaire)* :

Qui est autorisé à publier des images et/ou des informations sur les réseaux sociaux :

## Autres remarques

# GLOSSAIRE

Les mots qui reviennent fréquemment dans ce livre ou qui ne sont pas forcément précisés dans le texte, sont listés dans ce glossaire avec une brève définition. Les définitions sont en lien direct avec le contexte de cet ouvrage. Les mots en italique se réfèrent à des explications que vous trouverez ailleurs dans ce glossaire. Si vous cherchez des sujets spécifiques, vous pouvez également utiliser l'index proposé en page 249. .

## A

ACIDES AMINÉS
Eléments constituants des protéines.

ACIDES GRAS OMÉGA
Type particulier d'acides gras polyinsaturés, qui constituent les plus petits composés des lipides.

ACTH
De l'anglais « AdrenoCortioTropic Hormone », c'est à dire *hormone* corticotrope hypophysaire ou adrénocorticotrophine. Sécrétée par la *glande pituitaire*.

ACTIVATEUR DE MMP
*Enzyme* qui peut causer une surproduction de *MMP*.

ADAMTS-4
De l'anglais « A Disintegrin like And Metalloproteinase with ThromboSpondin type 1 motif 4 ». C'est une *enzyme* qui fait partie des métalloprotéases et qui provoque une dégradation du cartilage.

ADIPOKINE
Protéine de signalisation intercellulaire, sécrétée par le tissu adipeux et agissant sur le système immunitaire.

ADIPOSITÉ
Forme d'*obésité* caractérisée par des dépôts de graisse anormaux.

ADRÉNALINE
*Hormone* qui, entre autres, est responsable de convertir le *glycogène* en glucose. Elle est sécrétée en réponse à l'excitation, le stress, la douleur, la chaleur, le froid et le travail musculaire. Elle a un effet vasoconstricteur.

AFFAISSEMENT DE L'OS DU PIED
Conséquence d'une rupture de connexion lamellaire qui entraîne le déplacement distal de l'os du pied dans le cas d'une fourbure.

AGONISTE DE LA DOPAMINE
Substance qui active les récepteurs dopaminergiques et qui stimule donc la réponse de l'organisme à la *dopamine*.

Antagoniste de la dopamine
: Substance qui inhibe l'action des récepteurs dopaminergiques et réduit de ce fait la réponse de l'organisme à la *dopamine*.

AINS
: Anti-Inflammatoire Non-Stéroïdien. Groupe de médicaments ayant un effet analgésique (anti-douleur) et anti-inflammatoire.

Anastomose artérioveineuse
: Connexion directe entre une veine et une artère.

Anneau de fourbure
: Profond anneau de croissance visible sur la paroi du sabot suite à une fourbure.

Antagoniste de la sérotonine
: Substance qui inhibe l'action des récepteurs de la *sérotonine* et réduit de ce fait la réponse de l'organisme à ce *neurotransmetteur*.

Antioxydant
: Substance qui inhibe l'oxydation provoquée par les *radicaux libres* ou d'autres molécules.

Apoptose
: Processus de mort cellulaire programmée des cellules dysfonctionnelles.

## B

Bacille d'acide lactique
: *Bactérie à Gram positif* capable de faire fermenter le bol alimentaire dans le gros intestin du cheval.

Bactérie à Gram négatif
: Bactérie qui présente une membrane extérieure supplémentaire autour de la paroi cellulaire. Quand ce type de bactérie meurt, des *endotoxines* sont relâchées.

Bactérie à Gram positif
: Bactérie qui possède une paroi cellulaire épaisse dont la composition diffère des cellules endogènes présentes dans l'organisme du cheval. Cette bactérie relâche des *exotoxines* lorsqu'elle meurt.

## C

Catabolisme
: Type de métabolisme qui détruit les tissus endogènes.

Catécholamines
: *Hormones* produites par les glandes surrénales, à savoir l'*adrénaline*, la *noradrénaline* et la *dopamine*.

Coin nécrotique
: Masse composée par de la prolifération de cellules cornées, de sang coagulé, de tissu corné mort et de fluides qui s'accumulent pour former comme une sorte de coin dans l'espace entre la paroi du sabot qui s'est décollée et l'os du pied.

Collagène
: Un des principaux composants du tissu conjonctif, des cartilages et des os.

CORTICOSTÉROÏDE
Variante chimique du *cortisol*, *hormone* endogène produite par les glandes surrénales.

CORTISOL
*Hormone* surrénalienne qui (en cas de stress) est sécrétée pour convertir rapidement les protéines et les graisses en glucose.

CYTOKINE
Protéine impliquée dans le système immunitaire, capable de déclencher l'activité des *MMP*.

# D

DÉMINÉRALISATION OSSEUSE
Processus qui engendre la perte des éléments minéraux contenus dans les os.

DESMOTOMIE
Chirurgie qui consiste à couper le ligament accessoire du tendon fléchisseur profond du doigt pour essayer de neutraliser les forces qui causent la rotation de l'os du pied.

DOPAMINE
La dopamine est le précurseur de l'*adrénaline* et de la *noradrénaline*, qui ont un effet vasoconstricteur.

# E

ÉCHELLE DE OBEL
Échelle qui permet de déterminer la gravité de la fourbure chez les chevaux.

ENDORPHINE
Morphine endogène. Substance produite par l'organisme comme analgésique naturel.

ENDOTHÉLIUM
Fine couche de cellules qui tapisse la paroi interne des vaisseaux sanguins et lymphatiques.

ENDOTOXINE
Toxine présente dans la membrane extérieure de certaines *bactéries à Gram négatif*, et qui est sécrétée au moment de la mort de ces bactéries.

ENTÉROVIRUS
Groupe de très petits virus présents dans le tractus gastro-intestinal et les excréments.

ENZYME
Type de protéine qui provoque, permet ou accélère une réaction chimique.

ET-1
Endothéline-1. *Hormone* produite par l'*endothélium* qui a un effet vasoconstricteur.

ÉVALUATION DE L'ÉTAT CORPOREL (EEC)
Échelle qui permet d'évaluer la quantité de graisse répartie sur le corps d'un cheval.

ÉVALUATION DU CHIGNON
Échelle qui permet d'évaluer la quantité de graisse présente au niveau de la crête de l'encolure d'un cheval et donc son degré d'*obésité*.

EXOTOXINE
Toxine sécrétée par les *bactéries à Gram positif*.

EXSUDAT INFLAMMATOIRE
Liquide extravasé au cours d'un processus inflammatoire.

# F

FIBROCARTILAGE
Type de cartilage très élastique capable de résister à de fortes pressions. Le coussinet digital est partiellement constitué de fibrocartilage.

FRUCTANES
Ensemble de glucides solubles à l'eau (*GSE*) d'un certain type dont font partie, entre autres, l'inuline et l'oligofructose.

# G

GLANDE PITUITAIRE
Glande endocrine, située à la base du cerveau et responsable, entre autres, de la sécrétion d'*ACTH*.

GLUCAGON
*Hormone* produite par le *pancréas* et qui régule la production de glucose par le foie.

GLUCOCORTICOÏDES
*Hormones* produites par les glandes surrénales impliquées dans le métabolisme du glucose, ainsi que dans la suppression des réponses allergiques ou inflammatoires. Le *cortisol* est le glucocorticoïde le plus important. La production de glucocorticoïdes est influencée par l'*ACTH*.

GLUT-1
Transporteur de glucose de type 1 (de l'anglais « GLUcose Transporter 1 »). *Enzyme* qui facilite le transport du glucose vers les cellules qui en ont besoin, indépendamment de l'*insuline*.

GLYCOGÈNE
Glucose qui a été transformé par les cellules du foie et des muscles.

GNS
Glucides Non-Structuraux. Groupe formé par l'amidon et des *GSE*.

GS
Glucides Structuraux. La cellulose, l'hémicellulose et la lignine sont les trois types de glucides structuraux (fibres brutes).

GSE
Glucides Solubles à l'Eau. Groupe formé par des *fructanes* et des *GSEt*.

GSEt
    Glucides Solubles à l'Éthanol. Groupe formé par des monosaccharides (dont le glucose et le fructose) et des disaccharides (dont le sucrose).

## H

Hémidesmosome
    Structure protéinique permettant aux cellules cornées de s'attacher à la *membrane basale*.

Hirsutisme
    voir : Hypertrichose

Histamine
    L'histamine est impliquée dans la réponse inflammatoire et a un effet vasodilatateur puissant. Elle stimule la production d'*ACTH*.

Hormone
    Substance sécrétée par une glande endocrine, libérée dans la circulation sanguine, qui permet de transmettre des messages chimiques dans l'organisme.

Hyperglycémie
    Taux de sucre dans le sang anormalement élevé.

Hyperinsulinémie
    Taux d'*insuline* chroniquement trop élevés, résultant d'une surproduction chronique de cette *hormone*.

Hyperlipidémie
    Présence de taux élevés de lipides dans le sang, associée à des périodes de manque d'énergie et de stress physiologique.

Hypertrichose
    Croissance excessive des poils donnant un manteau pileux long, épais et bouclé, signe clinique d'un *PPID*.

## I

IGF-1
    L'IGF-1 (de l'anglais « Insulin-like Growth Factor-1 ») est une *hormone* dont la structure moléculaire est semblable à celle de l'*insuline* et qui, entre autres, est responsable de la croissance des cellules et des tissus.

Infiltration
    Phase du processus inflammatoire lors de laquelle des globules blancs migrent du sang pour infiltrer dans des tissus malades ou enflammés.

Inhibiteur enzymatique
    Élément qui se lie à une *enzyme* et réduit son activité.

Insuline
    *Hormone* produite par le *pancréas*, responsable du métabolisme du glucose.

## K

**Kératine**
Protéine fibreuse qui compose la plus grande partie des cellules cornées.

## L

**Leptine**
*Hormone* excrétée par les cellules adipeuses, permettant de réguler l'équilibre énergétique en inhibant la sensation de faim.

**Lésion de reperfusion**
Dommage causé aux tissus lorsque le sang y afflue à nouveau après qu'ils aient souffert d'un manque d'oxygène et de nutriments. La circulation sanguine restaurée provoque une inflammation provoquée par un *stress oxydatif*.

## M

**Maladie de Cushing**
voir : PPID

**Mécanisme du pied**
Elargissement et rétrécissement alternatif du pied qui se manifeste lors de la marche et qui contribue à la circulation sanguine et à l'absorption des chocs.

**Mélanocortines**
Un groupe d'hormones sécrétées par la *glande pituitaire*, parmi lesquelles on trouve l'*ACTH*.

**Membrane basale**
Tissu conjonctif qui attache les lamelles dermiques (secondaires) aux lamelles épidermiques (secondaires).

**Microthrombose**
Caillot de sang qui se forme dans les vaisseaux sanguins sous l'action des *endotoxines*.

**MMP**
Métalloprotéase(s) matricielle(s) (de l'anglais « Matrix MetalloProtease »). *Pro-enzyme* responsable de la dégradation des protéines.

**Mycotoxine**
Dérivé toxique présent dans les moisissures, les champignons et les levures.

## N

**Neurotransmetteur**
Composant chimique qui assure la transmission des messages d'un neurone à l'autre.

**Noradrénaline**
*Hormone* en relation avec l'*adrénaline*, sécrétée en cas de stress, douleur, chaleur, froid et effort intense. Elle a un effet vasoconstricteur.

## O

**OBÉSITÉ**
Graisse corporelle en excès répartie plus ou moins uniformément sur l'ensemble du corps du cheval.

**OEDÈME**
État physiologique caractérisé par un excès de fluides accumulés dans les cavités ou tissus de l'organisme.

**OESTROGÈNE**
*Hormone* sexuelle principalement féminine.

**OSTÉITE**
Inflammation de l'os.

**OSTÉOLYSE**
Décalcification ou dissolution du tissu osseux causée par une carence en calcium.

**OSTÉOMYÉLITE**
Inflammation de l'os ou de la moelle osseuse, habituellement causée par une infection.

**OSTÉOPÉNIE**
État physiologique caractérisé par une diminution des taux de protéines et de minéraux contenus dans le tissu osseux, mais de manière moins sévère que dans le cas d'une *ostéoporose*.

**OSTÉOPOROSE**
État physiologique caractérisé par une perte de la densité et de la solidité osseuses.

## P

**PANCRÉAS**
Organe glandulaire, situé au niveau de la première partie de l'intestin grêle (duodénum) et qui sécrète à la fois des *enzymes* pour faciliter la digestion d'éléments tels que l'amidon, les lipides et les protéines et également des *hormones* comme l'*insuline*.

**PHYTOESTROGÈNE**
Substance produite par certaines plantes et qui produit un effet semblable à celui de l'*œstrogène* du fait de la similarité de leurs structures chimiques.

**PPID**
Pituitary Pars Intermedia Dysfunction. Trouble neurodégénératif des nerfs producteurs de dopamine de l'hypothalamus, entraînant un dérèglement hormonal.

**PRO-ENZYME**
Précurseur encore inactif d'une *enzyme*.

## R

**RADICAL LIBRE**
Dérivé moléculaire nocif issu du métabolisme normal, d'un processus inflammatoire, de la prise de médicaments, des résidus de pesticides dans les aliments, d'un exercice trop intense, du stress, de l'*obésité* et de l'*adiposité*.

RÉSECTION DE LA COURONNE
Opération qui consiste à enlever une partie de la paroi du sabot située juste en dessous de la couronne avec un grattoir, une râpe ou en la coupant.

RÉSECTION DE LA PAROI
Opération qui consiste à enlever une partie ou la totalité de la paroi du sabot. Dans le cas d'une fourbure, seule une partie en pince est enlevée.

RÉSISTANCE À L'INSULINE
État physiologique caractérisé par le fait que les cellules ne répondent plus à l'action normale de l'*hormone insuline*. Le glucose présent dans le sang n'est plus absorbé de manière efficace, ce qui provoque une élévation de son taux.

RÉSISTANCE À L'INSULINE VASCULAIRE
*Résistance à l'insuline* qui résulte d'un défaut de réponse vasodilatatrice à l'*insuline* au niveau des vaisseaux sanguins.

# S

SÉROTONINE
*Neurotransmetteur* impliqué dans la suppression de la douleur et dans la vasoconstriction des vaisseaux sanguins.

SHUNT
voir : Anastomose artérioveineuse

SINKER
voir : Affaissement de l'os du pied

SME
Syndrome Métabolique Équin. Dérèglement hormonal qui s'apparente au diabète de type 2 chez les humains.

SRIS
Syndrome de Réponse Inflammatoire Systémique. État inflammatoire qui affecte la totalité de l'organisme.

STREPTOCOCCUS LUTETIENSIS
Type de *bactérie à Gram positif* qui vit dans le tractus gastro-intestinal.

STRESS OXYDATIF
Dommage causé au niveau cellulaire par un excès de *radicaux libres*.

SYNDROME DE CUSHING
voir : PPID

# T

TÉNOTOMIE
Chirurgie qui consiste à couper le tendon fléchisseur profond du doigt pour essayer de neutraliser les forces qui causent la rotation de l'os du pied.

TIMP
Inhibiteur tissulaire de métalloprotéinases (de l'anglais « Tissue Inhibitor of MetalloProteinases »). Protéine qui régule la production et l'activité des *MMP*.

# INDEX

## A

abcès 38, 39, 46, 51, 84, 99, 102, 110, 115, 120, 139, 140
abcès de la sole 47, 84, 99, 102, 143
acépromazine 158
acide aminé 47, 91, 153, 158, 169
acide gras 82, 152, 168
acide lactique 67, 72, 73, 168
acidose 67, 69, 71
ACTH 69, 82, 83, 88, 89, 103, 154, 159, 197
activateur de MMP 58, 71, 110, 152, 159
acupressure 145
acupuncture 145
ADAMTS-4 57, 152
adénohypophyse 82
adénome 82, 83
adipokine 78
adiponectine 81
adiposité 77, 78, 84, 90, 125, 159
ADN 67, 71
adrénaline 81, 92, 156
affaissement de l'os du pied 18, 42, 44, 47, 49, 100, 101, 136, 201
afflux sanguin, voir : circulation sanguine
agoniste de la dopamine 154, 158
ail 157
AINS 155, 203
alimentation, voir : nutrition
amidon 57, 59, 70, 71, 111, 151, 168, 173, 185
ammoniac 70, 142, 148, 176
analyse de fourrage 175, 184

analyse de sang 103, 151
analyse de sol 176, 186
anastomose artérioveineuse 31, 54, 58, 137
âne 64, 94
anémie 143
anesthésie 104
anneau de croissance 28, 47
anneau de fourbure 20, 28, 118, 201
anorexie 89, 198
antagoniste de la dopamine 158
antagoniste de la sérotonine 60, 89, 154
antibiotique, voir : médicament antibiotique
anticoagulant, voir : médicament anticoagulant
anticorp 76, 110
antihypertenseur, voir : médicament hypotenseur
anti-inflammatoire, voir : médicament anti-inflammatoire
antioxydant 148, 159, 170
apathie 78, 84, 89, 94
apoptose 76
apport élevé en fer 61
argent colloïdal 124
argile verte 125
arginine 91, 158
artère 31, 38, 58, 62
arthrite 98
articulation de l'os du pied 45, 76
aspirine 156, 157
asticothérapie 142
avalure 30
azote 20, 75

## B

babouche 49
bacille d'acide lactique 67, 160, 171
bactéricide 124
bactérie 67, 71, 94, 123, 124, 142, 144, 160, 168, 172, 176, 177
bactérie à Gram négatif 60, 67
bactérie à Gram positif 67, 72
banamine 155
barre 24, 29, 115
BCS, voir : évaluation de l'état corporel (EEC)
bec de canard 49
bicarbonate de sodium (soude) 161
biochirurgie 142, 143
biotine, voir : vitamine H
blé 74, 175
bleime 99, 130
boîte cornée 18, 22, 25, 26, 28, 34, 64, 99
boiterie 35, 95, 99, 112, 137, 138
botulisme 177
boulet 38
bourrelet coronaire 31, 45, 140
box 64, 65, 72, 93, 137, 188
brome 69, 185
bromocriptine 89, 154
brouter 69, 72, 75, 94, 180, 182
bute, voir : phénylbutazone

## C

caecum 158, 168
caisse à foin 178, 179, 190
calcium 45, 51, 149, 178, 186, 187
calcul intestinal 149
capillaire 31, 54, 58, 61, 63, 64, 73, 141, 142, 157
carence (vitamines ou minéraux) 17, 51, 103
carotte 175, 177
cartilage ungulaire 25, 129, 131
catabolisme 70, 76, 85
catécholamine 81, 93, 156
cause facilitante 66, 76
cause primaire 34, 35, 63, 70, 82
cécité 84
cellule adipeuse 61, 78
cellule basale 92
cellule cornée 29, 30, 56, 141
cellule dermique 92
cellule du tissu conjonctif 61
cellule épidermique 140
cellule musculaire 61, 62, 77, 82, 158
cellulose 57, 67, 72, 168, 170, 172, 174
céréale 56, 71, 72, 81, 168, 170, 175, 177
champignon 71, 74, 121, voir aussi : maladie de la ligne blanche
charbon actif 161
cheval de trait 64, 95, 163
cheval Kaimanawa 20
chignon 77, 78, 79, 81, 109
chirurgie 139
chlore (dioxyde) 124, 172
chlorophylle 125, 169
chrome 82, 149
circulation sanguine 26, 45, 47, 54, 55, 58, 59, 61, 64, 65, 67, 71, 72, 73, 91, 93, 101, 102, 115, 128, 129, 130, 131, 136, 137, 140, 143, 145, 146, 147, 159, 188, voir aussi : flux sanguin
CNS, voir : évaluation du chignon (CNS)
coagulation 55, 58, 73, 157
cobalt 186
coin lamellaire, voir : coin nécrotique
coin nécrotique 43, 118
colique 19, 72, 111, 112, 170, 197
colite 155
collagène 28
côlon 66, 72, 161, 168
complément alimentaire 75, 148, 178
complication 48, 59, 61, 107, 114

composé ammoniacal  72, 75, 130, 172, 177
concentré  82, 168, 171, 175
connexion lamellaire  18, 35, 38, 44, 49, 55, 57, 58, 60, 64, 65, 77, 86, 92, 115, 130, 137, 141, 155, 157, 201
contusion de la sole, voir : bleime
coproscopie  76
corne intertubulaire  28
corticostéroïde  61, 73, 75, 91, 95
corticostéroïde synthétique  83
cortisol  70, 75, 77, 81, 82, 86, 88, 91, 92, 93, 103, 181, 182
coup de sang  78, 125, 170
couronne  28, 38, 44, 47, 102, 115, 120, 146
coussin à foin  179, 190
coussinet digital  28, 130, 131
croissance de la paroi  30, 140, 153
cryothérapie, voir : thérapie par le froid
cuivre  159, 170, 178, 186
curcuma  148
cyproheptadine  89
cytokine  59

# D

dactyle  185
décalcification, voir : ostéoporose
déformation de l'os du pied  20, 45
déminéralisation de l'os du pied  42, 45, 51, 100
derme  24, 27
derme coronaire  44, 140
derme lamellaire  25, 92, 137
derme solaire  24, 29, 46
dermite estivale  76
désabotage  35, 49, 95
déshydratation  38, 160, 195
desmotomie  139
détoxication  125, 159, 161, 169

dexaméthasone  88
diagnostic différentiel  103
diagnostic (SME)  81
diapédèse  59
diarrhée  69, 89, 149
digestion  66, 67, 70, 168
disaccharide  57, 61
dompéridone  88
dopamine  81, 83, 88, 154, 156
dosages du glucose et de l'insuline  85
douleur  31, 35, 41, 64, 65, 77, 81, 85, 88, 91, 110, 120, 131, 138, 139, 141, 145, 154, 155, 157, 164, 179, 198
DPIP, voir : PPID
drainage, voir : détoxication
dysfonction hépatique  103
dysfonction rénale  103

# E

eau  72, 75, 112, 138, 170, 190
échelle de Obel  36, 55, 108, 137, 138, 157
échographie  101
egg-bar shoe  128
empoisonnement du sang, voir : septicémie
endométrite  73
endophyte  74
endorphine  145
endothélium  63
endothélium vasculaire  62
endotoxine  60, 67, 71, 77
engrais, voir : fertilisant
enrubannage, voir : préfané
ensilage  111, 176
entérobactérie  71
entérovirus  72
enzyme  55, 57, 67, 73, 92, 142, 156, 159
épidermolyse bulleuse jonctionnelle létale  95

equipalazone 155
equishure 161
estomac 160, 161
ET-1 62
étalon 79
euthanasie 19, 86, 161
évaluation de l'état corporel (EEC) 80, 127, 163, 195
évaluation du chignon (CNS) 79, 81, 127, 163
évasement de la paroi 118
examen clinique (PPID) 85
examen physique 81, 99, 197
excédent (vitamines ou minéraux) 17
exercice physique 81, 82, 98, 126, 137, 154, 158, 159, 163, 164
exotoxine 67, 71, 72
exsudat (inflammatoire) 59

# F

faîne 75, 137, 184
farine de soja 172
fenantyl 156
fer (minéral) 75, 159, 170, 172, 186
fer à plaque de soins 143
fer en cœur 129
ferrure 61, 64, 98, 115, 128
ferrure thérapeutique 50, 128, 139
fer synthétique 131
fertilisant 149, 187
fertilisation 173, 176, 182
fertilité 78
fétuque des prés 69, 74, 168, 169, 181, 185
fétuque élevée 185
fétuque rouge 185
fibre 57, 67, 72, 172

fibrocartilage 28
fibrose 55
fièvre 28, 69, 74, 94, 124, 144, 194
filet à foin 190
firocoxib 155
flare, voir : évasement de la paroi
fléole des prés 185
floconné 72
flore intestinale 66, 72, 73, 161, 170, 171, 176
fluidifiant du sang, voir : médicament vasodilatateur
flunixin méglumine 155
flux sanguin 39, 54, 55, 58, 62, 72, 91, 110, voir aussi : circulation sanguine
foie 61, 70, 72, 75, 77, 82, 92, 95, 125, 128, 148, 154, 158, 168, 176
foin 75, 111, 112, 126, 138, 171, 173, 180
foin d'avoine 185
foin de graminées égrainé 173
foin de luzerne 172, 173
foin d'orge 185
fongicide 75, 121
fourbure aiguë 18, 69, 91
fourbure chronique 42, 50, 76, 140
fourbure de grade peu élevé 37
fourbure de pâturage 70
fourbure d'hiver 91, 158
fourbure subclinique 37
fourbure traumatique 64, 120, 130, 164, 198
fourchette 28, 30, 118, 129, 130
fourmilière, voir : maladie de la ligne blanche
fourrage 74, 109, 172, 174, 176, 180, 184
fracture 45, 51, 65, 86, 100
fréquence respiratoire 39, 194
fructane 20, 61, 68, 71, 111, 147, 168, 173, 176, 177, 181, 183
fructo-oligosaccharide 57
fructose 57, 68, 79

## G

gattilier  89
GIP  70
gland  75, 137, 184
glande pituitaire  78, 82, 83, 153
glande surrénale  82, 88, 153
glande thyroïde  78, 153
globule blanc  59
globule rouge  73, 147
glome  30, 120, 132
GLP-1  70
glucagon  92
glucide  20, 57, 61, 68, 77
glucocorticoïde endogène  78, 153
glucose  57, 70, 92, 95, 103, 158, 168
gluten  71
glycémie  61, 62, 70, 75, 78, 81, 82, 93, 103, 147, 156, 158, 164, 170, 175
glycogène  61, 92, 95
GNS  56, 57, 59, 60, 63, 67, 68, 70, 72, 82, 111, 147, 151, 163, 168, 170, 173, 175, 176, 180, 197, 203
goudron  124
graisse  61, 62, 70, 71, 91, 92
granulé  72, 75, 175
griffe du diable, voir : harpagophytum
grippe  73
gros intestin  66, 67, 70, 71, 158, 168, 169, 176, 178
GS  57, 168, 172
GSE  57, 61, 68, 111, 175, 176, 185
GSEt  57, 70, 71, 111, 173, 176

## H

harpagophytum  155
haylage, voir : préfané
hébergement  64, 82, 98
hématome  46, 64, 132, 142
hémicellulose  57, 72, 168, 172
hémidesmosome  29, 30, 58, 71, 92
héparine  157
hépatite  66
herbe  68, 74, 75, 82, 137, 138, 168
herbe stressée  68
herbicide  75
hérédité  81
hipposandale  120, 131, 137, 138
hirsutisme  86, voir aussi : hypertrichose
hirudine  144
hirudothérapie  143
histamine  89, 91, 159
hongre  19, 79
hormone  26, 31, 72, 81, 82, 86, 91, 103
hormone peptidique  62
hormone thyroïdienne  91, 128, 153
houlque laineuse  185
huile essentielle d'arbre à thé  121
hydrate de carbone, voir : glucide
hyperglycémie  62, 71, 77, 84
hyperinsulinémie  56, 62, 70, 71
hyperlipidémie  94, 127, 198
hypertrichose  84, 85, 86
hypervascularisation (yeux)  38
hypoperfusion  54
hypothalamus  78, 83

## I

IGF-1 91
imaverol 124
infection 28, 43, 51, 65, 75, 84, 92, 94, 110, 121, 124, 129, 136, 142, 144, 155, 163
infection de la fourchette 46, 124, 129
infection de l'os du pied, voir : ostéomyélite
infection vasculaire 142
infertilité 84
infestation par les vers 84, 93
infiltration de globules blancs 59, 69
inflammation 38, 39, 51, 55, 56, 59, 63, 71, 73, 75, 77, 78, 81, 102, 110, 129, 139, 140, 151, 155
inflammation de l'articulation de l'os du pied 45
inflammation de l'intestin 72
inhibiteur d'enzymes 58, 154
insuline 56, 60, 75, 77, 78, 82, 91, 93, 103, 112, 127, 147, 154, 158
insulinorésistance, voir : résistance à l'insuline
intestin 56, 94, 156, 160, 161
intestin grêle 61, 67, 70, 71, 111, 158, 161, 168
inuline 57, 147
IRM 89

## J

jiaogulan 63
journal de bord 99, 108, 109, 164
jument 19, 79, 94, 155, 163

## K

kératine (intertubulaire) 30, 153
kératinocyte 30, 43
kétoprofène 155

## L

lacune latérale de la fourchette 29, 30, 45
lamelle 34, 35, 40, 42, 44, 50, 54, 57, 59, 65, 72, 86, 102, 115, 151, 164, 201
lamelle dermique 25, 28, 29, 30, 35, 42, 55, 59, 61, 86, 92, 99, 110, 158
lamelle épidermique 28, 29, 30, 42, 47, 55, 58, 86, 92
laser 101
laxatif 160
leptine 78, 81
lésion de reperfusion 55
levan 57
lévothyroxine 153
levure 71, 74, 160
levure de bière 160
ligament accessoire du tendon fléchisseur profond du doigt 139
ligament collatéral 38
ligament suspenseur 38
ligne blanche 24, 42, 48, 115, 118, 120, 130, 140
lignée 98
lignine 57, 72, 168
lipide sanguin 63
litière 75, 189
lymphe 141, 157

## M

magnésium  45, 82, 112, 147, 149, 163, 173, 178, 186, 187
maigreur  77
maladie de Cushing  82, 86, voir aussi : PPID
maladie de la ligne blanche  48, 130, 198, 201
maladie de Lyme  94
manganèse  147, 151, 178, 186
mannan-oligosaccharide  160
manque d'appétit  124
massage  145
mastite  73
matériel génétique  67
matière sèche  173, 176
mauvaise herbe  174, 182, 186
mécanisme du pied  25, 26, 40, 41, 115, 129, 130, 137
médiateur de l'inflammation  59
médicament  67, 73, 75, 82, 86, 88, 89, 92, 98, 154, 164, 170, 203
médicament analgésique  66, 77, 148, 155
médicament antibiotique  121, 160
médicament anticoagulant  55, 58, 66, 157
médicament antidiabétique  158
médicament antihistaminique  159
médicament anti-inflammatoire  60, 66, 121, 155
médicament antiplaquettaire  60
médicament bêtabloquant  157
médicament hypotenseur  55, 58, 157
médicament vasodilatateur  55, 58, 60, 158
mélanocortine  83
mélasse  148, 168, 170, 178
membrane basale  29, 34, 55, 56, 58, 60, 76, 85, 92
membrane cellulaire  29
métabolisme  60, 73, 75, 77, 78, 154, 159
métabolisme du glucose  61, 71, 92, 147, 168

métal lourd  75, 172
metformine  158
méthionine  153
microbe monocellulaire  67, 168
microthrombose  54, 59, 67, 71, 91, 101, 142, 152, 155, 157, 158
miel  124
minéral  73, 82, 111, 149, 169, 174, 178
MMP  56, 57, 58, 59, 71, 92, 110, 141, 145, 152, 159
MMP-2  56
MMP-9  56
monosaccharide  57, 61, 183
monoxyde d'azote  62
morphine  156
mouvement  36, 41, 50, 82, 137
muqueuse intestinale  67, 71, 75
muscle extenseur du doigt  24
muscle fléchisseur profond du doigt  24, 115, 131, 160
muselière de pâturage  180, 186, 203
mycotoxine  74
myoglobinurie paroxystique  77

## N

néphrite  35, 77
nerf  31, 65, 104, 164
neurotransmetteur  59
nitrate  75, 172
nitrite  75, 172
nitrogène  186
noradrénaline  81, 156
nourriture  61, 62, 75, 78, 94, 171, 203
nutriment (cheval)  26, 72
nutriment (herbe)  68, 186
nutrition  62, 70, 98, 137, 138, 168

## O

Obel, voir : échelle de Obel
obésité 63, 71, 78, 92, 94, 98, 125, 159, 170, 203
œdème 38, 42, 51, 54, 59, 73, 101, 102, 139, 140, 141, 145, 155, 157
œstrogène 91
oligo-élément 174, 178
oligofructose 57, 59, 69, 147
oméga-3 58, 82, 152
opioïde 156
ortie 147
os du pied 22, 26, 27, 30, 34, 35, 42, 43, 45, 46, 54, 56, 86, 99, 100, 102, 115, 130, 137, 139, 141, 157
ossification des cartilages ungulaires 129
ostéite 45, 110
ostéoarthrite 55, 129, 139
ostéolyse 51
ostéomyélite 42, 45, 51, 64, 121, 139, 143
ostéopénie 86
ostéoporose 51, 86, 151
ovulation 73, 84

## P

P3, voir : os du pied
P63 140
paddock 109
paddock paradise 180, 189, 190
paille 72, 109, 175, 177
pain 175
panier de régime, voir : muselière de pâturage
pancréas 61, 62, 70
papille dermique 25, 47
papille terminale 30
paraffine 160
parage 49, 64, 85, 107, 114, 139
parasite 76, 94
paroi cellulaire 60, 61, 78
paroi de l'intestin 67, 160, 170
paroi du sabot 25, 28, 30, 40, 42, 43, 45, 47, 50, 54, 56, 64, 95, 99, 102, 115, 130, 139, 141, 153, 157
pâturage 98, 137, 138
pâturage en bande 182, 186, 203
pâturin des prés 185
paturon 30, 36, 132
pectine 172
pelage 84
pentoxifylline 158
perforation de la paroi intestinale 72
perforation de la sole 35, 46, 108, 131, 143, 145, 155, 197
pergolide 89, 154, 158
périople 31
perte de poids (signe clinique) 84
perte de poids (traitement) 63, 153, 178
pesticide 159
pH (intestin) 67, 149, 161, 168, 170, 183
pH (sol) 149, 186
phase aiguë 36, 54, 59, 99, 101, 102, 104, 109, 110, 115, 122, 136, 138, 145, 157, 160, 175, 194
phase chronique 34, 42, 43, 45, 50, 102, 139, 146
phase de développement 35, 54, 56, 58, 92, 99, 110, 145, 152, 157
phénylbutazone 155
phosphore 111, 147, 149, 186
photosynthèse 68, 180, 184
phytoestrogène 150
phytothérapie 89, 91, 147
pierre à lécher 112, 138, 148, 178, 190
pigment musculaire 77
pince 40, 42, 47, 48, 49, 64, 65, 102, 115
pince à sonder 36, 99
pioglitazone 159

piroplasmose 66, 95
pissenlit 147, 151, 168, 181
placenta 73
plante aromatique 169, 180, 186
plante toxique 75, 174, 184, 203
plaquette sanguine 59, 60, 64, 142, 157
plasma sanguin 157
plâtre 136, 142
pleurésie 73
pneumonie 73
poche de sang 46
poids du corps 77, 78, 125, 138
poil d'hiver 84
pointe de ski 20, 45, 51, 100
poivre des moines, voir : gattilier
polysaccharide 57
pomme 137, 138, 175, 177
poney 20, 64, 80, 94
potassium 74, 147, 149, 186, 187
pouls 38, 122, 194
PPID 35, 61, 63, 69, 70, 86, 92, 94, 98, 103, 126, 154, 158, 159, 163, 181, 182
prascend, voir : pergolide
prédisposition génétique 20, 70, 93, 95
prédisposition génétique (PPID) 84
préfané 74, 111, 176
pression sanguine 32, 54, 141, 143, 152, 157, 158, 159
previcox 155
probiotique 112, 160
problème circulatoire 73
problème dentaire 84
problème gastro-intestinal 156
problème hépatique 66, 92, 103, 125, 150, 154, 155
problème hormonal 77
problème rénal 103, 112, 125, 149, 155
pro-enzyme 30, 56
prolapsus de la couronne 44, 108
prolapsus de la sole 46
pro-MMP-9 56
propriocepteur 28, 31

prostaglandine 73
protéine 56, 70, 76, 77, 78, 92, 95, 173, 176, 187
protozoaire 95
pulpe de betterave 111, 148, 153, 172
pulsation 36, 141
pupille dilatée 38

# R

radical libre 60, 159, 170
radiographie 42, 50
raftilose 69
ray-grass 74, 176
ray-grass anglais 69, 181, 185, 186
ray-grass d'Italie 69, 185
réaction allergique 74, 76, 143
récepteur de la leptine 78
récepteur de l'histamine 89
récepteur de l'IGF 91
récepteur de l'insuline 61, 91
récepteur dopaminergique 154
récepteur sérotoninergique 154
rechute 148, 160, 163, 164
régime alimentaire 73, 82, 89, 154, 158, 169
reins 70, 75, 77, 125, 147, 149, 157, 176
remodelage de l'os 42
résection de la couronne 136, 140
résection de la paroi 139
résistance à la leptine 79
résistance à l'insuline 60, 70, 71, 75, 77, 79, 84, 88, 90, 92, 94, 103, 149, 151, 158, 163
résistance à l'insuline vasculaire 62
restriction de pâturage 183, 186, 203
rétention du placenta 73
rhabdomyolyse 77
rotation de l'os du pied 43, 48, 50, 99, 115, 120, 131, 139, 140, 201
rotation de pâturage 182, 203

## S

saignée 18, 141
saignement 42, 51
salicine 148
salmonella 71, 173
sang 26, 31, 42, 43, 44, 58, 73, 99, 129
scintigraphie 101
sciure de bois 72, 189
sécheresse 188
seigle 74
sel 75, 172, 178
sel anhydre d'Epsom 150
sel de magnésium 150
sélénium 151, 159
sel fluoré 172
sels de Schüssler 125
semelle de secours 112
séparation de la couronne 44
séparation de la ligne blanche 18, 20, 48, 50, 201
septicémie 46, 74, 124, 125
sérotonine 59, 154
shiatsu 145
shunt, voir : anastomose artérioveineuse
signe clinique 17, 34, 36, 40, 58, 59, 76, 89, 99, 106, 110, 154, 155, 157
signe clinique (abcès) 122
signe clinique (PPID) 84, 85, 197
signe clinique (maladie de Lyme) 95
signe clinique (septicémie) 124
signe clinique (SME) 77
silice 147
sinker, voir : affaissement de l'os du pied
SME 61, 63, 69, 70, 77, 84, 98, 125, 126, 154, 163, 182, 195, 197
smegma 84
sodium 172, 178, 186
soif 84
sole 28, 29, 45, 64, 102, 109, 115, 130, 137, 138, 143, 164, 202

solution tampon 161
soufre 47, 153, 159, 186
SRIS 59
steatosis 128
streptococcus lutetiensis 56, 67, 160, 171
stress 75, 77, 81, 84, 88, 89, 91, 92, 93, 159, 181, 182, 188, 192, 195, 198
stress oxydatif 55, 78, 81, 84
sucre 111, 156, 158, 168, 177
sucre rapide 61, 62, 168
sucrose 57
sulfate de cuivre 124
superoxyde 60
surpâturage 181
surpoids 35, 64, 77, 126, 154, 159, 170, 182, 195
suxibuzone 155
symptôme, voir : signe clinique
syndrome de Cushing 83
syndrome de résistance à l'insuline, voir : SME
syndrome naviculaire 76
système digestif 168, 197, 203
système immunitaire 78, 84, 94
système nerveux central 156
système vasculaire 17, 27, 31, 58, 129

## T

talon 29, 30, 40, 42, 44, 47, 49, 64, 115
tanin 75
taux de cortisol 88, 181
taux de leptine 78, 81
taux de lipides 77, 94, 159
taux d'insuline 81, 88, 147, 175
tea tree, voir : huile essentielle d'arbre à thé
teinture d'iode 121
température (corporelle) 39, 194
température (météorologique) 68, 74, 91
température (sabot) 32, 39, 54, 102, 122

tendon extenseur du doigt  24, 115, 131, 139
tendon fléchisseur profond du doigt  44, 65, 115, 131, 139, 145, 160
ténotomie  139
tension artérielle  32, 54, 58, 63, 73, 77
tension musculaire  38
terre à foulon  161
test de freinage à la dexaméthasone  88
test de réponse à la dompéridone  88
test de stimulation de l'ACTH  88
test de stimulation de la TRH  88
test sanguin  38, 85, 151
tétanos  76
théorie enzymatique  55, 59, 157
théorie inflammatoire  59, 63, 64
théorie métabolique et hormonale  60, 63
théorie traumatique  59, 64, 141
théorie vasculaire  54, 59, 61, 62, 64, 141, 157
thérapie par le froid  110
thérapie par les sangsues, voir : hirudothérapie
thermographie  102
thrombose  78, 102
TIMP  56, 58, 110, 159
tissu adipeux  78, 156
tissu conjonctif  29, 44, 55, 61, 76, 85
tissu de granulation  140
tissu nécrosé  40, 46, 50, 139, 142
tolérance au glucose  81
tondre  181
tord-nez  88, 197, 200
toxine  56, 67, 72, 73, 77, 78, 82, 92, 94, 125, 141, 160, 164, 173, 177, 203
toxine bactérienne  73
toxine botulique  160
toxine non-bactérienne  74
traitement (abscès)  121, 122, 124
traitement (PPID)  89
traitement (SME)  82
transpiration  38, 84
transplantation de cellules souche  140
trèfle  20, 75, 168, 175, 181

tremblement des muscles  38, 94
tremper (foin)  111, 112, 175, 176, 185
tremper (sabot)  121
TRH  88
triamcinolone  76
tubule  28
tumeur  83
tumeur du tissu conjonctif  139, 176
tying-up, voir : rhabdomyolyse

## U

ulcère d'estomac  155
urine  70, 77, 84

## V

vaccin  76, 125, 164
vaisseau sanguin  46, 54, 62, 63, 71, 73, 74, 78, 99, 101, 102, 143, 158, 159
vanadium  82, 149
vasoconstricteur  59, 73, 78
vasoconstriction  54, 62, 71, 76, 91, 94, 127, 152, 156, 164, 198
vasodilatation  58, 62, 91, 158
veine  31, 58, 62, 158
veinographie  101
vermifuge  76, 125, 164, 170
vinaigre  121, 124
virginiamycine  160
virus  72
vitamine  82, 111, 169, 174
vitamine A  82
vitamine B1  169
vitamine B6  169

vitamine B12  169
vitamine C  159, 169
vitamine D  82
vitamine E  151, 159
vitamine H  147, 153, 178
vitamine K  169

## Z

zinc  147, 153, 159, 170, 172, 178

Printed by Amazon Italia Logistica S.r.l.
Torrazza Piemonte (TO), Italy